HISTOIRES
DE
NEW YORK

Vue de Manhattan depuis l'Empire State Building en 1955

HISTOIRES
DE
NEW YORK

Textes réunis

par

Gilles Brochard

SORTILÈGES

1997

Disponibles chez le même éditeur :

Histoires de chats

Autres histoires de chats

Histoires de chevaux

Histoires de chiens

Histoires de fauves

Histoires d'escargots

Histoires de rats

*

Histoires de Bretagne

Histoires de Venise

Histoires d'Égypte

Histoires de Provence

Histoires de Londres

Histoires de Rome

À paraître :

Histoires de serpents

Histoires de Chine

© *1997, Société d'édition Les Belles Lettres,*
95, boulevard Raspail, 75006 Paris, pour la présentation de cette anthologie.

La liste des copyrights des textes repris se trouve à la fin du volume.

ISBN : 2-251-49123-6

CHARLES HUARD

New York 1900

*L*ower New York. — Tout autour du pont de Brooklyn, dans l'encombrement de rues étroites et sans air, puantes du relent des nourritures et des logis misérables, vit pêle-mêle et tant bien que mal la population la plus cosmopolite et la plus mélangée qui soit.

Confondant leurs idiomes et leurs caractères originaux, se coudoient toutes les races du monde ; des Italiens et des Irlandais, des Espagnols et des Suédois, de maigres Égyptiens près de lourds Allemands, des enfants de moujiks se roulent dans la boue avec de petits nègres, des femmes venues des pays du soleil, enveloppées de loques de couleurs éclatantes, bleues, rouges, jaunes, vertes, causent sur les portes de boutiques que tiennent de noirs juifs hollandais.

Des rues bordées de maisons de toutes tailles, la majorité en briques, d'autres les plus vieilles en bois, se croisent dans tous les sens. Les balcons et les échelles des « fire escapes » sont pavoisés de haillons, de matelas et de linge qui sèche. Des enseignes et des affiches s'inscrivent dans toutes les langues. Présage de rixes habituelles, celleci revient plusieurs fois « Black eyes cured while you wait », (guérison instantanée des yeux pochés). Je n'en ai pas moins remarqué de nombreux nez saignants, des oreilles bandées, des faces où des coups de poing solidement appliqués mettaient tous les tons de l'arc-en-ciel.

Ces quartiers portent des noms comme « la petite Italie, la petite Pologne, la ville chinoise, etc. », et au centre de tout ceci est une large, bruyante et curieuse avenue qu'on appelle le « Bowery ». Il paraît que c'est là un vieux mot hollandais voulant dire « métairie », et qu'à l'origine cette grande voie n'était qu'un sentier conduisant aux fermes de New Amsterdam. N'est-ce pas évocateur du charme des champs et de la vie rustique ? Et ce nom, n'est-il pas comme un appel de vagabondage sous des ombrages solitaires, et dans de vertes prairies ? Appel dont nul ne se soucie et auquel personne ne répond. Mais c'est folie que de penser à ces choses dans l'éclat brutal des lumières électriques, le tumulte assourdissant des « elevated », les cris des marchands et les clameurs qui sortent du fourmillement de gens encombrant la chaussée et les trottoirs.

Les bars, les « saloons », les music-halls, les vaudevilles regorgent d'une foule avide de sensations et de spectacles bon marché.

De nombreuses boutiques de bric-à-brac jettent le trop-plein de leur contenu jusque sur le trottoir, en des amas de choses imprévues et innombrables. Aux étalages des magasins de confections des mannequins exhibant des redingotes lamentables et des complets défraîchis, s'intitulent pompeusement « The Prince of Wales », « The Vanderbilt », « The Pierpont Morgan », « Pride of the Millionaires » (l'orgueil des millionnaires), tandis qu'à côté d'autres boutiques exposent des chapeaux et des casquettes qui s'appellent « The heart's delight » (délice du cœur), « The workman's friend » (l'ami du travailleur), « Father's joy » (la joie du père). Quant aux robes, aux blouses, aux manteaux que vendent aux femmes du peuple ces trafiquants de faubourg, ils se parent de noms comme ceux-ci : « The Alice Roosevelt », « The up-to-date » (le dernier cri), « Bernhardt's desire » (l'envie de Mme Bernhardt). Il n'est pas jusqu'à la plus misérable échoppe qui n'inscrive sur sa porte, ou sur ses carreaux : « The best in the world » (le meilleur du monde), « The cheapest on earth » (le meilleur marché sur la terre), « Never before as here » (jamais avant comme ici), ou encore ; « The smartest out » (le plus élégant).

Le long des trottoirs, des voitures basses portent les éventaires des marchands de pommes, de raisins, de bananes, d'oranges, de peanuts et de bonbons. D'autres vendent des coquillages, que des amateurs dégustent sur place, des balais, et de la vaisselle. Des Allemands offrent des bretzels et des charcuteries, des filles égyptiennes proposent des dentelles et des broderies de leur pays.

Aux coins des rues, des femmes de l'Armée du salut en manteaux rouges quêtent pour les pauvres, ou quelque orgue de Barbarie s'évertue à moudre des airs connus sur lesquels la marmaille du quartier danse en cadence.

Ne croyez pas que cela puisse se comparer à nos faubourgs parisiens, pleins d'un peuple badaud et joyeux. De cette foule-ci se dégage une impression de vie intense et farouche. Le travail est rude et malheur à qui tombe sur le chemin. La lutte laisse ces visages tristes, sérieux au moins. Aucun n'a cet air déluré et crâne qu'on remarque si souvent dans nos ateliers et nos chantiers.

Presque tous les syndicats et les clubs d'ouvriers ont leur siège dans le Bowery, et le soir, des wagons de l'« elevated » qui passent très près, le regard peut plonger dans des salles de réunion, aux murs nus, obscurcies par la fumée des pipes et pleines d'ouvriers lisant autour de larges tables. Tous ces hommes sont enrégimentés dans de puissantes associations qu'on appelle des « Unions ». Il y en a pour tous les corps de métiers, depuis les balayeurs des rues, jusqu'aux choristes de l'Opéra, depuis les boot-blacks jusqu'aux modèles d'artistes et aux employés de magasins, et la vie est impossible pour le travailleur qui ne fait pas partie de ces organisations. Non seulement il sera boycotté par ses camarades, mais encore, il ne trouvera aucun patron voulant l'employer, dans la crainte de voir sa maison mise à l'index par l'« Union ». On comprend après cela quelle importance prend une grève dans ce pays.

Où vont ces gens quand ils veulent se distraire ? L'énorme quantité des cafés, des bars et des brasseries, indique que l'alcool joue un rôle important. Je suis entré dans ces établissements où le poker, le pool et le billard ont de nombreux fervents. J'ai suivi la foule dans ces « vaudevilles automatiques » où, pour un sou, il vous est permis d'entendre la voix de Caruso dans un nasillard phonographe, à moins que, collant votre nez sur une boîte munie de lunettes, vous ne préfériez suivre les incidents cinématographiés d'un match de football ou d'une partie de boxe.

J'ai vu dans des music-halls, pleins à crouler, des cabots de quinzième ordre qui chantaient des romances sentimentales ou des couplets politiques en dansant au refrain, — des nègres qui jouaient du
banjo et dansaient le « pigeon wing », — des gymnastes, des jongleurs,
des prestidigitateurs.

*

Central New York. — La trentaine de blocks qui, de la 14ᵉ rue à la
42ᵉ, forment la portion centrale de New York sont occupés par des
grands magasins de nouveautés, des galeries, des boutiques de toutes
sortes, des églises, de grands hôtels, des théâtres et des clubs. Broadway toujours large et bruyant passe près des trois grands squares de
la ville : Union, Madison et Herald Squares.

Union Square est une grande place ornée des statues de Washington, Lincoln et Lafayette. C'était autrefois le centre des hôtels, c'est
maintenant la limite du quartier des affaires. Dans Madison Square,
on est vraiment au cœur même de la ville. Ici Broadway coupe diago-
nalement la 5ᵉ avenue et à l'intersection des deux grandes voies
s'élève, sur un terrain triangulaire ayant la forme d'un fer à repasser,
le plus svelte, le plus hardi « égratigneur de ciel » de New York : le
Flat Iron Building (bâtiment du fer à repasser). Aucun autre « skyscra-
per » ne m'a tant étonné et aussi tant charmé que cette claire et téméraire haute tour de 20 étages. Je ne sais rien ici d'aussi simple, d'aussi
beau, d'aussi émouvant. Le jour, dans le soleil, il s'enlève si joliment
au-dessus des maisons qui l'environnent. La nuit, tout noir sur le ciel
sombre, sa silhouette apparaît fantastique et démesurée, sans que,
toutefois, jamais ne vienne à votre esprit une comparaison avec les
donjons romantiques qu'imaginèrent Victor Hugo et Doré. Oh ! l'on
est bien sûr qu'il n'y a pas là de princesse prisonnière ni de méchants
chevaliers. Ce ne sont point d'attendrissants contes de fées qu'évo-
quent les simples et fortes lignes qui dessinent les contours. Oh non !
on se sent pris par l'altière beauté de ceci, par l'harmonie des proportions, par le « style », car il s'agit d'une manifestation d'art, un type
nouveau d'architecture que les Américains créèrent et amenèrent ici
à la perfection. Le « Flat Iron » est entièrement occupé par des

bureaux, et il est fort possible d'accéder aux étages supérieurs. La vue de là est magnifique. Le jour où je m'y trouvais était un jour de tempête et le vent ricochant sur les hautes parois de l'édifice décuplait sa force, enflait sa voix, menait un bruit d'enfer. On était littéralement

assourdi et pour s'entendre il fallait crier à tue-tête. En bas on apercevait, luttant contre le terrible courant d'air, hommes et femmes empoignant leurs chapeaux des deux mains, tendant le dos, cherchant à fuir, éperdus, suffoqués, se cognant les uns dans les autres et ne sachant comment sortir de l'affreux tourbillon où ils se sentaient pris.

La foule ici change d'aspect. Les femmes y sont en majorité, mettant partout des notes claires et pimpantes, et la joie de rires frais et jeunes. Naturellement, elles aussi marchent vite vers le but assigné, mais, quand même, ne se précipitent pas comme à l'assaut, et ne vous bousculent qu'à peine. Il y a ici plus de grâce et de gaieté, et dans le ciel très bleu, avec la lumière chaude et vibrante d'un beau soleil, New York apparaît brillant, clair et lumineux.

Des hommes-sandwichs déambulent lentement, distribuant l'adresse de quelque somnambule ou de quelque masseur suédois ; de gros nègres en habits rouges portent toute une page de réclame écrite sur leurs larges dos, et fichés sur d'énormes pieds dorment tranquillement aux coins des rues. Les balayeurs, les « street-sweepers », vêtus et casqués de blanc comme des coloniaux, passent allègrement au milieu du trafic des voitures et des tramways, que réglementent des policemen à cheval. Près des « saloons » les bootblacks installent leurs hauts fauteuils et s'évertuent sur les chaussures de leurs clients, et quelquefois sur les places on voit arrêtée une roulotte dans laquelle grimpent lestement cochers, ouvriers ou petits employés. C'est là un « lunch-wagon » regorgeant de clientèle, car on y mange des sandwiches et des salades admirables, et on y boit, paraît-il, le meilleur café de la ville.

Des restaurants populaires, ouverts jour et nuit du lundi au samedi, jouissent aussi d'une grande faveur. Derrière la glace de la devanture on voit des cuisiniers nègres préparer des « buckwheat cakes », délicieuses crêpes de farine de sarrasin que l'on mange baignées de sirop d'érable, et qu'ils réussissent à merveille.

Les magasins, sauf quelques exceptions, sont loin d'égaler ceux de Paris comme aspect et comme élégance. On est vraiment frappé de l'air criard et sans goût des étalages ; les objets y sont jetés pêle-mêle sans autre souci d'arrangement. De larges affiches, en lettres hautes de deux pieds, barrent les vitres des devantures — Great bargains-Mark down sale — Don't miss it — accrochent quand même votre regard. Alors que dans nos rues le passant est sollicité par des vitrines dans lesquelles rien ne heurte l'œil, où les étoffes, les meubles, les cristaux, les orfèvreries, les bibelots, les plus chers comme les plus humbles objets, sont disposés avec l'intention constante d'exercer sur la vue une séduction caressante par l'arrangement des tons et des formes, on est ici constamment choqué par des amoncellements de choses disparates dont les couleurs se mêlent en d'effroyables caco-phonies ; par des moyens de publicité barbares, de fantastiques affiches vantant telle ou telle marchandise d'une absurde manière, revenant toujours à ceci : Pour l'amour de l'argent achetez mon pro-duit, et n'achetez que celui-là.

Un marchand de cigares ou de gomme à mâcher inonde la ville de son portrait en pied, souligné de ces mots en grandes lettres : « I Am John So and So the Pepsin Gum King. »

Les enseignes de toutes couleurs s'étalent sur tous les endroits libres des façades, grimpent le long des fenêtres, annonçant des maga-sins de choses les plus diverses qui ne s'étonnent point de se trouver rassemblées sous le même toit.

Des centaines de fois répétées sur tous les pans de murs les mêmes noms et les mêmes phrases vous obsèdent, et malgré vous dansent dans votre cervelle, — Omega Oil for rhumatism, Wilson whiskey that's all, Force breakfast food, The Owl cigar, Uneeda Biscuit — vous poursuivent partout, à la première page du journal que vous ouvrez, sur votre programme au théâtre, et votre ticket de chemin de fer, dans le tramway où vous montez ; et la nuit venue, dansent encore en lettres de feu à tous les carrefours de la ville. (...)

Les pharmacies, — les drugstores — ont tout à fait l'air d'être des réductions de grands magasins mis à l'échelle d'une petite boutique. On y vend bien des drogues et prépare des ordonnances, mais ce n'est qu'une bien faible partie du négoce. On y trouve du papier à lettres, des cigares, des bonbons, des éponges, cent articles de toilette, des timbres-poste, des cartes à jouer, de la parfumerie, de la coutelle-rie, des tableaux. J'en ai même vu qui vendaient des oiseaux et des chiens. On y consulte le Bottin, on expédie ses lettres et ses télé-grammes, on y téléphone surtout, et très souvent un notaire est attaché à l'établissement.

Tout un côté de la boutique est tenu par un large comptoir où des garçons en veste blanche, avec la dextérité d'escamoteurs, manipulent des bouteilles, cassent des œufs, remuent des sauces, secouent des mélanges qu'ils décantent et servent aux clients d'un geste automatique et grave. On y sert des mixtions étranges, des thés de bœuf phosphaté chauds, des bouillons de mouton avec de l'œuf battu, des soupes aux moules coupées d'eau de seltz, des ice cream sodas, le fameux egg-nog, des citronnades compliquées et cent autres combinaisons redoutables. Il est défendu d'y servir des boissons alcooliques. Mais on tourne la difficulté en demandant des toniques dont la liste est longue. Les pharmacies restent ouvertes toute la nuit, certaines se vantent de n'avoir pas fermé leurs portes depuis quarante ou cinquante ans ; les saloons étant clos à minuit, elles sont naturellement le refuge des ivrognes en quête d'un dernier whiskey qu'on leur sert ici sous le nom et l'apparence de quelque médicament. Et quand le client a les jambes trop molles et la démarche malaisée, on a pour lui le redoutable « ammonia-shake-me-down », combinaison d'ammoniaque, de citron et d'eau de seltz, remède souverain, mais combien énergique.

C'est dans les saloons que se discutent les combinaisons politiques ; le patron, « le boss », est une autorité qui sait remuer les opinions, préparer les votes et discourir de longues heures avec sa clientèle de « clerks » qu'il abrutit de whiskey.

D'autres boutiques s'intercalent entre celles-ci.

Des étalages de fleurs et de fruits éclatent en notes claires et joyeuses et s'avancent jusque sur le trottoir, voisinant avec des « dairies » où brillent sur les comptoirs de marbre les rutilantes jarres de cuivre pleines de lait. Souvent aussi se rencontrent des magasins d'appareils de photographie ou d'engins sportifs, d'armes et d'automobiles.

Les livres tiennent une si grande place dans la vie américaine qu'il ne faut pas s'étonner du luxe et des merveilles d'installation des grandes librairies comme Scribner's, Dutton's, Putnam's ou Dodd Mead's. Les volumes qu'elles vendent sont admirablement faits et présentés sous un cartonnage ou une reliure simple mais de goût sûr. On ne voit jamais de livres brochés.

Les soins qu'ils donnent à la composition et à l'ordonnance des pages, le choix des caractères, l'excellence de l'impression en font souvent de vrais chefs-d'œuvre typographiques, et comme les droits sur la propriété littéraire n'existent pas, il est facile de se procurer pour 25 ou 30 sous de charmantes éditions en français des œuvres de Zola, Maupassant, France, etc.

Les Américaines aiment à circuler dans ces vastes galeries, à feuilleter des bouquins, choisir des romans, regarder des gravures. Elles prennent à cela le même plaisir qu'à courir les grands magasins « for shopping » ou à croquer des bonbons dans les innombrables boutiques de confiseurs que l'on trouve à chaque pas en ce quartier. On n'imaginerait que difficilement la quantité de sucreries que peut absorber une Américaine. Voyageant entre Providence et Boston je vis un jour deux jeunes femmes qui durant le court trajet vidèrent le contenu d'une énorme boîte de bonbons qui devait peser plus de cinq livres. D'ailleurs on n'offre jamais à une dame une boîte pesant moins que cela.

*

Les Clubs. — À l'école, au collège, dans les Universités, les jeunes Américains prennent l'habitude du club, qui ne les quittera plus leur vie durant. Ici on a vite fait de fonder un club et, depuis les ouvriers du Bowery aux millionnaires de la 5ᵉ avenue, tout le monde est membre de deux ou trois. On se réunit sous un prétexte quelconque entre gens de goûts communs, on cherche un titre, on loue un local, on élit un président ; mais qu'il s'agisse d'une simple chambre garnie d'une table fruste et de quelques mauvais sièges ou d'un des palais de marbre de la 45ᵉ rue, l'important est, qu'après la journée de travail absorbant et le moment où l'on rejoint le home, on puisse passer là quelques instants, se reposer, lire des journaux, vider quelques verres de whisky, retrouver des visages amis, se distraire en de bonnes et joyeuses conversations d'hommes sympathiques, oublier pour quelque temps les affaires et les soucis du ménage. Dans la journée de l'Américain, ce sont les seules minutes qui soient bien à lui, il y tient ; le club lui est une oasis dans une existence si prodigieusement occupée. Là, il est vraiment chez lui et lui-même. Tel homme que vous avez vu dans son bureau sombre, ferme, autoritaire, seulement soucieux de business et de dollars, vous apparaîtra ici affable, disert, conciliant, vous contera ses voyages, ses aventures, vous amusera avec des anecdotes, critiquera des livres ou des tableaux, vous présentera à tous ses amis présents, lesquels vous présenteront à leur tour à

d'autres amis qui tous vous accueilleront du même air aimable et enjoué. Alors, vous découvrirez avec joie le naturel délicieux, la simplicité charmante des manières et des paroles, la juvénile gaieté de ces hommes qu'ailleurs vous avez jugés lourds, froids, engoncés derrière leurs faces volontaires et silencieuses. On vivrait des années près d'eux sans s'apercevoir de leurs mérites ou de leurs qualités, tant ils les cachent dans la vie courante. Ils concentrent leurs émotions et ne les éparpillent pas. Probablement, la lutte qu'ils mènent les y force ; il faut s'observer, se contenir, ne pas donner prise à l'adversaire.

À mon arrivée à New York, m'attendaient, envoyées par différents amis, des cartes qui me faisaient membre temporaire de plusieurs clubs. J'en ai visité une dizaine et dans tous j'ai trouvé le même accueil bienveillant et amical, partout je me suis senti à l'aise, et il n'est certes pas un étranger ainsi reçu, qui ne garde un reconnaissant souvenir à ces lieux qui lui furent sympathiques, où tout est naturel et cordial, où les hommes que vous rencontrez cherchent à vous servir et s'efforcent à vous rendre plus douce cette atmosphère violente et le choc brutal de cette nouvelle civilisation. J'aime à me retrouver par la pensée au Players ou à l'Art Club, et revivre les moments passés là avec d'aimables compagnons.

Le Players Club est situé dans Gramercy Park, un petit square un peu à l'écart qui a l'air d'un coin du West-End de Londres avec ses petits hôtels et son jardin central entouré d'une grille. La maison est celle qu'occupait autrefois l'acteur Booth ; c'est lui qui l'a meublée et laissée au club. Comme installation, comme confort, c'est parfait. Je ne sais rien de plus agréable ni de plus discret dans le genre. Il y a beaucoup de portraits et de reliques d'acteurs, affiches, costumes, etc. Le portrait de Jefferson par Sargeant montre le masque sérieux et volontaire du vieux comédien qui fut longtemps président de ce club. Le président actuel est John Drew, l'acteur fêté. Les membres sont choisis parmi les hommes les plus éminents du monde des théâtres, de la littérature, des arts. Il y a moins de banquiers et de businessmen que partout ailleurs. L'accès en est difficile et le titre confère toujours la notoriété du talent aux relativement peu nombreux membres.

Le Lamb's Club est un autre club d'artistes, surtout de théâtre ;

c'est un endroit fort gai, un peu bohème et renommé pour ses représentations privées. Son nom signifie le Cercle des Agneaux et le président prend le titre de « Collie » ou chien de berger. Les agneaux sont
quelquefois fort turbulents.

Les grands clubs de Harvard et Yale sont le rendez-vous des anciens
gradués des célèbres universités. Ils sont admirablement installés dans
des hôtels somptueux de 44ᵉ Street. En face, les yachtsmen ont pour
eux le New York Yacht Club, superbe construction toute neuve. Puis
je cite au hasard, le Metropolitan Club, connu comme le club des
Millionnaires, Union League Club, l'University Club, le Progress
Club, le plus riche club juif, l'Union Club, fondé en 1836 par les
descendants de Knickerbocker, le plus vieux donc des grands clubs
de New York.

Et encore, le Century, club d'artistes et de savants dont les « mee-
tings » sont renommés ; le Lotos, le New York, le Reform, le Saint
Nicholas exclusivement réservé aux vieilles familles de New York, le
Grolier Club, pour les bibliophiles, le Lawyers' Club pour les magis-
trats, avocats et hommes de loi, le Calumet, le Catholic, l'Engineer's,
le Barnard et cent autres réunissant tous les sports, toutes les profes-
sions, toutes les opinions, toutes les origines. Tous possédant leurs
dining rooms, leurs bibliothèques, leurs nombreux salons remplis de
tableaux et de sculptures, leurs fauteuils profonds et commodes, leur
personnel zélé et discret et tous dignes de la place qu'ils tiennent au
cœur des Américains.

Théâtres et Spectacles. — Assurément le théâtre est ici la distraction
favorite, quoique depuis quelque temps les directeurs se plaignent de
ce que la grande popularité du jeu de bridge leur enlève chaque soir
un fort contingent de leur clientèle habituelle. Cependant, à chaque
saison, s'ouvrent de nouvelles salles et le nombre des acteurs et des
pièces augmente sans cesse. À cela, on dit que les risques d'une aventure aussi hasardeuse que le lancement d'un nouveau théâtre, la perspective de gros gains ou de lourdes pertes, trouvent toujours les
spéculateurs américains, joueurs avant tout, prêts à risquer des
sommes énormes.

Quand une pièce atteint le gros succès, les bénéfices sont colossaux.
On voit souvent des théâtres donner devant des salles combles plus

de mille représentations du même spectacle. Pendant deux ans on a joué « Floradora » au Casino : voici plus d'un an et demi que, chaque soir, M. Warfield voit croître son succès dans le « Music Master ». Le célèbre acteur Joseph Jefferson, mort l'an dernier, n'a, pour ainsi dire, créé durant sa longue carrière que trois rôles importants, — « Rip Van Winkle » dans la pièce du même nom, « Bob Acres » dans « The Rivals » et « Caleb Plummer » dans « Cricket on the Hearth ».

Tout ce qui touche au théâtre et aux coulisses est « very exciting » pour le public américain. Une presse idolâtre s'occupe constamment des acteurs, non seulement pour louer leur talent en termes dithyrambiques, mais encore pour donner mille détails sur leur vie privée. Les moindres incidents de leur intimité sont racontés avec des détails touchants, des photographies accompagnent les articles et vous les représentent à la ville, à la campagne, au milieu de leurs enfants, ou auprès de leur vieille mère ; à pied ou à cheval ; jouant au golf ou pêchant à la ligne. Leurs maisons, leurs garde-robes sont soigneusement décrites, et quand on a tout dit sur l'homme ou la femme de génie, vient le tour de leurs proches, puis de leurs domestiques, de leurs fournisseurs, de leurs chevaux, de leurs chiens.

Le cirque Barnum et « Buffalo Bill » nous ont habitués en France aux immenses affiches, tenant tout un pan de mur. Eh bien ! figurez-vous cinquante Barnum ou Buffalo, luttant entre eux avec leurs moyens habituels de publicité et imaginez l'orgie d'affiches reproduisant les incidents variés des spectacles auxquels elles vous convient ; il y a des assassinats, des incendies, des galopades de cow-boys à travers la prairie, des jeunes femmes indignées flétrissant de phrases définitives des messieurs à l'air méchant et sournois ; des jeunes gens d'aspect héroïque qui serrent dans leurs bras et protègent des jeunes filles en robes blanches, d'autres scènes dramatiques, mais incompréhensibles, comme cette femme en toilette de bal, venant trouver un cheval dans son écurie pour lui faire boire le contenu d'un petit flacon. « Take it », disait la légende : « Prenez cela », disait la dame d'un air farouche.

Des portraits d'acteurs et d'actrices démesurément agrandis vous poursuivent de leurs sourires ou de leurs grimaces d'une façon obsédante et vous passent souvent l'envie que vous auriez d'aller voir s'agiter les originaux.

Les théâtres sont grands, assez bien installés, sans grand goût, il faut dire, mais commodes et pratiques. Excepté au Metropolitan Opera, il n'y a nulle part de loges ou de baignoires, seulement de chaque côté deux grandes avant-scènes. Le prix des places est raisonnable. De sept à dix francs on a un excellent fauteuil d'orchestre, ce qui, étant donné la valeur de l'argent ici, est relativement moins cher que les prix de Paris ou de Londres.

Pendant les entractes circulent des garçons qui vous offrent en guise de rafraîchissements de l'eau glacée, la boisson habituelle.

La grande majorité des théâtres des États-Unis appartient à deux ou trois grands « trusts » qui d'un bout d'une saison à l'autre y font circuler leurs troupes en tournées. Généralement la première d'une pièce a lieu dans une petite ville et ce n'est qu'après les remaniements indispensables et quand les rôles sont bien sus, enfin que tout marche à souhait, que l'on présente la pièce à New York.

Les auteurs américains semblent se donner peu de mal à écrire leurs productions. Sur un vague scénario, ils développent quelques intrigues, permettant à l'acteur pour lequel ils travaillent d'y intercaler des gambades, des calembours, des mots d'esprit (quel esprit !), d'être en scène presque tout le temps, car chaque étoile est maître absolu de son public. Ils peuvent en faire ce qu'ils veulent, lui raconter ce qui leur plaît. Pourvu qu'ils grimacent, dansent la gigue ou fassent des culbutes, cela suffit pour soulever l'enthousiasme de la salle. (...)

Il faudrait aussi noter les danses joyeuses, harmonieuses et savamment rythmées des chorus girls. C'est une des joies de New York. Mais ce qu'il y a de surprenant pour nous autres Français, c'est l'exhibition de certaines célébrités du moment, qu'on décide, à force de dollars, à se montrer pour quelques instants à un public enthousiaste. Il y en a toujours, et les établissements concurrents ont chacun la leur. Tout leur est bon : le survivant d'une catastrophe célèbre, la victime d'une erreur judiciaire, le domestique ou la nourrice d'un homme illustre, l'athlète victorieux, etc.

L'an dernier, Tod Sloan, le fameux jockey, s'exhibait tous les soirs dans un music-hall de Broadway moyennant cinq mille francs par semaine. Il arrivait sur la scène le chapeau sur l'oreille, les mains dans les poches, un gros cigare aux lèvres et l'air maussade. D'une voix nasillarde, il contait comment il avait fait la connaissance du roi d'Angleterre, restait cinq minutes et partait, visiblement dégoûté et assommé, soulevant des tonnerres d'applaudissements. On le rappelait dix fois, c'était du délire. Je n'ai vu pareil enthousiasme qu'un

autre soir, alors que Jim Corbett, le célèbre boxeur, expliquait comment il avait vaincu dans un grand macht et exhibait ses muscles invincibles. J'ai bien cru que la salle croulerait, près de moi des jeunes filles s'époumonaient à crier : Hurrah Jim ! Bully for you ! You're all right ! tandis que mon voisin de droite hochant la tête gravement affirmait : The best ever ! the greatest in the world ! le meilleur toujours, le plus grand du monde !

*

Les Sports. — La passion du sport est générale parmi les Américains. Même dans leurs plaisirs il leur faut encore l'intérêt de la lutte et du but à atteindre. Je ne crois pas qu'on puisse s'imaginer, avant de l'avoir vu, l'enthousiasme que déchaîne une simple course à pied entre équipes de deux universités rivales, et une rencontre entre boxeurs devient un événement sensationnel ; longtemps à l'avance les journaux publient leurs portraits, ceux de leurs entraîneurs, notent leurs chances et les moindres détails concernant l'entraînement.

Un match de football. — De tous les sports, le football est celui qui passionne le plus les jeunes gens américains. De la plus petite à la plus grande, chaque école a son équipe de joueurs, supérieurement entraînés. Certaines parties sont des événements importants qui intéressent tout le pays.

D'anciens élèves, devenus de graves businessmen risquent des sommes énormes sur le « team » de leur collège.

Si je n'ai pu voir le fameux match de football entre Harvard et Yale, j'ai du moins assisté à celui qui mettait en présence Yale et Columbia, l'Université de New York.

La rencontre devait avoir lieu au « base-ball grounds » vers la 166e rue. Les trains du « subway » étaient pris d'assaut par une foule joyeuse d'hommes et de femmes, de jeunes filles et de jeunes gens surtout, portant à la boutonnière ou à la ceinture les couleurs de leur collège préféré, violettes pour Yale, œillets blancs pour Columbia.

Sur le bout de chemin qui mène de la station au « stand » tous les gens se hâtaient, se bousculaient, se dépassaient entre deux rangées de marchands de billets et de petits drapeaux qui portaient en lettres blanches sur fond bleu clair ou foncé les noms des deux universités.

On se battait pour entrer, et une fois la porte passée, on courait pour gagner sa place.

Le Stand se compose d'une pelouse d'environ 25 mètres de large, et 80 de long. Sur les deux grands côtés de ce rectangle deux tribunes étagent leurs gradins ; à droite étaient les partisans de Yale, à gauche ceux de Columbia. Mon ticket portait un numéro d'une rangée si inaccessible à atteindre dans la foule, que je me décidai à rester sur le chemin près de la porte.

Il faisait un temps splendide ; de légers nuages blancs couraient dans le bas du ciel bleu au-dessus de la mer de visages, de chapeaux, d'ombrelles, de bras, et de petits drapeaux qui s'agitaient en face, du côté de Yale.

Au milieu des applaudissements, des coups de sifflet, des chants, les deux équipes entrèrent sur la pelouse et la partie commença. N'étant pas initié à ce jeu, je n'y compris rien, sinon que sitôt le ballon lancé, c'étaient des courses folles, des bousculades effrénées, ne finissant qu'au signal de l'arbitre, pour recommencer la minute d'après.

Les engagements se suivaient toujours plus ardents et la foule se passionnait à la bataille. Comme il s'agissait de stimuler l'ardeur des combattants par des cris et des chants, toutes les deux minutes, au pied des gradins, une espèce de colosse, armé d'un porte-voix, criait « Are you ready ? ». La foule répondait « Yes ». Alors « Go » et des hurlements partaient, scandés et réglés par l'étrange chef d'orchestre, qui d'en bas battait la mesure avec ses poings fermés.

Le cri de Columbia est ainsi :

C — O — L — U — M — B — I — A

Columbia !
Columbia !
Columbia !

De temps en temps, un des joueurs tombait et restait étendu. On accourait le relever, un homme portant une grosse bouteille d'eau claire et une éponge lui aspergeait la figure ; s'il n'était pas trop démoli, il continuait la partie, sinon on l'emportait enroulé dans des couvertures, au milieu des applaudissements et des acclamations délirantes de la foule qui hurlait son nom ainsi :

Rah, Rah, Rah
Armstrong !
Armstrong !
Armstrong !

Un autre joueur le remplaçait aussitôt et la partie continuait de plus belle.

Après deux heures de lutte, la victoire était à Yale et je sortis du « stand » alors que tous les étudiants de Columbia, graves et découverts, entonnaient solennellement à pleine voix la chanson de leur collège.

Dans des terrains vagues avoisinant le stand, des petits garçons dansaient autour de feux de joie, flambant en l'honneur de Yale.

Sur la route du retour, des gens réglaient leurs paris, et se bousculaient de nouveau dans les escaliers du subway ou à l'assaut des tramways.

Le même soir, tous les grands restaurants étaient décorés des couleurs de l'Université gagnante. les journaux remplissaient leurs colonnes des détails de la lutte et dans les music-halls, le cinématographe reproduisait les passes les plus sensationnelles.

Extrait de *New York comme je l'ai vu*.
Les dessins sont de Charles Huard.

JULES HURET

Fin d'année à New York

Au restaurant Martin, à déjeuner, j'avais remarqué un homme qui se levait de table toutes les deux minutes pour aller consulter les cours de la Bourse qui se dévidaient automatiquement dans un appareil placé dans un coin. Un Américain à qui j'avais raconté cela me dit :

— Venez dans Broadway, vous verrez bien autre chose.

J'étais donc allé, un matin, déjeuner au restaurant Savarin, dans le sous-sol de « l'Équitable », où se trouve le centre même des affaires de la grande ville.

Une atmosphère enfumée. Pas une place libre. Une agitation, un mouvement, une fièvre qui sont comme un reflet du dehors. De petites tables où mangent précipitamment des gens pressés. Pourtant ceux-là m'apparaissent comme des sybarites et des flâneurs. Car voici d'autres mangeurs, le chapeau sur la tête, serrés les uns contre les autres et debout devant un long comptoir de bois, avec l'air d'entendre le coup de sifflet d'un train qu'ils doivent prendre et qui va partir. Ils commandent brièvement, à des garçons vêtus de blanc, un mets qui leur est servi à la minute même. Car tout est prêt d'avance. Le garçon n'a qu'à plonger sa grande cuiller dans une marmite ou sa fourchette dans un tas de viandes à portée de sa main, et le client est servi. Il faut que cela soit ainsi, car ceux qui déjeunent ici n'y demeurent jamais plus de dix minutes, un quart d'heure au plus. Je fais comme eux : il faut bien vivre la vie des pays que l'on visite. Et en un quart d'heure j'ai avalé une assiette de hachis de bœuf — qui arrive tout préparé de Chicago — un pudding, un bout de fromage et une tasse de café. À côté de moi, un petit bonhomme mange de sa main droite, tient son pardessus sur son bras gauche et, dans sa main libre, une liste de chiffres qu'il dévore en même temps que son repas.

Je demande à mon guide :

— Quand digèrent-ils, ces gens qui travaillent depuis le matin et travaillent encore en mangeant ?

— Ils digèrent en travaillant. Regardez-les fuir à pas pressés. Ils remontent à leur bureau et, sans s'attarder une seconde à causer ou à flâner sur le trottoir, ils vont se remettre avec frénésie à la besogne jusqu'à six ou sept heures du soir. Après quoi, ils passeront à leur club boire un whisky, ou rentreront chez eux, prendront un bain, s'habilleront, dîneront, iront sans doute au théâtre, et avant minuit ils seront tous couchés. Demain ils recommenceront, et ce sera ainsi toute leur vie.

*

Tout le monde sait qu'à l'hôtel, le domestique que vous appelez siffle en vous servant.

L'autre matin, la porte de ma chambre s'ouvre sans qu'on ait frappé ; je vois entrer un long jeune homme imberbe, coiffé d'un chapeau melon, avec une serviette noire sous le bras, et un air désagréable, et qui, sans dire bonjour et sans ôter son chapeau posé en arrière, prononce simplement :

— C'est vous qui avez demandé un sténographe ?

Je lui réponds :

— Non.

Il n'ajoute pas un mot, ne fait pas un geste, et s'en va.

*

Vous connaissez cette habitude des domestiques allemands de dire cent fois par jour bonjour, bonsoir, au revoir, à chaque entrée, à chaque sortie de chaque client d'un hôtel ou d'un café ?

Vous ne vous plaindrez pas de cela ici. On entre, on sort, personne ne prend garde à vous. Pas une fois, un domestique ne vous saluera du moindre mot ni du moindre signe. Le matin, le garçon vous apporte votre café au lait dans votre chambre, tire les rideaux, vous tend la note de votre consommation et un crayon pour la signer, et s'en va comme il est entré, sans même vous regarder.

On finit par s'habituer à ces façons. Et, quand on n'est pas de très bonne humeur, c'est même charmant.

*

Dans les rues, dans les tramways, quand une bouche s'ouvre, vous voyez de l'or. Les premiers temps, c'est une continuelle distraction. La bonne qui fait ma chambre a deux dents en or. L'autre jour, j'ai vu un nègre dont *toutes* les dents était aurifiées. Tout cet or, dans cette face noire, faisait un effet diabolique. Les bouches ont l'air de caisses d'épargne.

*

J'adore le sang-froid américain. Au restaurant, un client avait demandé deux fois au garçon de balayer le contenu d'un plat qu'il venait de répandre sur le plancher. Le garçon, occupé ailleurs, ne paraissait pas. Le monsieur, figure rasée, les cheveux longs et gris, un monocle à l'œil (la tête de Leconte de Lisle), se lève, traverse la salle du restaurant, revient au bout d'un instant avec un balai à la main, repousse vers la table voisine les débris qui le gênaient, et dépose froidement le balai à côté de lui.

Je crois que j'ai été le seul à m'amuser de cette petite scène. Personne ne l'avait même remarquée, ou n'avait paru la remarquer.

*

Les hommes, ici, ne se parfument pas, excepté les hommes du peuple. C'est très mal vu.

Par contre, chez nous, les hommes qui se servent de la manucure sont volontiers regardés comme des petits-maîtres, ou du moins comme des raffinés. À New York, pas d'usage plus répandu que celui de la manucure. Il y en a chez tous les barbiers. J'en ai vu qui opéraient pendant que leur client se faisait couper les cheveux et qu'un nègre leur cirait les bottines. Et ces trois opérations simultanées ne se gênaient pas l'une l'autre.

*

Dans Broadway, si vous voyez passer un homme avec une canne à la main, soyez sûr que c'est un Français.

*

Je regarde les gens manger au restaurant. Il me semble qu'on n'y a pas l'appétit splendide qui étonne chez les Anglais et surtout chez les Allemands. L'un des mets préférés des Américains, c'est la thérapine, sorte de tortue de mer qui devient, dit-on, très rare, et qu'on ne vous sert que pour vous fêter. C'est le mets national, auquel on finit par s'habituer, et dont il est aussi défendu de médire que de la bouillabaisse à Marseille. On aime aussi beaucoup les *sweet potatoes*, pommes de terre sucrées, autrement dites : patates — mets fade et écœurant, auquel il m'est impossible de m'accoutumer.

Les Américains se vantent qu'il n'y a que chez eux et à Paris que l'on boive de bon café. Le fait est qu'à New York il est délicieux.

*

Il paraît qu'en Amérique tous les fleuristes sont grecs, et tous les plâtriers, italiens.

On pourrait broder là-dessus de beaux développements !

*

L'art de l'étalage est inconnu ici. Les cravates, les foulards, la soie, les mille bibelots de la toilette des femmes et des hommes sont rangés au petit bonheur dans les vitrines. On n'a pas le temps et on juge inutile de faire mieux. Pendant la semaine du Horse Show (Concours hippique), je me suis amusé à relever les imaginations des étalagistes dans les magasins de nouveautés : on voyait, derrière les glaces des devantures, des mors, des fers à cheval, des fouets, même de la paille, le tout posé n'importe comment. C'est là que le moindre trottin parisien se rendrait utile !

*

C'est à New York que j'ai vu pour la première fois de ma vie une femme de chambre avec des lunettes d'or. Depuis, j'en ai vu beaucoup.

*

On n'y rencontre pour ainsi dire pas de mendiants. Depuis que je suis arrivé, on m'a demandé l'aumône juste deux fois, et c'était le soir, et c'étaient deux Allemands. On dirait que cette rareté de la mendicité la rend plus pénible. Et surtout, ce qui en aggrave la tristesse, c'est, je crois, sans compter la dureté du climat, la sensation de lutte forcenée, d'impitoyable combat qui vous entoure.

*

Le 31 décembre à New York.

Je suis en train d'écrire le soir dans ma chambre, quand, vers onze heures, j'entends soudain monter de Broadway, qui passe presque sous mes fenêtres, une rumeur grandissante de foule qui s'ajoute au fracas coutumier des cloches des tramways, du chemin de fer aérien, et des sirènes et des sifflets de l'Hudson.

Je descends dans la rue pour me mêler à cette foule dont on m'avait parlé, et qui s'en va, comme c'est l'usage, vers l'église de la Trinité, dans le bas de la ville, pour saluer par des bruits l'avènement de l'année nouvelle.

Presque tous les promeneurs sont munis d'une longue trompe de fer-blanc peinte aux couleurs des États-Unis, et chacun, hommes et femmes, jeunes filles et enfants, souffle là dedans éperdument. Le son

qui sort d'une de ces trompes ne peut être comparé qu'aux beugle-
ments les plus forts des cornes de tramways de Paris ou des automobiles. Or figurez-vous cent mille, deux cent mille personnes, peut-être
beaucoup plus, je ne sais, qui soufflent sans cesse de tous leurs poumons dans ces instruments, essayant d'en tirer le plus de bruit possible, et cela le long d'une seule rue de vingt kilomètres. Figurez-vous
aussi la chaussée sillonnée de tramways électriques qui passent toutes
les minutes dans les deux sens, à toute vitesse, en grondant sur les
rails et en sonnant de la cloche, comme les églises un jour de Pâques.
Et, de place en place, le chemin de fer aérien traversant la rue et les
avenues avec un bruit assourdissant de ferrailles remuées.

Ceux qui n'ont pas de trompe ont des bruissoires de bois, de fortes
crécelles, peut-être pires encore que les trompes.

Je me laissai porter par la foule pendant deux ou trois kilomètres,
assourdi de vacarme, mais enchanté du spectacle furieux de ces
vagues retentissantes, d'y être mêlé et de pouvoir observer cette sorte
de plaisir du bruit que l'on ne conçoit chez nous que réglé par de la
musique et des chefs d'orchestre ! Cette joie est exactement celle des
enfants quand on leur met à la main pour la première fois une trom-
pette. Les gens soufflent le plus fort qu'ils peuvent, s'excitant aux
bruits voisins, voulant les dépasser : c'est un sport. Quand ils sont
essoufflés, ils s'arrêtent un instant, puis reprennent de plus belle.
Ainsi pendant des lieues de marche. Et il n'y a pas que les jeunes gens
qui s'amusent à ce match frénétique. J'ai vu des quantités d'hommes
faits, d'hommes sérieux, portant barbe et lunettes, et des jeunes filles
jolies et gracieuses, enflant leurs joues jusqu'à les crever ! J'ai vu des
nègres et des négresses qui ne se contentaient pas d'une seule
trompe, qui en avaient deux où ils soufflaient à la fois. Il arrivait que
des groupes se croisaient. Et alors, c'était à celui qui couvrirait le
vacarme des autres.

Quand j'eus assez marché, je montai à grand-peine dans un tramway qui allait vers l'église de la Trinité. Le tramway lui-même était
rempli de joueurs de trompe ! Parfois, sur un parcours d'un kilo-
mètre, Broadway était désert. Mais à un carrefour quelconque, un
torrent de foule apparaissait au milieu de l'infernal tapage des milliers de trompes, des crécelles, des tramways et des cris. Jusqu'à Trinity

Church, juste en face des bâtiments de « l'Équitable », le bruit alla croissant. Là, il atteignait son maximum d'intensité : c'étaient tous les braiments, tous les barrissements, tous les hurlements, tous les mugissements, tous les croassements de la terre ! Rien n'en peut donner une idée, qu'un cauchemar effrayant au milieu d'une forte fièvre.

J'ai demandé d'où venait cette coutume et à quoi elle correspondait dans les mœurs américaines.

— C'est notre carnaval à nous, me fut-il répondu. Nous ne nous amusons qu'une fois par an, mais ce jour-là, c'est pour de bon !

Et la coutume vient des Hollandais, gens de gaieté exubérante et bruyante, qui ont fondé New York. À Boston, par exemple, capitale puritaine de la Nouvelle-Angleterre, on ne connaît pas ces réjouissances, et on ne se les permettrait pas.

Phénomène à noter : dans cette excitation folle, pas une brutalité, pas un geste inconvenant, douteux ou querelleur ; le plaisir du bruit, du plus de bruit possible, voilà tout. C'est comme une sorte de détente après des mois d'activité différente et de contrainte — retour de grands enfants aux instincts libres et innocents de l'adolescence.

À deux heures du matin, de mon quatorzième étage j'entendais encore le son des trompes se mêler au bruit des tramways qui circulaient toujours. Et même, le lendemain, premier jour de l'an, je fus réveillé par mon voisin qui s'amusait à souffler dans son fer-blanc pour faire rire la femme de chambre.

*

Déjeuné ce matin au Cercle des gens de Loi, de Down Town (la Ville basse) avec un des premiers avocats de New York et sa femme, deux jeunes gens très riches et dont le sport est la seule occupation, un des plus jeunes et des premiers hommes d'affaires de l'Amérique, et trois jeunes filles parmi lesquelles Mlle Alice Roosevelt, fille du président de la République.

On arrive à une heure et demie. Petit salon clair. Table couverte de roses. On fait les présentations à la bonne franquette : Mr Untel — *How do you do* ? Shake-hand énergique qui me broya un peu les doigts et me secoua les articulations du bras. Et on se met à table.

On cause de n'importe quoi, chacun pour soi, guère de conversation générale, et une demi-heure, au plus trois quarts d'heure après, le repas est fini. Vous vous figurez qu'on va s'asseoir, faire des grâces, aiguiser sa langue, essayer de briller ? Il y a le Concours hippique à deux heures, on est en retard, on s'en va, sans même se dire au revoir.

J'avais à peine eu le temps d'entamer un bout de conversation avec mes voisines, d'entendre l'une d'elles, aux yeux languissants, me dire :

— Ici, on ne pense qu'à gagner de l'argent, de l'argent, toujours de l'argent. À la fin, on finit par détester ce mot : *money*...

Et je voudrais rendre l'accent et la grimace de colère et de répulsion qu'elle eut en prononçant ce mot. De la seconde de mes voisines, jeune fille de dix-huit ans, fraîche, rose, aux dents éclatantes, gaie comme un oiseau, j'avais juste appris qu'elle était sortie du collège depuis six mois, et qu'elle était si heureuse de sa liberté ! et qu'elle se promettait de s'amuser beaucoup avant son mariage, parce que le mariage c'était la fin de tout, et qu'on ne lui avait pas encore dit qu'elle était jolie.

De miss Alice Roosevelt, on m'avait dit qu'elle ne savait que quelques mots de français, mais que son père le comprenait fort bien ; qu'elle n'était jamais allée à Paris, et qu'elle espérait y venir au prochain printemps. La fille du président Roosevelt est charmante. Les traits ne sont pas réguliers, mais l'expression en est si vivace, si énergique et si souriante à la fois ! Une sorte de timidité nerveuse se devine malgré ses gestes brusques, son parler net et bref, sa poignée de main robuste et rapide, son petit salut sec. Ses manières sont d'une simplicité délicieuse. Après le déjeuner, au Concours hippique, je me trouvai de nouveau avec elle dans la loge de M.J.H. Hyde, et je la voyais se pencher gentiment hors du box, serrer les mains d'une quantité de jeunes garçons et de jeunes filles, et se mettre aussitôt à rire avec eux sans l'ombre de gêne ou de retenue, avec cette liberté et ce naturel qui sont un des côtés les plus agréables et les plus sympathiques du caractère américain.

*

Il y a encore beaucoup de monde à la campagne ; certaines grandes familles y demeurent même tout l'hiver, sauf à faire de temps en temps une apparition à New York pour un déjeuner ou un dîner. Les grands bals ne commencent qu'en janvier, et les seules grandes réunions mondaines de la saison ont été jusqu'à présent le Concours hippique (Horse Show) et l'ouverture du Metropolitan Opera. Les hôtels débordent, des appartements sont retenus au Waldorf depuis l'année dernière pour la Grande Semaine, et il ne faut pas songer à trouver une place au café Martin pour le lunch, le dîner ou le souper.

De l'avis même des dames américaines, le Horse Show est plutôt un « Dress Show », c'est-à-dire une exposition de toilettes. On y vient voir beaucoup moins les chevaux que la mode. Tout ce que New York compte de millions et d'élégances est là ; et l'on y vient aussi de Chicago et de Pittsburg, de Boston et de Philadelphie.

Grâce à cette invasion de la « province », on soutiendrait difficilement que l'élégance du public est sans mélange. On porte beaucoup de bijoux. Il y a des plumes trop grandes sur les chapeaux, et toutes les robes ne sortent pas de chez Paquin. Cependant le coup d'œil du soir est superbe. La vaste salle est éclairée par des lignes de lampes électriques qui suivent le dessin des charpentes du toit. Les loges circulaires et le promenoir sont remplis de toilettes décolletées et d'habits noirs. Et alors les gemmes triomphent ! Nombre de ces toilettes sont pleines de goût et portées admirablement sur d'admirables corps. Et jamais de plus riches joyaux n'ont orné de plus belles poitrines ; c'est une justice qu'il faut rendre aux unes et aux autres !

L'assemblée est calme. On s'y agite et l'on y parle peu. Les gens n'ont pas l'air de se connaître beaucoup. On se regarde, on se lorgne, et ce qui se passe sur la piste paraît assez indifférent. Les réunions analogues, chez nous, sont plus animées, on se rend beaucoup plus de visites et on manifeste davantage. Les chevaux y sont plus beaux aussi, les connaisseurs plus nombreux. Pourtant, ici, les attelages de coach sont incomparables et conduits de main de maître par les Moore et les Hyde. Je crois que ce sont à peu près là toutes les différences qu'on peut noter.

*

L'ouverture du Metropolitan Opera fut très brillante. Il n'y avait pas une place libre dans la superbe salle dont Maurice Grau est le « manager » très aimé.

On aurait pu se croire à une soirée de gala à l'Opéra de Paris ! Je ne dis pas cela pour flatter les Américains, mais je n'y vois vraiment aucune différence.

Il devait y avoir là les plus beaux joyaux du monde et les plus belles femmes de la terre. Mais la reine, celle vers qui tous les regards étaient sans cesse tournés, c'était la belle Mme Astor, l'un des plus grands noms d'Amérique, et à coup sûr la plus magnifique Diane que puisse rêver un sculpteur, une Diane un peu chinoise.

On me cita aussi, à l'entracte, d'autres noms célèbres et d'autres beautés. Mais comment les retenir tous ? C'étaient les Vanderbilt et les Whitney, les Gould, les Hyde, les Harriman, les Belmont, les Clarke, les Jay, les Sloane, les Emery, les Alexander, les Winthrop et les Watson Gerard, tous noms avec lesquels nos oreilles européennes sont déjà familiarisées, et que nous apprendrons, je crois, à connaître mieux encore. Mais l'homme que se disputaient les regards des autres hommes était M. J. Pierpont Morgan.

— Voyez-vous cet homme, là-bas, avec ce nez énorme ? C'est lui.

Je le suivis du regard de loge en loge, où il allait faire visite. Mais il était trop loin de moi pour que je puisse l'étudier convenablement : je ne voyais qu'un plastron blanc, des cheveux grisonnants, et, depuis qu'on me l'avait dit, un nez... gros comme un trust.

On jouait *Othello* en italien. Alvarez et Mme Eames chantaient. Leur succès fut très grand. On ne peut rien rêver de plus dramatique qu'Alvarez dans ce rôle, et sa voix ne fut jamais plus éclatante ni plus solide. Quant à Mme Eames, Bostonienne de naissance, elle est l'enfant gâtée du public américain. Elle chante Desdémone avec cette voix pure, d'essence si noble, qui n'a pas sa pareille. Et sa beauté, qui fut ce soir-là mélancolique et touchante, doublait le sentiment dramatique de son chant. Les loges et toute la salle firent aux deux artistes de longues ovations. Ici on ne se lasse pas d'applaudir. On ne compte pas les rappels, comme chez nous. Pour saluer le public, les artistes passent devant la rampe, le rideau baissé, par de petites portes ménagées à droite et à gauche du cadre de la scène. Pendant ce temps, les machinistes peuvent changer les décors ; autrement les entractes n'en finiraient pas.

*

Ce qu'on regarde le plus en arrivant dans un pays étranger, c'est naturellement le spectacle de la rue, des restaurants et des théâtres.

Dans les rues élégantes où les femmes vont à pied, 5ᵉ avenue et rues avoisinantes, il n'y a pas beaucoup de différence — au premier coup d'œil — avec la tournure et l'élégance des promeneuses dans les riches quartiers de Paris. Les femmes marchent bien, leurs toilettes sont pour la plupart irréprochables. Elles n'ont pas, dans la démarche, ce rien gracieux, désinvolte et coquet, qui fait le charme des Parisiennes, mais elles se rattrapent par quelque chose de plus solide et de plus équilibré dans l'allure, qui donne à certaines un port de déesse.

La mode est, en ce moment, aux larges chapeaux plats ornés de plumes et de dentelles flottant à l'arrière. Cette mode, qui sied surtout aux femmes de grande taille, est ravissante ; elle donne aux regards abrités sous les larges bords du chapeau un air de mystère, et encadre admirablement les lourdes chevelures.

*

Rencontré le peintre Helleu sur la 5ᵉ avenue, avec un carton sous son bras. Il vient d'arriver à New York et s'est mis déjà au travail.

Il s'écrie :

— C'est ici le pays des belles femmes ! Ah ! les belles femmes !...

*

On voit tout dans ce pays extraordinaire, et les Américains s'étonnent difficilement.

Pourtant, ces jours passés, je vis, de mes propres yeux, dans une des salles à manger du Waldorf, quelque chose qui leur paraîtra à eux-mêmes incroyable.

C'était dimanche, un soir de neige. J'étais descendu tard dîner, m'étant oublié à des lectures dans ma chambre. Les salles étaient vides. Il ne restait que peu de monde aux tables : deux familles en grande toilette, deux dames, une brune et une blonde couvertes de bijoux et de dentelles, coiffées de larges chapeaux à plumes, les hommes en habit noir, et une petite fille de sept à huit ans, aux yeux éveillés, qui regardait et écoutait tout avec curiosité. Dans un coin, deux hommes en habit également, l'air sérieux et grave, mentons carrés et maxillaires saillants ; deux ou trois autres personnes encore, effacées dans des coins. Et, à une table voisine de la mienne, un homme seul, d'une quarantaine d'années, à peu près chauve déjà, à la figure bonne et tendre, la bouche forte et l'œil bienveillant. Je me disais, en le regardant, qu'il ne devait pas être américain ; à côté des figures énergiques et fortes dont mon œil est à présent repu, celui-ci, malgré sa haute taille et sa forte carrure, me faisait l'effet d'une femme.

Un orchestre jouait, depuis le commencement du dîner, et assez mal, des airs de toute sorte, sans intérêt. Tout à coup, l'orchestre s'étant arrêté, une harpe préluda et se mit à jouer en solo un air mélancolique et doux. Les dîneurs se turent, les dames battirent gentiment la mesure avec leur couteau et leur tête, en fredonnant l'air à mi-voix. Par hasard mes yeux se portèrent sur mon voisin, le grand gaillard blanchissant, et je vis des larmes couler de ses yeux dans son assiette, des larmes grosses et rapides qu'il croyait cacher. Il me tournait le dos à demi, et je ne le voyais que de profil, mais je suivais dans une glace ses moindres mouvements : il essuyait ses yeux du bout de ses doigts, et sa bouche avait une expression d'enfantine douleur.

Si vous pensez au décor et à l'ambiance, il n'y a pas de drame au monde plus émouvant que ce simple tableau.

Extrait de *De New York à La Nouvelle-Orléans.*

DOROTHY PARKER

Journal d'une New-Yorkaise

Jours d'Horreur, de Désespoir,
qui ont changé la Face du Monde

Lundi. Plateau du petit déjeuner vers onze heures ; je n'en voulais pas. Le champagne de chez Amorys hier soir était *absolument* révoltant, mais que peut-on y faire, je vous le demande ? On ne peut pas rester jusqu'à cinq heures du matin sans *rien* boire. Il y avait ces musiciens hongrois *divins* dans leurs vestes vertes, et Stewie Hunter a enlevé une de ses chaussures et il a dirigé l'orchestre avec. *Rien* n'aurait pu être plus drôle. C'est l'homme *le plus* spirituel de toute la terre ; on ne peut pas faire plus *parfait* que lui. Ollie Martin m'a raccompagnée à la maison et on s'est endormis tous les deux dans la voiture... *absolument* tordant. Mlle Rose est venue vers midi me faire les ongles, tout simplement *affublée* des ragots *les plus* divins. Les Morris vont se séparer *d'une minute à l'autre*, Freddie Warren *a bien* des ulcères, Gertie Leonard ne *peut* tout simplement pas lâcher Bill Crawford des yeux même quand Jack Leonard *est dans la pièce*, et c'est absolument *vrai*, ce qu'on raconte sur Sheila Phillips et Babs Deering. Ça *n'aurait pas pu* être plus excitant. Mlle Rose est *absolument* merveilleuse ; je crois vraiment que les gens comme elle sont souvent dix fois plus intelligents que beaucoup d'autres. Je n'ai remarqué qu'après son départ que cette fichue imbécile m'avait mis ce vernis mandarine *révoltant* sur les ongles ; j'étais *on ne peut plus* furieuse. J'ai ouvert un livre, mais j'étais trop nerveuse pour lire. J'ai téléphoné et je me suis aperçue que je pouvais avoir deux billets à quarante-huit dollars pour la première de « Cours comme un lapin », ce soir. Je leur ai dit qu'ils avaient un toupet *monstre*, mais qu'est-ce qu'on *peut* y faire ? Je crois que Joe a dit qu'il dînait dehors, alors j'ai téléphoné à des types *divins* pour trouver quelqu'un qui m'accompagne au théâtre, mais ils étaient tous pris. Finalement, j'ai eu Ollie Martin. Il était *on ne peut plus* hésitant, mais qu'est-ce que ça peut me faire ? *Impossible* de décider si je vais m'habiller en crêpe vert ou en laine rouge. À chaque fois que je regarde mes ongles, j'ai la *nausée*. Fichue Mlle Rose.

Mardi. Joe s'est précipité dans ma chambre ce matin à *pratiquement neuf heures.* J'étais *on ne peut plus* furieuse. On a commencé à se disputer, mais j'étais *absolument* morte. Je sais qu'il a dit qu'il ne rentrerait pas à la maison pour dîner. Froid de canard toute la journée ; impossible de bouger. La soirée d'hier *n'aurait pas pu* être plus parfaite. Ollie et moi, nous avons dîné dans la Trente-huitième Rue Est, des trucs absolument *pourris*, il n'y avait *personne* avec qui on aurait accepté de passer *une seconde*, et « Cours comme un lapin » était ce qu'on fait de *pire*. J'ai emmené Ollie à la réception des Barlow et ça *n'aurait pas pu* être mieux — il *n'aurait pas pu* y avoir de gens plus proprement puants. Ils avaient ces Hongrois en vestes vertes et Stewie Hunter a dirigé l'orchestre avec une fourchette. Tout le monde était tout simplement *mort* d'ennui. Il avait des mètres et des mètres de papier de toilette vert autour du cou, comme un collier de fleurs d'Hawaii. Il était *on ne peut plus* en forme. J'ai rencontré un *type absolument nouveau*, très grand, *vraiment* merveilleux, l'un de ces hommes avec lesquels on arrive *vraiment* à parler. Je lui ai dit que, parfois, j'avais une telle *nausée* que j'aurais pu en *hurler* et que je sentais que je *devais* absolument faire quelque chose comme écrire ou peindre. Il m'a demandé pourquoi je n'écrivais pas ou je ne peignais pas. Je suis rentrée à la maison toute seule ; Ollie est tombé *raide*. J'ai appelé le nouveau type trois fois aujourd'hui pour lui demander de venir dîner et d'aller à la première de « Ne dis jamais bonjour », mais la première fois, il était sorti, et ensuite, il était occupé avec sa mère. Finalement, j'ai eu Ollie Martin. J'ai essayé de lire, mais je n'arrivais pas à rester en place. *Impossible* de décider si je vais m'habiller en dentelle rouge ou en robe à plumes. Je me sens *tellement* fatiguée, mais qu'est-ce qu'on peut y faire ?

   Mercredi. La chose la plus terrible vient de m'arriver *à la minute même*. Je me suis cassé un ongle à *ras*. C'est vraiment la chose la plus horrible qui me soit arrivée dans ma vie. J'ai appelé Mlle Rose pour qu'elle vienne me le tailler mais elle était sortie pour la journée. On peut dire que j'ai la *pire* malchance de *toute* la terre. Il va falloir que je reste comme ça toute la journée et toute la soirée, mais qu'est-ce qu'on peut y faire ? Fichue Mlle Rose. La soirée d'hier était *absolument* agitée. « Ne dis jamais bonjour » était *vraiment* infect, *jamais* je n'avais vu des costumes plus pourris sur une scène. J'ai emmené Ollie à la réception des Ballard ; c'était *on ne peut* mieux. Il y avait ces Hongrois en vestes vertes et Stewie Hunter dirigeait l'orchestre avec un freesia — *absolument* parfait. Il avait enfilé le manteau d'hermine de Peggy Cooper et le turban argent de Phyllis Minton. Il était *tout simplement* incroyable. J'ai tout simplement demandé à une *masse* de gens *divins* de venir ici vendredi soir ; Betty Ballard m'a donné l'adresse de ces Hongrois aux vestes vertes. Elle m'a dit, tu n'as qu'à les engager jusqu'à quatre heures, et si quelqu'un leur donne encore trois cents dollars, ils resteront jusqu'à cinq heures. C'est *on ne peut plus* raisonnable. Je suis rentrée à la maison avec Ollie, mais il a fallu que je le dépose chez lui : il était *on ne peut plus* malade. Aujourd'hui, j'ai appelé le nouveau type pour lui demander de venir dîner et de m'accompagner à la première de « Tout le monde debout » ce soir, mais il était pris. Joe va sortir ; il n'a pas voulu *condescendre* à me dire *où* il allait, *bien sûr*. J'ai commencé à lire les journaux, mais il n'y avait rien, si ce n'est que Mona Wheathley est allée divorcer à Reno en accusant son mari d'*intolérable cruauté*. J'ai appelé Jim Wheathley pour voir s'il faisait quelque chose ce soir, mais il était pris. Finalement, j'ai eu Ollie Martin. *Impossible* de décider si je vais m'habiller en satin blanc, en mousseline noire ou en crêpe grège. Je suis tout simplement *atteinte au dernier degré* à cause de mon ongle. Je ne peux pas le *supporter.* Je n'ai *jamais* rencontré *personne* à qui il soit arrivé des choses aussi *incroyables.*

Jeudi. Je ne *tiens* tout simplement plus sur mes jambes. La soirée d'hier était *absolument* merveilleuse. « Tout le monde debout » était *absolument* divin, on ne *pouvait pas faire* plus cochon, et le nouveau type était là, *absolument* céleste, sauf qu'il ne m'a pas vue. Il était avec Florence Keeler qui portait ce modèle doré de Schiaparelli que toutes les petites *midinettes* ont depuis *Dieu* sait combien de temps. Il doit être *dingue* pour sortir avec elle, elle qui ne *regarde* jamais un homme. J'ai emmené Ollie à la réception des Watson. C'était *on ne peut plus* excitant. Tout le monde était simplement *rétamé.* Ils avaient fait venir ces Hongrois aux vestes vertes et Stewie Hunter dirigeait l'orchestre avec une lampe, et quand la lampe s'est cassée, lui et Tommy Thomas ont dansé un ballet — c'était *absolument* merveilleux. Quelqu'un m'a dit que le médecin de Tommy lui avait dit qu'il fallait absolument qu'il quitte *tout de suite* la ville, il a le *pire* estomac de la terre, mais on se s'en rendrait *jamais* compte. Je suis rentrée à la maison toute seule, je n'ai pu trouver Ollie *nulle part.* Mlle Rose est venue à midi me tailler l'ongle, c'était *on ne peut plus fascinant.* Sylvia Eaton ne peut pas mettre le nez dehors sans avoir sa piquouse, Doris Mason sait *tout, de A à Z,* sur Douggie Mason et cette fille de Harlem, Evelyn North ne veut pas se laisser persuader de se tenir à distance de ces trois acrobates et on n'*ose* pas dire à Stuyvie Raymond ce qui ne tourne pas rond avec lui. Je n'ai *jamais* connu quelqu'un qui avait une vie plus *fascinante* que Mlle Rose. Je lui ai fait retirer ce *vil* vernis mandarine de mes ongles et mettre du rouge foncé. Je n'ai remarqué qu'après son départ qu'il était presque *noir* à la lumière électrique ; je suis dans un état *pas possible. Fichue* Mlle Rose. Joe a laissé un mot disant qu'il dînait dehors, alors j'ai téléphoné au nouveau type pour lui demander de dîner avec moi et d'aller voir ce nouveau film ce soir, mais il n'a pas répondu. Je lui ai envoyé trois télégrammes pour lui dire de venir demain soir *absolument sans faute.* Finalement, j'ai eu Ollie Martin pour ce soir. J'ai regardé les journaux, mais il n'y a rien, si ce n'est que les Harry Mott donnent un thé dansant avec de la musique hongroise dimanche. Je crois que je vais demander au nouveau type de m'y accompagner ; ils avaient sûrement l'intention de m'inviter. J'ai ouvert un livre, mais j'étais trop épuisée. *Impossible* de décider si je vais porter la nouvelle robe bleue avec la veste blanche ou si je vais la garder pour demain soir et si je vais mettre la moirée ivoire. J'ai simplement *mal au cœur* à chaque fois que je pense à mes ongles. Ça ne *pourrait pas faire plus dingue*. Je serais capable de *tuer* Mlle Rose, mais qu'est-ce qu'on peut y faire ?

Vendredi. Complètement *lessivée* ; ça *ne pourrait pas être pire*. La soirée d'hier a été *absolument* divine, le film *tout simplement* mortel. J'ai emmené Ollie à la réception des Kingsland, c'était *absolument* incroyable, tout le monde *déménageait*. Il y avait ces Hongrois en vestes vertes, mais Stewie Hunter n'était pas là. Il fait une *vraie* dépression nerveuse. Je me suis rendue *malade* en me disant qu'il ne serait peut-être pas rétabli ce soir ; je ne lui pardonnerai *jamais* s'il ne vient pas. J'ai commencé à repartir avec Ollie, mais je l'ai déposé chez lui parce qu'il ne *pouvait pas* s'arrêter de pleurer. Joe a laissé un mot au maître d'hôtel pour dire qu'il partait cet après-midi à la campagne pour le week-end ; bien entendu, il ne s'est pas *abaissé* à me dire *quelle* campagne. J'ai appelé des *tonnes* de types merveilleux pour demander à quelqu'un de dîner avec moi et de m'accompagner à la première de « Folie d'un Blanc », et ensuite d'aller danser un moment ; je ne peux pas *supporter* d'être la première arrivée à la réception que je donne. Tout le monde était pris. Finalement, j'ai eu Ollie Martin. J'étais *on ne peut plus* déprimée ; je n'aurais jamais dû *toucher* au champagne et au scotch en même temps. J'ai ouvert un livre, mais j'étais trop énervée. J'ai appelé Anne Lyman pour lui demander des nouvelles du nouveau bébé et *impossible* de me rappeler si c'était un garçon ou une fille — il faut *absolument* que je trouve une secrétaire *la semaine prochaine*. Anne m'a été *du plus grand* secours. Elle a dit qu'elle ne savait pas si elle allait l'appeler Patricia ou Gloria, donc, bien sûr, j'ai *tout de suite* compris que c'était une fille. Je lui ai suggéré de l'appeler Barbara. J'avais oublié qu'elle en avait déjà une qui avait ce nom-là. J'ai vraiment *tourné comme un lion en cage* toute la journée. J'avais la *nausée* à cause de Stewie Hunter. Je *n'arrive pas* à décider si je dois porter la bleue avec la veste blanche ou la violette avec les roses beiges. À chaque fois que je regarde ces ongles noirs *révoltants,* je suis prête à hurler. Vraiment, je suis la seule dans le monde *entier* à qui il arrive ces horribles choses. *Fichue* Mlle Rose.

Nouvelle extraite de *Comme une valse.*
Traduit de l'anglais par Michèle Valencia.

BLAISE CENDRARS

West

I — ROOF-GARDEN

Pendant des semaines les ascenseurs ont hissé hissé des caisses des
    caisses de terre végétale
Enfin
À force d'argent et de patience
Des bosquets s'épanouissent
Des pelouses d'un vert tendre
Une source vive jaillit entre les rhododendrons et les camélias
Au sommet de l'édifice de briques et d'acier
Le soir
Les waiters graves comme des diplomates vêtus de blanc se penchent
    sur le gouffre de la ville
Et les massifs s'éclairent d'un million de petites lampes versicolores
Je crois Madame murmura le jeune homme d'une voix vibrante de
    passion contenue
Je crois que nous serons admirablement ici
Et d'un large geste il montrait la large mer
Le va-et-vient

Les fanaux des navires géants
La géante statue de la Liberté
Et l'énorme panorama de la ville coupée de ténèbres perpendicu-
    laires et de lumières crues
Le vieux savant et les deux milliardaires sont seuls sur la terrasse

8 — MARDI-GRAS

Les gratte-ciel s'écartèlent
J'ai trouvé tout au fond Canudo non rogné
Pour cinq sous
Chez un bouquiniste de la 14ᵉ rue
Religieusement
Ton improvisation sur la IXᵉ Symphonie de Beethoven
On voit New York comme la Venise mercantile de l'océan occi-
    dental

La Croix s'ouvre
Danse
Il n'y a pas de commune
Il n'y a pas d'aréopage
Il n'y a pas de pyramide spirituelle
Je ne comprends pas très bien le mot « Impérialisme »
Mais dans ton grenier
Parmi les ouistitis les Indiens les belles dames
Le poète est venu
Verbe coloré

Il y a des heures qui sonnent
Montjoie !
L'olifant de Roland
Mon taudis de New York
Les livres
Les messages télégraphiques

Et le soleil t'apporte le beau corps d'aujourd'hui dans les coupures
   des journaux
Ces langes

Février 1914.

Extrait de *Du monde entier au cœur du monde.*

L'Hôtel Waldorf Astoria, la nuit, dans les années 20

PAUL MORAND

Une ville mangeuse de viande

Il n'y a pas à New York quantité de bons vieux hôtels, comme à Paris ou à Londres ; les plus récents et les plus chers sont les meilleurs. Ainsi, le vieil Fifth Avenue Hotel fut remplacé par le Waldorf qui, à son tour, fut détrôné par le Plaza et le Ritz ; le Ritz est devenu surtout un restaurant et sa clientèle hôtelière remonte maintenant vers la Ville Haute. De même que nous nous plaignons de voir s'américaniser nos meilleures maisons, de même on entend les New-Yorkais regretter que leurs hôtels d'autrefois avec leur table d'hôte, leurs serres d'hiver, leurs prix fixes et leurs grands salons de réception tout dorés, aient disparu pour faire place à des caravansérails cosmopolites. À l'époque coloniale, la Ville Basse comptait nombre d'hôtelleries pour les passagers et les marins, où il arrivait qu'on couchât cinq dans un lit, à condition d'enlever ses bottines. Chateaubriand décrit une de ces auberges d'Amérique : « Je restai stupéfait à l'aspect d'un lit immense, bâti en rond autour d'un poteau : chaque voyageur prenait place... les pieds au centre, la tête à la circonférence... de manière que les dormeurs étaient rangés symétriquement comme les rayons d'une roue ou les bâtons d'un éventail. » Vers le milieu du XIXe siècle, New York remplaça ses pensions de famille par Astor House, puis, en 1856, par le Fifth Avenue-Hotel, luxueux, éclairé au gaz, tout à l'or-

gueil de ses six étages de marbre blanc et de ses premiers ascenseurs ;
vinrent ensuite le Commodore, le Breevoort, enfin le Waldorf-Astoria
dont l'inauguration ne fit pas moins sensation que celle du Grand
Hôtel sur nos boulevards. L'émigrant allemand Astor, John Jacob, fils
d'un boucher d'Heidelberg, le premier self-made-man, ayant fait la
plus grosse fortune d'Amérique dans les fourrures et ensuite une des
plus grosses du monde dans les terrains, secoua la boue de ses souliers
sur son pays d'adoption et alla se fixer en Angleterre où il devint
vicomte. Avant de partir — nous apprennent ces *Valentine's Manuals*
si précieux pour l'histoire de New York —, il transforma son hôtel
particulier en un palace, le Waldorf, doté bientôt de nouveautés aussi
étonnantes que la lumière électrique et le téléphone dans les
chambres. Un peu plus tard, son cousin vendit lui aussi sa rési-
dence, contiguë, qui s'appela l'Astoria ; le Waldorf-Astoria fut, sous la
direction du célèbre Oscar, l'hôtel le plus élégant de cette fin du
XIXe siècle ; aujourd'hui, le Waldorf va disparaître. Comme pour le
Pennsylvania, le Belmont, le Mac Alpin ou l'Astor (qui eut le premier
jardin sur le toit éclairé de girandoles au gaz), la clientèle du Waldorf
est faite de commerçants et de provinciaux, typiquement américains
et, à cause de cela, fort amusants à observer. Les ascenseurs du Waldorf ressemblent encore à des diligences et ne sont égalés que par la
merveilleuse montgolfière capitonnée du Meurice, à Paris. Ces maisons ont généralement un nombre prodigieux de chambres, mais peu
d'appartements ; l'organisation est militaire ; elles ne brillent pas par
la cuisine ; la morale est sévère, ainsi qu'en témoignent des sous-maî-
tresses installées à chaque étage derrière des pupitres, qui surveillent
toutes les portes des couloirs. Les pièces de réception sont des palme-
raies ; des messieurs, le chapeau vissé sur la tête, y fument, dès le
matin, de gros cigares, répartissent leur salive dans tous les crachoirs
des environs et s'expriment en sonnant du nez ; il y a des téléphones
sur toutes les tables et les boys circulent en criant à tue-tête des numéros de chambre. On trouve dans les halls tout ce qu'on veut, sans
avoir à sortir dans la rue ; ce sont de petites villes à l'intérieur d'une
grande ; on y peut prendre ses billets de chemin de fer et de théâtre,
son bain turc, ses consultations médicales ; on s'y fait masser, on y
loue les services de secrétaires, de sténodactylographes et on y donne

ses ordres de Bourse à un représentant du Stock Exchange, installé sur place. Ces hôtels ne reçoivent pas seulement des résidents ; ils s'ouvrent à tout le monde ; ils sont le prolongement de la rue ; on y entre sous tous les prétextes, pour y acheter des fleurs, un journal, manger un sandwich, donner un rendez-vous, prendre un café, sans parler de certains besoins qu'il est impossible de satisfaire ailleurs à New York. En outre, ce sont des bureaux de télégraphe, toujours pleins, car le New-Yorkais télégraphie par câble, supercâble, lettre de fin de semaine, message de nuit à tarif réduit, mais n'écrit jamais.

Les hôtels modernes, Saint-Regis, Savoy-Plaza, Plaza, Sherry Nether-lands, Ritz Carlton, Ambassador, se rapprochent davantage du type européen ; ils sont plus silencieux que les précédents, beaucoup plus chers, les repas s'y prennent dans les chambres ou plutôt dans les appartements, car il n'est pas d'usage de recevoir en bas et il n'y a d'ailleurs presque plus de pièces communes. Ils diffèrent de nos hôtels en ce que le portier n'y joue pas un rôle de majordome, de postier, de suisse d'église, de Sganarelle, de policier et de directeur de conscience ; souvent même il n'y en a pas, pas plus qu'il n'y a, à New York, de concierge dans les maisons. On ne sonne jamais les domestiques et tous les ordres se donnent par téléphone ; les vête-ments ne sont pas brossés ni les bottines cirées si l'on ne s'assure au préalable les services d'un valet payé séparément ; le repassage des vêtements a lieu chaque matin. Les chasseurs s'y nomment *bell boys*, le service des chambres est assuré par un *room service*, à chaque étage ; enfin, chose qu'ignorent les Européens et qui, souvent, les fait mal voir, les pourboires ne s'y donnent pas lors du départ, mais chaque fois qu'un domestique entre dans la chambre pour apporter quelque chose, ne fût-ce qu'une lettre ou un journal. Les pourboires sont la plaie des États-Unis, et particulièrement de New York. Les hôtels chers, comme ceux que je viens de nommer (chambres à partir de cinq cents francs par jour sans les repas), ne font pas, dit-on, de bonnes affaires ; on construit maintenant surtout des hôtels bon marché (chambres à cent francs par jour).

Il y a des pensions pour émigrants et des auberges juives, des hôtels pour végétariens, d'autres pour certaines confréries religieuses, d'autres pour célibataires, d'autres pour gens travaillant la nuit (v. les

étages de silence au Mac Alpin) ; il y a aussi des meublés réservés aux
dames seules ; l'accès, pour un homme, en est assez difficile, s'il ne
prend soin, en se faisant annoncer, de se gratifier du titre de docteur,
s'étant muni préalablement d'une de ces petites valises noires que
tout médecin américain transporte avec soi... Les hôtels où l'on passe
les week-ends se trouvent surtout au bord de la mer ou à Long Island ;
ils sont fort surveillés par les détectives et les maîtres chanteurs qui
guettent les fugues des millionnaires.

Si l'on est en galante compagnie, il faut se contenter des sleepings,
de voitures louées sans chauffeur à la journée ou d'une petite excur-
sion dans un de ces bateaux avec cabines particulières qui, en une
nuit, vous mènent, par la rivière ou par le canal, à Albany ou à Boston.

Mange-t-on si mal à New York ? Certainement non. On a vu que
l'homme de la rue pouvait trouver, à moins cher que chez nous, une
nourriture saine et abondante. New York, malgré sa richesse, est la
ville de la quantité, non de la qualité ; si l'on veut des mets de luxe
l'on peut se les procurer, mais ils sont sans goût, sans originalité et
plus chers qu'en Europe. La faute en est à la prohibition. Un des
adages les plus raisonnables de la gastronomie c'est qu'il n'y a pas de
cuisine sans vin ; que sont des huîtres sans chablis, une truite sans
moselle, arrosée d'eau glacée ? Mais la matière première est belle,
surtout les poissons, les crustacés et les légumes frais. La viande toujours plus ou moins frigorifiée ne vaut pas la viande anglaise ; le gibier
n'existe pas ; la pâtisserie, confectionnée par les Viennois, est la meilleure qui soit et je la préfère à celle du Vienne d'après guerre. Les
primeurs arrivent en abondance, toute l'année, de Californie et se
trouvent sur toutes les tables, même dans les restaurants populaires.
Les huîtres américaines sont énormes (certaines, grandes comme une
main) ; elles ont moins de goût que les nôtres mais se vendent meilleur marché, fort appétissantes sur leur couche de glace pilée. *Cape-
cods, blue-points,* fades et relevés de sauce tomate, se mangent partout
et sous toutes les formes, en soupe, en salade, en beignets, mais jamais
meilleurs qu'au bar de la Gare du Great Central ; les palourdes américaines ou *clams* sont délicieuses, surtout bouillies dans la crème, ou à
l'eau ; le *clam-chowder* est un plat national. New York se nourrit comme
un cosmopolite : il a pris aux émigrants allemands leurs confitures,

leur charcuterie, leurs delicatessen, aux Juifs leurs sucreries, aux Français leurs sauces ; ses plats préférés sont la salade de langouste, le poulet frit, le maïs sucré. Moins que l'Américain de l'Ouest, mais cependant encore trop, le New-Yorkais mélange tout cela sur une même assiette, commande son café en même temps que sa soupe et engloutit le repas cuit électriquement que lui expédient des domestiques pressés, qui ont envie d'aller danser. On vit au restaurant ; dans les appartements, il n'y a pas de table ni même de salle à manger, éléments essentiels de la civilisation française. On dévore debout, sur des tabourets. Aussi, à quarante ans, tous les Américains sont-ils dyspepsiques, comme en témoignent les milliers de remèdes proposés par les journaux.

New York est une ville mangeuse de viande ; les savants nous ont dit que manger de la viande équivaut presque à boire de l'alcool ; le New-Yorkais est carnivore ; il boit beaucoup, car il lui faut se soutenir et résister le plus possible. La ville engloutit huit millions d'œufs par jour ! Elle a une horreur biblique pour ce qui est impur ; aussi ses restaurants ont-ils l'air de cliniques ; le moindre sandwich, le moindre morceau de sucre est vendu dans des sacs hermétiquement clos, les verres en papier sont jetés dès que l'on y a bu. On se souvient des scandales de Chicago et de ses conserves avariées, du succès qui accueillit la *Jungle* d'Upton Sinclair ; ce temps n'est plus depuis les lois draconiennes de Roosevelt sur l'introduction des produits chimiques dans la nourriture *(Pure food bills)*. Dans les marchés, tous les produits sont étiquetés, classés, définis ; dans les halles circule une armée d'inspecteurs de viandes et de surveillants spécialistes des légumes, des fruits et surtout du lait ; le lait est contrôlé continuellement (il y a trois classes de lait) et tous ceux qui le manipulent doivent avoir passé un examen médical. L'on compte que la moitié de l'arrivage quotidien aux marchés est détruit. « Des restes de New York on ferait vivre l'Asie », me dit Claudel.

On mange peu et tout le temps. Il n'y a pas d'heure ni de lieu de repas ; tantôt on déjeune dans les sous-sols et tantôt on dîne sur les toits ; parfois aussi en surface. Nous avons vu que les restaurants les plus réputés de la Ville Basse sont d'anciennes tavernes coloniales ou *coffee-houses*. Dans la Ville Moyenne, il faut mettre au premier rang le vieux Cavanagh's, le Brevoort et le Lafayette. L'Algonquin est le rendez-vous des écrivains et des acteurs ; George, le maître d'hôtel, son cordon de velours turquoise à la main, sait barrer l'accès du sanctuaire à tout ce qui n'est pas célèbre dans Manhattan. Au haut de la Ville Moyenne se trouvent les meilleurs restaurants de luxe : le Ritz, le Biltmore, Pierre, le Plaza, Marguery, Voisin, Sherry, Saint-Régis, Ritz Tower où les Américains trouvent ce qu'ils vont chercher l'été, à Paris et ce dont ils sont particulièrement friands : les crêpes Suzette, les pêches flambées, les moules marinière, les escargots et les rognons à la fine.

À New York, on reçoit et l'on invite plus que partout. Dans ces endroits élégants se donnent les innombrables dîners qui précèdent les danses, les débuts dans le monde, les bals masqués, dîners d'adieu, dîners de retour, dîners de sociétés, de clubs, tout ce qui rentre dans le cadre de ce que la presse mondaine nomme, implacablement, *social activities*. Les femmes du monde, abandonnées dans la journée par l'élément masculin qui chasse le dollar dans Wall Street, déjeunent seules au Ritz ou au Colony-Club. Au haut de la ville, le meilleur restaurant est le Clarement, qui domine l'Hudson, fort agréable en été.

Quant aux restaurants populaires, j'ai déjà parlé de l'Automatique et de l'Exchange. Les plus répandus sont les Child's, dont les *cafeterias* dans des décors mexico-californiens sont remplies à toutes les heures de la journée. On lunche aussi dans les grands magasins, les musées, chez les pharmaciens et dans les endroits les plus inattendus.

J'ai vu deux ou trois restaurants d'un type assez singulier dont le plus connu est Marcel : on y trouve, pour un dollar et demi, une abondante table d'hôte, mais tout ce que vous laisserez dans votre assiette vous sera compté en plus, sur l'addition, à titre d'amende ; aussi le repas revient-il fort cher à qui n'a pas d'appétit.

Les restaurants étrangers sont très caractéristiques de New York. Ils débutèrent au milieu du XIXe siècle par deux maisons, l'une française, l'autre italienne, Delmonico et Guérin, dont le café renommé faisait passer la nourriture pesante de ces *eating-houses* anglaises, avec leurs viandes saignantes et leurs bières lourdes, vestiges gargantuesques de

ces temps où le capitaine Kidd gavait ses prisonniers avant de les
pendre à sa grande vergue... La prohibition a été un désastre pour
les restaurants français et a ruiné tout un petit monde pittoresque de
gargotiers, sommeliers, plongeurs, etc. Les restaurants dits français de
Manhattan sont, la plupart du temps, italiens. D'ailleurs, peu à peu,
les « trattorie », les « bierstube », les « weinkeller » se sont reconstitués
clandestinement, mais on n'y sert en général que des boissons frela-
tées, à des prix ridicules. Le meilleur restaurant italien est *Moneta*,
dans Mulberry Street, le meilleur restaurant allemand est *Lüchow's*
dans la Quatorzième Rue ; les restaurants espagnols (avec spécialité
de plats mexicains, dont le *chilé con carne)* sont : *Las dos Americas*, dans
Pearl Street, *Forno* ou *Chapultepec* dans la Cinquante-Deuxième Rue
Ouest ; il existe aussi plusieurs cabarets turcs, dont *Constantinople* et *Le
Bosphore* (soupe aux champignons), bon nombre de traiteurs hongrois
dont *Little Hungary,* une taverne judéo-roumaine, pour les journalistes
et les artistes, *Moskowitz ;* les boîtes arméniennes entre la Vingt-
Sixième et la Vingt-Huitième Rue, où l'on se fait servir le traditionnel
kebbab au yaourt et la compote d'oranges aux clous de girofle. Enfin
Manhattan compte un grand nombre de restaurants chinois, non seulement dans le quartier chinois, mais dans Colombus-Circle et dans
Broadway. Les endroits de nuit fréquemment vous servent un plat
chinois, *shop-suey* ou *chow-mien.* J'ai déjà parlé des auberges de Greenwich Village dont les plus connues sont le *Rabbit Hole*, le *Hearthstone*,
le *Flamingo* et le *Pepper Pot*. À la confusion des langues vient s'ajouter
dans Manhattan celle des plats ; beaucoup de restaurants mélangent
coupablement les spécialités : le minestrone voisine avec les curries,
les gâteaux au miel grecs avec le punch suédois, les schnitzels avec le
goulash au paprika, les harengs norvégiens avec le hareng à la
Bismarck et le bortsch avec la salade de pousses de bambou. Dieu
nous rende le plus tôt possible l'entrecôte Bercy !

Beaucoup d'hôtels ont un restaurant sur le toit, le *roof-garden,* surtout apprécié l'été, bien qu'il soit rarement à l'air libre ; parfois
même, comme celui du Ziegfeld, il est simplement situé au vingt-
huitième étage ; le toit du Saint-Régis, avec sa vue sur Central Park,
celui du Pennsylvania, face aux couchers de soleil, sur l'Hudson, sont
des spectacles essentiellement new-yorkais, que le monde entier imite

mal. À la belle saison, éclate aux terrasses une floraison spontanée d'orangers, de magnolias, de camélias et de palmiers, sur les pergolas, autour des piscines, au-dessus de l'enfer qu'est le New York d'été ; roof-gardens des hôtels de Brooklyn, si beaux, face à la mer, à minuit, en août, lorsque des projecteurs sillonnent le ciel et offusquent la lune, au-dessus de l'Atlantique.

Aux antipodes des toits, il y a le sous-sol. Le prix du terrain dans Manhattan est tel qu'il faut souvent descendre plusieurs étages pour arriver, non au coffre-fort d'une banque ou à un coiffeur, mais à certains grill-rooms. Ici, le gratte-ciel est devenu le gratte-terre. Malgré leur entrée de terrier, ces catacombes sont de marbre et d'acier ; creusant leur chemin entre la tuyauterie compliquée, les fils électriques et le métro, ces restaurants ont réussi à installer des grottes de toutes les couleurs pleines d'allusions mythologiques, des décors vénitiens, des pagodes, des icebergs, et des kiosques en coquilles d'huîtres.

Si l'on ouvre un journal ou un livre d'il y a cinq ou six ans et qu'on y cherche le terme *speakeasy*, on ne le trouvera point ; il est né de la prohibition, mais plus tard qu'elle. Le *speakeasy* (m. à m. : « cause-en-douce »), qui évoque le mot de passe chuchoté à voix basse, est un cabaret clandestin avec bar, où l'on sert de l'alcool et du vin. Il faut le fréquenter pour comprendre le New York d'aujourd'hui. Il faut avoir été dans les speakeasies, ne serait-ce que pour ne pas y retourner : je ne connais rien de plus triste. On en trouve quelques-uns dans la Ville Basse, pour gens d'affaires, mais la plupart sont installés entre la Quarantième et la Soixantième Rue ; reconnaissables au grand nombre d'automobiles vides qui stationnent à leur porte, ils sont généralement situés en contrebas. Porte close ; l'on ne vous ouvre qu'après vous avoir examiné à travers un loquet ou des barreaux. Le soir, une torche électrique éclaire soudain par transparence un rideau de soie rose. C'est l'atmosphère, bien new-yorkaise, du « humbug » ou chiqué. L'intérieur est celui de la maison du crime ; les volets sont fermés en plein jour ; on est saisi par une odeur de four crématoire car l'aération est défectueuse et les grillades sont faites sous le manteau de la cheminée. Des Italiens trop familiers, ou de faux toreros gras et bleus, tenant à la main un trousseau de clefs monacales, vous font traverser les pièces désertes de cet hôtel abandonné. Aux murs grimacent des inscriptions qui s'efforcent d'être drôles. Quelques dîneurs très rouges. À une table, des habitués dorment, la tête dans leurs bras ; derrière un paravent, on tente de faire revenir à elle une jeune personne qui a une crise de nerfs, tandis qu'un vieux monsieur à lunettes danse tout seul. L'on mange presque toujours mal, le service est déplorable, le personnel vous considère d'un œil complice et n'a pas d'égards pour vous. Le sauternes est à la glycérine ; il arrose un perdreau qui descend du frigorifique d'un bateau français ; quant au champagne, on n'en voudrait pas dans une noce à Vincennes. Et pourtant le speakeasy jette dans Manhattan un charmant parfum de mystère. Si seulement on y pouvait boire de l'eau ! Certains speakeasies se dissimulent dans des boutiques de fleuristes ou derrière des cercueils de pompes funèbres ; j'en sais un, en plein Broadway, où l'on pénètre par une fausse cabine téléphonique ; la bière y est excellente ; sur un réchaud, grésillent d'appétissantes saucisses et du chester fondu sur toast, gratuitement offerts aux buveurs ; les gens ivres en sont expulsés par une porte latérale qui semble entrebâillée sur l'autre monde, comme dans les *Nuits de Chicago*. Dans les bas-quartiers, beaucoup d'anciens *saloons* pour le peuple ont rouvert secrètement. Tous ces arcanes sont d'ailleurs pénétrables, car il y a, dit-on, vingt mille speakeasies à New York et il est peu vraisemblable que la police les ignore ; je crois bien qu'on ne les oblige à fermer que lorsqu'ils refusent de se montrer aimables envers qui de droit, ou qu'ils vendent trop de poison. L'alcool a un cours à New York, aussi variable que ceux de la Bourse ; en moyenne le champagne d'année coûte quarante dollars (1 000 F), le cognac et le gin douze dollars (350 F) la bouteille. Le speakeasy est fort populaire dans toutes les classes de la société ; les dames y vont volontiers et même, entre deux bals blancs, quelques débutantes, ce qui, au moins, est une agréable diversion pour le Français qui n'a pas l'habitude de boire comme les Américains. Déjà, en 1864, Duvergier de Hauranne arrivant à New York écrivait : « Quant à moi, j'en serai quitte pour environ vingt-cinq visites, vingt-cinq verres de sherry, que je trouverai bien moyen d'escamoter adroitement. Si les Américains boivent tant d'eau glacée dans les chemins de fer, c'est faute de mieux et parce que les *drinks* de toute nature ont allumé en eux un feu inextinguible... Les femmes délaissent les vins fins de France et d'Espagne pour ce fameux "Bourbon-whiskey" dont un brave Yankee demandait à un prince de la Maison de France de lui envoyer quelques bouteilles, pensant que les Bourbons étaient une famille enrichie dans la fabrication de ce breuvage. »

Une femme d'esprit me dit : « Cette prohibition est bien agréable ; avant elle, aucune femme convenable ne pouvait entrer dans un bar ; aujourd'hui, personne ne s'étonne plus de nous y voir. »

Extrait de *New York*.

DONALD WESTLAKE

Ce que l'on cherche,
où l'on veut aller et ce que l'on veut être.

À New York, tout le monde cherche quelque chose. Des hommes cherchent des femmes, et des femmes cherchent des hommes. Au *Trucks*, des hommes cherchent des hommes, tandis que chez *Barbara* et au MLF, des femmes cherchent des femmes. Des épouses d'avocats devant *Lord & Taylor* cherchent des taxis, et les maris des épouses d'avocats dans Pine Street cherchent des échappatoires. Les prostituées devant le *Americana Hotel* cherchent des clients, et les gosses qui ouvrent les portières des taxis devant la Gare centrale des bus cherchent des pourboires. Tout comme les chauffeurs de taxi, les garçons d'étage et les serveurs. Les agents des stups infiltrés cherchent des tuyaux.

Les jeunes diplômés cherchent du boulot. Des types avec une cravate cherchent une meilleure situation. Des types en veste en daim cherchent une occasion. Des femmes en tailleur strict cherchent une occasion équivalente. Des types avec des ceintures en croco cherchent une combine. Des types aux poignets de chemise élimés cherchent dix dollars jusqu'à mercredi. Des syndicalistes cherchent de nouveaux bénéfices et un joli pavillon individuel dans New Hyde Park.

De gentils garçons de Fordham cherchent des filles. Des groupes de rock de St Louis logeant au *Chelsea* cherchent des filles faciles. Dans la 3ᵉ Avenue, de jeunes cadres, hommes et femmes, cherchent des relations constructives. À Washington Square Park, des Noirs de Harlem cherchent de la viande blanche. Dans les bars de Colombus, des buveurs de bière en bras de chemise cherchent des ennuis.

La Commission des parcs cherche des arbres à abattre et à transformer en petit bois pour des politiciens du cru. Des habitants du quartier cherchent des politiciens qui empêcheront la Commission des parcs de couper tous les arbres. Bonne chance.

Des clochards du Bowery munis de serpillières crasseuses cherchent un pare-brise à nettoyer. Des voitures avec des plaques minéralogiques de Floride cherchent le West Side Highway. Des voitures avec des macarons de médecin cherchent une place pour se garer. Des camions de United Parcel cherchent une double place pour se garer. Des camés cherchent des voitures avec des macarons de presse, car les journalistes laissent parfois des appareils photo dans la boîte à gants.

Dans les salons de massage, les filles cherchent à faire monter le tarif. Les dames du mercredi après-midi venues de banlieue cherchent à passer un bon moment au théâtre en matinée, suivi de fromage blanc sur une feuille de laitue. Les touristes cherchent un endroit pour s'asseoir, des escrocs cherchent des touristes, des flics cherchent des escrocs.

Dans le haut de Broadway, des vieillards assis sur des bancs cherchent un peu de soleil. De vieilles femmes chaussées de bottes de l'armée cherchent Dieu sait quoi dans les poubelles de la Sixième Avenue. Des couples qui se promènent main dans la main dans Central Park cherchent à découvrir la nature. Toujours dans Central Park, des bandes d'adolescents de Harlem cherchent des bicyclettes.

Des mères célibataires bénéficiant de l'aide sociale, en faction dans la 55ᵉ Rue Ouest, cherchent Rockefeller, mais il n'est jamais là.

Aux Nations Unies, ils cherchent une traduction simultanée. À Broadway, ils cherchent un succès. À Black Rock, ils cherchent la tendance. Au Lincoln Center, ils cherchent une signification convenable.

Dans le métro, presque tout le monde cherche la bagarre. Dans le

5 h 09 à destination de Speonk, presque tout le monde cherche le bar. Dans l'East Side, presque tout le monde cherche un statut, alors que dans le West Side, presque tout le monde cherche un régime réellement efficace.

À New York, tout le monde cherche quelque chose. Et de temps à autre, quelqu'un trouve.

*

À New York, tout le monde veut aller quelque part. À Noël, tout le monde veut aller chez *Macy's*, et l'été, tout le monde veut aller à la plage. À cinq heures de l'après-midi, tout le monde veut traverser les tunnels. Le samedi soir, tout le monde veut aller au kiosque à journaux pour acheter la presse du dimanche. Dans les quartiers chics, tout le monde veut aller chez *Zabar*, et dans les quartiers pauvres, tout le monde veut aller chez *Balducci*. Tout le monde, tout le temps, veut prendre le prochain ascenseur, le prochain métro et la place de son voisin.

Des employés de bureau veulent aller dans les toilettes des patrons. Les patrons veulent aller à Palm Springs ou à Palm Beach. À l'aéroport Kennedy, les passagers de première classe veulent aller dans le salon des VIP. Les chauffeurs de taxi veulent traverser la ville. Les enfants veulent aller au Radio City Music Hall, les adolescents veulent aller au cinéma porno, et un pour cent de la population veut aller assister à un spectacle sur Broadway. Les démarcheurs à domicile veulent gagner un voyage gratuit à Porto Rico grâce à un chiffre de vente de un million de dollars.

McDonald's veut s'installer dans le Village. Des types qui portent le nœud papillon de l'année dernière veulent redevenir dans le vent. Des sous-directeurs veulent un bureau en coin. Là-bas chez ABC, ils veulent entrer dans la course.

Ceux qui font du shopping veulent monter dans un taxi climatisé. Durant la semaine, ceux qui ont une cause à défendre veulent aller à City Hall Park, mais le dimanche ils veulent aller à Central Park.

Les passagers du train A veulent aller à Harlem.

Les coursiers veulent monter au sixième étage. Les anciens alcooliques veulent descendre au sous-sol de l'église. Les cambrioleurs veulent escalader l'échelle d'incendie et les éleveurs de pigeons monter sur le toit.

Vite, il faut faire vite.

Presque tout le monde veut passer à la télé. Les gens des télévisions locales veulent passer sur les chaînes nationales. Les gens des chaînes nationales veulent aller à Palm Springs ou à Palm Beach.

Les retraités de l'Upper West Side veulent s'asseoir au soleil sur un banc au milieu de Broadway. Une fois arrivés, ils voudraient être à Miami.

Les hommes veulent être auprès des femmes. Les femmes veulent être les égales des hommes. Les enfants intelligents veulent entrer à la High School of Music & Art, les enfants idiots veulent quitter l'école.

Ceux qui habitent dans de vieux immeubles veulent emménager dans des tours. Ceux qui habitent dans les cités veulent retourner dans un vieil immeuble. Les acteurs de New York veulent aller à Los Angeles.

À New York, tout le monde veut aller quelque part. Et parfois, quelqu'un y arrive.

*

À New York, tout le monde veut être quelqu'un. Les jeunes veulent être plus vieux, et les vieux veulent être plus jeunes. Les pauvres veulent être riches, et les riches veulent être encore plus riches.

Les Noirs veulent être égaux. Les femmes veulent être égales. Les Portoricains veulent être égaux sans avoir à apprendre une nouvelle langue. Les éboueurs veulent être à égalité avec les autres employés en tenue. Les Juifs qui affirment que leur deuxième prénom est leur nom de famille veulent être supérieurs, alors que les ivrognes qui traînent autour de la 3e Avenue et de East Houston Street veulent être inférieurs.

Le *New York Magazine* veut être le *New Yorker*.

Les exclus veulent être dans le coup. Les travelos ne veulent *pas* être des femmes, ils veulent être des travelos.

Les chauffeurs de taxi veulent être Bobby Unser, et les usagers du métro veulent s'asseoir. Les architectes veulent être des artistes, et les artistes veulent être utiles.

Les prêtres veulent être convaincants, Eric Sevareid et David Susskind veulent être pertinents. Andy Warhol veut être impertinent, et il l'est.

Les lycéens de Staten Island veulent être dégourdis. Les lycéens de Brooklyn veulent être cools. Les lycéens du Queens veulent être funky. Les lycéens de Harlem veulent être les plus méchants. Et les élèves de l'École d'Enseignement Musical et Artistique de Manhattan veulent être Leonard Bernstein.

Leonard Bernstein veut être *tout le monde*.

La Commission des sites veut être efficace. Les promoteurs immobiliers veulent être manipulés à cent pour cent. Ceux qui n'ont aucun pouvoir veulent être puissants, et les puissants veulent rester discrets.

Les employés de Wall Street veulent être des financiers, les financiers veulent être des bêtes de sexe, les bêtes de sexe veulent être de vrais acteurs, et les vrais acteurs veulent être appelés sur la côte Ouest.

Les flics veulent être des cow-boys. Les cow-boys veulent être des gens raffinés. Les gens raffinés veulent être libéraux. Les libéraux veulent être tenaces. Les gens tenaces veulent avoir des responsabilités. Ceux qui ont des responsabilités veulent des chauffeurs, et les chauffeurs veulent être aux commandes. Tout le monde veut être aux commandes, mais personne n'y réussit.

À New York, tout le monde veut être quelqu'un. De temps à autre, quelqu'un y parvient.

Extrait d'*Aztèques dansants*.
Traduit de l'anglais par Jean Esch.

Battery Park, à Manhattan, vers 1930

EVAN H. RHODES

Aventures de Jay-jay

— **A**u voleur ! Arrêtez ! Arrêtez-le ! Au voleur !

Jay-jay courait comme il n'avait jamais couru afin d'échapper à ses poursuivants. À chaque enjambée, la douleur qui déchirait ses mollets se faisait plus vive. Ses poumons étaient en feu. Sur son passage, les promeneurs du samedi s'écartaient, affolés. Deux femmes poussant un landau joignirent leurs cris à ceux de la meute ; un vieil homme brandit sa canne et se lança à son tour à la poursuite du gibier : un gosse de onze ans.

Jay-jay suffoquait. « Ne te retourne pas ! » pensa-t-il, désespéré. Le marchand de fruits gagnait du terrain. Il le sentait. « Si seulement je pouvais arriver jusqu'à Central Park ! Une fois à l'intérieur... »

Les immeubles misérables qui bordaient Cathedral Parkway défilaient à toute allure devant Jay-jay, brèves taches de couleurs miroitant sur le verre embué de ses lunettes. Juste au moment où il atteignit l'angle de Central Park Ouest, les feux passèrent au vert. Sans hésiter, il traversa l'avenue.

Les freins hurlèrent. Les pneus crissèrent. Plusieurs voitures firent de brusques écarts. Le gamin poursuivit son chemin, évitant de justesse les véhicules qui fonçaient sur lui.

Jay-jay parvint à la 110ᵉ Rue et s'engouffra dans le parc par l'Entrée de l'Inconnu. Bloqué par le flot de la circulation, l'épicier resta de l'autre côté de l'avenue. Il hurlait en agitant furieusement le poing.

— Ce n'est pas pour la pêche ! rugit-il, prenant la foule à témoin. Mais il y a de l'abus... et c'est la deuxième fois ce mois-ci... et le loyer qui a encore augmenté...

Jay-jay courait toujours. La masse verte du parc l'enveloppait peu à peu. Il descendit en bondissant une cascade de marches en pierre. Cinq, et neuf, et puis onze, et encore neuf. Plus profond, toujours plus profond, dans le frais sanctuaire des bouleaux blancs, des forsythias et des allées sinueuses.

Une terrible douleur au côté le força à ralentir. Le sentier se dédoublait : la voie de gauche traversait un tunnel creusé dans le roc qui débouchait sur une large pelouse. Des promeneurs pique-niquaient, des enfants s'ébattaient joyeusement sur les aires de jeux. Plus loin, on apercevait les eaux lisses du lac de Harlem.

« Pas par là, se dit Jay-jay, luttant pour retrouver son souffle. S'ils me coincent là-bas, je suis fait. »

La voie de droite plongeait dans la partie sauvage du parc. Les sycomores, les ormes et les peupliers qui se dressaient vers le soleil jetaient sur cet endroit une ombre épaisse. Au-delà de cette zone s'étendait un territoire dangereux. Jay-jay savait que des bandes d'adolescents rôdaient autour de la Falaise et du Blockhaus, prêts à se jeter sur le premier passant assez imprudent pour s'aventurer sur leur terrain de chasse. Lorsque le gibier se faisait rare, les jeunes loups se dévoraient entre eux, les plus forts s'attaquant aux plus faibles.

Jay-jay n'avait jamais osé pénétrer dans cette jungle. Essuyant la sueur qui coulait sur son nez, il rajusta ses lunettes. Il n'était pas très grand pour ses onze ans, et considérablement sous-alimenté. Quand il s'agissait d'affronter les gamins de sa classe, Jay-jay n'était jamais le plus fort...

— Alors, si je dois me battre contre une dizaine de types plus vieux que moi..., grommela-t-il.

Malheureusement, il n'avait pas le choix. Si on l'attrapait, c'était la catastrophe. Il se moquait bien de l'épicier. Ce qui l'ennuyait, c'était que les flics le ramèneraient chez lui, où Ardis l'attendrait, avec une seule idée en tête : lui flanquer la raclée du siècle.

« Il faut que je tente le coup », se dit Jay-jay en obliquant vers la droite. Il ralentit son allure et quitta le sentier afin de couper à travers les broussailles, où l'aubépine se mêlait au rhododendron. Le sol était très inégal. Des blocs de granit brillant affleuraient çà et là.

Jay-jay aperçut un chemin qui serpentait jusqu'au Blockhaus. Son regard balaya le sommet de la Falaise. Il vit une silhouette lointaine qui se détachait contre le ciel. Un homme. Peut-être en quête d'une aventure. À moins qu'il ne s'agisse de l'éclaireur de l'une ou l'autre des bandes qui hantaient le coin. Jay-jay ne s'attarda pas à chercher la réponse. Il changea de cap et se dirigea vers la Grande Colline, au sud.

Une tache d'un vert lumineux s'élargissait à l'endroit où l'humidité du sol remontait à la surface. Là, les grosses pierres étaient recouvertes de mousse ; les rochers avaient du mal à tenir en équilibre. Jay-jay sautait de l'un à l'autre tout en continuant à avancer. De nouveau, le sentier. Puis des marches. Neuf, et sept. Ici, les mauvaises herbes avaient réussi à briser la carapace de l'asphalte. Aucun papier gras laissé par les promeneurs sur ces chemins peu fréquentés.

Jay-jay savait que le danger était écarté pour le moment, mais il ne pouvait s'empêcher de continuer. Il courait toujours, comme un animal traqué.

Son ventre gargouilla. Il le massa doucement pour apaiser les spasmes.

— Si seulement j'avais gardé cette pêche, soupira-t-il.

Il l'avait laissé tomber à l'instant même où l'épicier l'avait repéré.

Jay-jay n'avait rien mangé depuis vingt-quatre heures. Rien bu non plus. Mais il ne pouvait pas rentrer chez lui. Pas après ce qu'il avait fait. Plus jamais.

Ce souvenir lui fit tourner la tête. Ses jambes se dérobèrent et il tomba à genoux. Il agrippa une touffe d'herbe pour empêcher le sol de danser, mais le tapis vert tourbillonnait de plus en plus vite. Il se libéra de l'emprise du gamin et se rua vers son crâne, brisant ses lunettes.

Jay-jay s'enfonça dans un univers obscur qui ressemblait au meublé d'où il s'était enfui, où rôdait la présence menaçante d'Ardis. Il sombra dans le cauchemar qu'il avait cru laisser derrière lui.

*

Tout ça à cause de l'école. De la fermeture de l'école, plus exactement. Le centre scolaire 145 avait ouvert ses portes le premier lundi
après la Fête du Travail. Le mardi il était fermé. Un différend oppo-
sait les parents d'élèves aux professeurs. Ces derniers s'étaient mis
en grève. Les parents d'élèves avaient décidé de boycotter les cours.
Pendant trois semaines, Jay-jay s'était retrouvé dans la rue, livré à lui-
même.

Depuis deux mois, le gamin vivait chez Ardis, sa mère adoptive. Dès
le premier jour, elle lui avait fait comprendre, à grand renfort de
claques, qu'elle ne voulait pas de lui à la maison avant le coucher du
soleil.

Quand Jay-jay lui avait demandé « pourquoi ? » Ardis avait aboyé :
— Ça ne te regarde pas. J'ai mes raisons.

C'était vendredi, la veille du jour où il s'était enfui dans le parc,
que les choses avaient vraiment mal tourné.

Jay-jay avait passé la plus grande partie de la matinée à nettoyer le
terrain vague en face de l'église. Le comité du quartier venait juste
de lancer ce projet. Mais l'enthousiasme des volontaires n'avait pas
duré plus de deux heures. Découragé, le gamin était resté seul parmi
les immondices.

Ses efforts, pourtant, ne furent pas tout à fait inutiles. Il trouva un
pneu usé, le fit rouler jusqu'au garage du coin et le vendit vingt-cinq
cents.

Il s'acheta une boîte de craies de couleur pour cinq *cents*. Mais alors
qu'il était assis sur le trottoir, s'appliquant à finir sa grande fresque
— une bataille au laser entre le vaisseau spatial des héros de *Star Trek*
et un engin ennemi —, le portier de l'immeuble devant lequel il
dessinait le chassa à coups de balai.

Un peu plus tard dans l'après-midi, Jay-jay s'aventura dans la cour
de l'école et essaya de faire une partie de basket avec quelques garçons plus âgés que lui, des Blancs et des Portoricains. Ses lunettes
n'arrêtaient pas de glisser, et un gars antipathique lui flanquait sour-
noisement des coups de coude bien placés. Finalement, l'agent Blut-
kopf, le gardien de l'école, fit évacuer le terrain de jeux. C'était
l'heure de la fermeture.

Jay-jay traîna dans le quartier. Son cœur fit un bond prodigieux lorsqu'il aperçut Dolorès, la plus jolie fille de sa classe, assise sur les marches de la salle de billard. Jay-jay dépensa dix *cents* pour lui offrir une glace. C'était un investissement considérable, mais elle en valait la peine. Malheureusement, dès que Dolorès eut fini l'esquimau, elle abandonna Jay-jay pour aller jouer au ping-pong avec un grand. Et le gamin resta seul avec son cœur brisé.

Il fit le tour du pâté de maisons, en donnant des coups de pied dans une vieille boîte de conserve, imaginant mille tortures sophistiquées à infliger à tous les grands. Puis il réfléchit à ce problème crucial : que faire ?

« Tu peux toujours aller te balader dans le parc », se dit-il.

Jay-jay adorait Central Park, l'île verte qui l'avait aidé à supporter les mois sombres de sa vie avec Ardis. En fait, au début de l'été, il s'était procuré un des plans du parc mis à la disposition du public sur le terrain de jeux situé près de l'Entrée du Guerrier. Il connaissait assez bien maintenant toute la zone paisible qui entourait le lac de Harlem, mais les étendues sauvages de la Grande Colline, de la Falaise et du Blockhaus, ainsi que de la partie s'étendant au-delà de la 97e Rue constituaient encore pour lui des territoires mystérieux qui ne demandaient qu'à être explorés.

« Pas maintenant », se dit-il en jetant un regard au soleil couchant. Le crépuscule était proche. Et tout le monde savait que le parc devenait dangereux après la tombée de la nuit.

Jay-jay prit donc le chemin du retour.

« Un peu trop tôt, peut-être », se sermonna-t-il. Mais il ne savait plus quoi faire. Tous les gosses avaient déserté la rue. En plus, il avait faim.

Il commença à grimper les huit étages qui menaient au meublé, réprimant un frisson de peur à chaque fois qu'il traversait l'un des paliers sombres et lugubres. Malgré tout, il préférait affronter les dangers de l'escalier plutôt que ceux de l'ascenseur. La première règle de survie dans l'immeuble était très simple : ne jamais prendre l'ascenseur tout seul.

Un sac d'ordures passa en sifflant près de Jay-jay tandis qu'il atteignait le troisième palier. Le gamin continua son ascension, en se bouchant les narines pour ne pas sentir l'odeur de rat crevé qui se mêlait à celle de l'urine. Jay-jay n'avait pas mis longtemps à connaître l'immeuble. Les bagarres, les rires, les hurlements des hippies du sixième, quand ils flippaient ; la drogue qu'on vendait et qu'on achetait quotidiennement dans les couloirs ; les gosses, chaque jour un peu plus jeunes, qui attendaient leurs fournisseurs.

— Tiens, mon vieux, essaye ça, avait dit une fois à Jay-jay un type portant moustache. Ça te fera planer.

Heureusement, le gamin venait juste de voir une scène semblable dans un feuilleton à la télé. Il s'était enfui sans demander son reste.

Le sexe était omniprésent, derrière les portes fermées qui abritaient les maquereaux et leurs petites copines, sur la terrasse, et surtout au neuvième étage où l'Allemande alcoolique ne cessait de se demander comment elle pourrait bien faire pour arriver à séduire un jour ce gamin.

Mais Jay-jay n'était pas encore prêt pour l'amour ; son corps ne suivait pas. Et puis, il ne faisait confiance à personne.

— Si seulement j'avais un million de dollars, je pourrais quitter cet endroit, marmonna-t-il, en sautant par-dessus un seau dans lequel trempait une serpillière. J'irais en Alaska. Je trouverais la source de l'Amazone et je lui donnerais mon nom, je découvrirais l'Atlantide, je...

Septième, huitième. Jay-jay atteignit enfin l'appartement. Il colla son oreille contre la porte, entendit la télévision, pensa que la voie était libre, entra... et se retrouva devant deux personnes à quatre pattes sur le sol, en tenue d'Ève et d'Adam.

Ardis cria pour couvrir le bruit de la télé :

— Fous le camp !

Jay-jay esquiva de justesse un cendrier et sortit. Ils s'apprêtait à redescendre, quand il aperçut l'alcoolique qui traversait le palier, se dirigeant droit sur lui.

— Je n'arriverai pas à lui échapper. Elle va m'attraper, c'est sûr, souffla-t-il.

Dans sa confusion, le gamin oublia la première règle de survie. Il appuya sur le bouton de l'ascenseur qui monta en grinçant jusqu'au huitième. Il entra, pressa la touche du rez-de-chaussée. La cabine commença à descendre et s'arrêta brusquement au cinquième. Un type tout droit sorti d'un magazine d'épouvante bondit à l'intérieur de l'ascenseur, plaquant un pied contre la porte pour l'empêcher de repartir.

À cet instant, Jay-jay comprit. Il tenta de se ruer hors de la cabine, mais le type l'attrapa par le bras, et l'écrasa contre le mur.

— Vide tes poches !

Le gosse regardait fixement l'apparition. Le nez, les yeux et la bouche étaient déformés par le bas de nylon qui recouvrait la tête du type. Malgré ce déguisement, Jay-jay le reconnut à la façon dont ses épaules étaient voûtées. Les traces de piqûres bleuâtres sur ses bras maigres étaient tout aussi révélatrices.

Elmo, le petit truand du quartier. Seize ans, peut-être dix-sept, complètement bouffé par l'héro. Elmo, qui n'était pas assez malin pour décrocher un gros coup. Qui n'était pas encore assez fort pour s'attaquer aux commerçants. Elmo, dont les vieilles dames et les enfants étaient les victimes préférées.

— Allez, donne-moi tout ça, siffla-t-il.

Jay-jay se mit en position de kung-fu. Il se prépara à décocher un coup de pied dans le tibia du drogué. La lame du couteau fut sous sa gorge avant qu'il ait pu faire un mouvement.

« Ne lutte pas, hurla la sirène d'alarme dans sa tête. Il est tellement défoncé qu'il n'hésitera pas à te découper en morceaux. » Furieux de constater que le karaté ne marchait qu'à la télévision, Jay-jay tendit à son agresseur le contenu de ses poches.

— Quinze *cents* ? fit Elmo, louchant à travers le bas de nylon. Où est-ce que tu caches le reste ?

En quelques secondes, Elmo déshabilla Jay-jay, ne lui laissant que ses sous-vêtements. Il fourra les habits du gamin, ses sandales japonaises en caoutchouc et ses quinze *cents* dans un sac de voyage.

— La médaille aussi. (Il avait repéré le pendentif passé au cou de Jay-jay.)

Le gamin recula contre la paroi de l'ascenseur. Il ne gardait de sa mère que des souvenirs imprécis, mais à l'orphelinat, on lui avait dit que le bijou avait appartenu à celle qu'il n'avait presque pas connue.

C'était un médaillon plat, représentant Marie offrant son enfant au monde.

— Non, je t'en prie, fit-il. Regarde, elle n'est pas en or. Elle laisse des traces vertes sur la peau.

Mais le regard d'Elmo restait fixé sur l'objet. Instinctivement, il enfonça sa main dans la poche de son pantalon et ses doigts se refermèrent sur une lanière de cuir. Plusieurs colifichets y étaient accrochés : un anneau, une breloque enlevée d'un bracelet, une clé, un briquet. À chaque fois qu'Elmo délestait quelqu'un, il gardait un souvenir de son exploit comme si ce talisman lui conférait tous les pouvoirs de sa victime. D'une certaine façon, il collectionnait les scalps, car chaque conquête lui donnait l'impression d'être plus fort, plus puissant, plus important que celui qu'il avait agressé. Et le jeune homme avait désespérément besoin d'éprouver cette sensation pour survivre.

« Si je pouvais l'obliger à enlever son pied, l'ascenseur se mettrait en marche, peut-être que quelqu'un... » Jay-jay tentait de faire travailler sa matière grise.

Elmo tendit la main vers le médaillon et le gamin la repoussa. La pointe du couteau s'enfonça dans la chair de son cou. Une goutte de sang perla. Jay-jay grimaça de douleur et voulut se dégager. Alors, Elmo attrapa la chaîne et la fit passer par-dessus la tête du garçon. Puis il le poussa hors de l'ascenseur, et l'envoya au sol d'un coup de poing.

— Un mot de tout ça et...

La lame mordit l'air avec un bruit menaçant. Les doigts d'Elmo se refermèrent sur la médaille. Elle était particulièrement précieuse, parce que le gosse s'était défendu.

Le drogué retira son pied. Les portes de l'ascenseur se refermèrent. Jay-jay vit l'indicateur lumineux clignoter, quatrième, troisième, second. La cabine arriva au rez-de-chaussée avant que le gamin ait eu le temps de se redresser. Il se leva péniblement, remonta les marches à toute vitesse vers l'appartement. Seule la médaille lui importait. Le reste, il s'en moquait.

Il frappa à coups de pied, à coups de poing. Ardis ne viendrait-elle jamais ? La porte s'ouvrit brusquement et Jay-jay bascula dans l'entrée. Ardis, en sous-vêtements, regarda le gamin qui tremblait et hurla :

— Qu'est-ce qui s'est passé ? (Puis elle comprit. Elle leva les bras au ciel.) Tu as pris l'ascenseur, hein ? cria-t-elle en le giflant. Combien de fois faudra-t-il que je te le répète ? Tu ne mérites vraiment pas que je me donne tant de mal. Tout ça pour un malheureux chèque ! Pourquoi est-ce que j'hérite toujours des plus débiles ? Pourquoi moi ? Je venais juste de t'acheter des vêtements neufs et des chaussures, et...

Les minutes qui suivirent furent totalement incohérentes. Jay-jay voulait qu'on prévienne les flics, le petit ami d'Ardis, un gros balourd, essayait de se rhabiller tant bien que mal — « Les flics ? Je ne veux pas avoir d'histoire. Mon Dieu ! Mon travail et... » — la fille frappait le gamin tout en s'évertuant à rassurer l'homme. En fond sonore, les gloussements des jeunes mariés qui sautaient de joie sur l'écran du poste de télévision couleur soixante centimètres, parce qu'ils venaient juste de gagner un manteau de fourrure, une caravane et une poubelle chromée.

Deux heures plus tard, Jay-jay était accroupi sur son lit de camp, dans le salon. Ardis allait et venait entre la salle de bains et la pièce principale. Elle se maquillait en prévision de la première soirée du week-end.

— Heureusement qu'on est vendredi, dit-elle à ses grands yeux bleus tout en collant ses faux cils debout devant l'armoire à pharmacie.

Le bar serait plein à craquer. Son ami lui avait promis de la retrouver là-bas.

Elle revint au salon. Passant devant Jay-jay, elle lui donna une tape sur la tête :

— Arrête de pleurnicher maintenant. Tu entends ? Je n'ai pas cogné si fort que ça.

Les doigts du gamin remontaient sans cesse au cou, cherchant en vain le médaillon envolé.

Ardis avait pris garde où elle frappait. Elle savait que les bleus et les traces de coups se détachaient comme des néons dans la nuit sur la peau de Jay-jay. Et cette satanée assistante sociale avait un œil de fouine ! Quelques jours avant sa visite, Ardis nettoyait l'appartement de fond en comble et se montrait particulièrement douce avec le gosse.

De toute façon, Miss Compassion n'était pas attendue avant trois ou quatre mois. Tout d'un coup, elle se rappela qu'il lui faudrait acheter de nouveaux vêtements pour Jay-jay. Une pensée qui raviva sa colère. Une pensée qu'elle convertit aussitôt en gifle.

— Petit crétin. Je comptais sur cet argent. Il va bientôt falloir payer la traite de la télé.

Ardis n'était pas mesquine. Dans un monde de violence, elle ne voyait pas ce qu'il y avait de mal à vivre comme elle vivait. Elle s'était fait exploiter jusqu'au cou quand elle avait travaillé honnêtement, dans sa jeunesse. Quant à la dégradation morale, parlons-en ! Elle avait payé plus d'impôts sur le revenu que Tricky Dickie lui-même, alors pour qui se prenaient-ils ? Dégradation morale ! Pfff !

Ardis était tombée par hasard sur cette histoire de mère adoptive. Ça lui permettait d'avoir quelqu'un pour faire ses commissions, pour l'aider à nettoyer l'appartement, et surtout pour écouter ses doléances. Elle donnait réellement un foyer aux gosses. Aucun d'entre eux n'avait jamais eu faim. Alors s'il lui arrivait d'avoir la main un peu lourde de temps en temps, qu'est-ce que ça pouvait faire ? Ses parents avaient été comme ça avec elle.

« Et pourtant je m'en suis bien sortie. » Elle revint dans le salon entourée d'un nuage de Passion Sauvage.

— Laisse ce pansement tranquille ! lança-t-elle en écartant brutalement la main que Jay-jay avait de nouveau portée à son cou. Pas de télé ce soir. Tu as la radio. Je ne veux pas que tu me casses mon poste. Ça ne fait même pas un mois que je l'ai acheté. Compris ? (Ses yeux se rétrécirent.) Je rentrerai de bonne heure, et si je t'attrape... j'ai un truc secret pour savoir si tu l'as fait marcher.

Ce n'était qu'un tissu de mensonges. Jay-jay le savait bien. Elle ne rentrait jamais tôt. Quant à son truc spécial, elle n'était même pas capable de vider l'aspirateur, alors... Il détestait cette télé. Au moins, quand elle avait encore le poste noir et blanc, elle lui permettait de le regarder.

— Il y a du beurre de cacahuète dans le placard, du lait et un gâteau pour le dessert, bien que tu ne le mérites pas. Essaye de te tenir tranquille une fois dans ta vie, compris ?

La blonde, ce soir, décida Ardis en posant la perruque bouclée sur ses cheveux bruns et raides. Les blondes, disait-on, avaient plus de succès que les autres. Après l'interruption de l'après-midi, elle avait besoin de se détendre. Elle étala quelques gouttes supplémentaires de Passion Sauvage sur ses cuisses, glissa quelques billets dans son décolleté, enfila ses chaussures à talons compensés et se dirigea à petits pas vers la porte.

Jay-jay écouta les semelles claquer sur le palier. Il se pencha vers le téléviseur puis s'arrêta net. Quelque chose clochait ! Quoi ? Brusquement il se rendit compte que le bruit de pas ne s'était pas éloigné. Elle fait du sur-place ! Jay-jay se rua de nouveau sur le lit au moment précis où Ardis déboulait dans l'appartement, le regard fixé sur le poste. Elle parut déçue de ne pas le voir allumé. Tendant vers lui un doigt couronné de vernis rouge, elle lâcha :

— Tu es prévenu.

Puis elle se pencha d'un air absent, l'embrassa et partit.

Cette fois-ci Jay-jay courut à la fenêtre. Il attendit, guettant la silhouette d'Ardis qui sortait de l'immeuble. Puis il se déshabilla, essaya de faire le poirier, tomba, et finit par allumer la télévision.

Une émission de variétés avec, comme invités principaux, une flopée de gosses, tous frères et sœurs, qui chantaient à s'en rompre les cordes vocales. Ils étaient en passe de devenir des stars du rock. Ensuite, le *Film de la Semaine,* une espèce de conte de fées à propos d'un flic honnête. Les résultats sportifs, et une émission sur l'insolite, avec une bohémienne borgne qui prédisait son propre assassinat.

— Ça me fait pas peur, dit Jay-jay en changeant rapidement de chaîne.

Aux nouvelles de 11 heures, le présentateur annonça à Jay-jay que la grève entamée par ses professeurs était terminée : « Sauf incidents, les cours reprendront lundi. »

— Ouf, il était temps, bâilla Jay-jay.

Ce n'était pas drôle tous les jours d'aller à l'école, mais c'était mieux que d'errer sans but dans la rue.

Le présentateur passa ensuite à un autre sujet. Avec l'air de ne pas y croire, il déclara :

— La Food and Drug Administration vient de confirmer un fait surprenant : un tiers de la nourriture pour chien vendue aux États-Unis sert à la consommation humaine.

— C'est pas nouveau ! rétorqua le gamin, en se souvenant de son repas du mardi soir.

Mais il devait bien rendre cette justice à Ardis, quand elle servait ça, elle en mangeait aussi. En plus, ce n'était pas si mauvais. Il suffisait de la faire cuire suffisamment, et de ne pas regarder la photo du chien sur la boîte.

La Bourse était en baisse, l'inflation grimpait, la Russie, la Chine et l'Amérique se regardaient de nouveau de travers, telle équipe avait perdu tel match, le temps demain sera brumeux. L'air : irrespirable.

Enfin, le *Late Show*. Juste avant qu'une poignée de vedettes superbes arrachent l'Ouest aux Indiens renégats, Jay-jay s'endormit.

Il plongea dans un rêve délicieux. Il était dans un restaurant qui servait des centaines de plats de spaghetti, tous plus alléchants les uns que les autres : des spaghetti avec des boulettes de viande, avec de la sauce de clam, avec de l'ail et du beurre, avec de la glace au chocolat. Il avait commandé une assiette de chaque sorte et s'apprêtait à plonger sa fourchette...

Une main le souleva d'un coup sec, le tirant de son sommeil. Jay-jay ouvrit les yeux sur un kaléidoscope de rouges, de verts et de bleus. Il entendit un crépitement, un bourdonnement lancinant.

— Je t'avais prévenu ! cria Ardis. (Elle se mit à secouer Jay-jay comme un prunier.) Tu as réussi. Le tube est fichu, grillé ! Touche-le ! dit-elle en tapant sur le poste. Il est chauffé à blanc !

— Je n'ai rien fait, j'ai...

Jay-jay tenta d'expliquer que le téléviseur n'était pas cassé. Les émissions étaient tout simplement terminées. Mais Ardis était trop saoule pour écouter.

Elle repoussa le gamin sur le lit de camp. La toile craqua quand il retomba. Elle se mit à tourner frénétiquement le bouton, mais chaque

cliquetis du sélecteur de chaîne s'accompagnait d'un bourdonnement plus fort. L'écran restait tout aussi brouillé.

Jay-jay se recroquevilla contre le mur, essayant de trouver un moyen
de s'en tirer. Elle était ivre, ivre comme il ne l'avait jamais vue. Ça lui
arrivait environ toutes les trois semaines. Elle s'en allait brusquement,
revenait du réservoir à gin le plus proche au bout d'une heure, cassait
deux ou trois trucs dans l'appartement, lui flanquait une raclée puis
s'écroulait, abrutie par l'alcool.

Jay-jay commençait à descendre du lit quand Ardis poussa un hurlement de bête. Le bouton du sélecteur avait fini par lui rester dans les
mains.

— Tu as vu ce que tu as fait ? s'écria-t-elle, en versant des larmes
de frustration.

Jay-jay croisa ses bras sur sa tête pour se protéger de la pluie de
coups.

— Tout va toujours de travers, sanglota Ardis. Pourquoi moi ? Un
poste tout neuf, et tu... et ce salaud qui n'est pas venu ! Et le type à
qui j'ai payé deux verres ! Ce culot ! Il s'est tiré avec cette pute de
barmaid ! Je n'aurais pas été obligée de sortir ce soir si tu n'étais pas
rentré aussi tôt ! Et en plus tu t'es fait voler tes vêtements ! Et tu...

Le flot de paroles continuait à se déverser. Jay-jay n'essaya même
pas de répondre ; quoi qu'il dise, il serait toujours coupable, il le
savait. Tout ce qui n'allait pas, c'était sa faute ! Ce parti pris semblait
rendre la vie plus supportable à Ardis.

— Tu oses me frapper ! Tu oses ! hurla-t-elle quand Jay-jay voulut
se défendre.

Une claque retentissante l'envoya bouler. Sa tête heurta le mur
avec un bruit mat. Il se mit à pleurer. Des larmes d'impuissance plus
que de douleur.

— Je vais te donner de bonnes raisons de chialer ! gronda Ardis,
le regard noyé par l'alcool.

Elle se rua de nouveau sur lui. Jay-jay se baissa pour échapper à ses
bras qui tournoyaient comme des hélices et elle alla se cogner contre
le chambranle de la porte. Elle s'y appuya, luttant pour retrouver son
équilibre.

— Reste tranquille et laisse-moi te donner ce que tu mérites ! rugit-elle. Arrête de bouger, sinon ça va vraiment être ta fête !

Jay-jay se déplaçait prudemment d'un bout à l'autre du salon, faisant en sorte de laisser un ou deux meubles entre lui et Ardis, qui cherchait toujours à le coincer.

Elle plongea pour l'attraper par le bras, renversant la lampe posée sur la table derrière laquelle il s'abritait. L'ampoule ne se brisa pas. La lampe roula par terre, dessinant des zones d'ombre et de lumière sur les murs.

— Ah, tu vas l'avoir ta correction, siffla-t-elle. Viens ici tout de suite !

« Pas question », pensa Jay-jay. La révolte se mit à gronder dans sa poitrine et se diffusa dans tout son corps :

— Je ne me laisserai plus faire, ni par toi ni par quelqu'un d'autre. Plus jamais !

Ardis contourna le poste de télé posé sur une petite table, feintant afin d'atteindre le gamin. Elle agrippa le bras de Jay-jay, qui parvint à se libérer de l'emprise de ses ongles pointus en tirant d'un coup sec. Ardis se prit le pied dans un des tubes d'acier de la table. Elle s'écroula, entraînant le poste dans sa chute.

Jay-jay resta figé sur place, regarda Ardis et le téléviseur tomber comme au ralenti. La femme toucha le sol la première. Puis des fragments argentés ruisselèrent, s'éparpillèrent aux quatre coins de la pièce tandis que l'écran explosait, dénudant les fils et les transistors qui jaillirent comme des diables de leur boîte.

Ardis resta allongée, immobile. La perruque blonde avait glissé de sa tête et gisait sur le sol, près d'elle.

« Est-elle ?... » pensa Jay-jay glacé de terreur.

Elle commença à ronfler. Le gamin laissa échapper un soupir de soulagement.

Il essuya la sueur qui inondait son visage, puis tâtonna pour trouver ses lunettes. Il les chaussa et la pièce devint plus nette.

Jay-jay contempla le désastre.

— Si je compte jusqu'à dix avant de me pincer... (Il ferma les yeux puis les rouvrit.) De la colle ? Un fer à souder ? gémit-il, tout en sachant très bien que c'était idiot.

« Si j'arrive à aller de l'école à la maison sans poser le pied sur une lézarde, tout ira bien aujourd'hui. Si j'arrive à compter jusqu'à cinquante avant que le feu passe au vert... » Mais tous les jeux magiques étaient devenus inefficaces.

« Il faut que je me sorte de là ! Ardis peut se réveiller d'une minute à l'autre ! »

Jay-jay avança dans le couloir recouvert de linoléum qui menait à la cuisine. Il se dressa sur la pointe des pieds et tira la corde qui était censée allumer le plafonnier. La pièce resta plongée dans le noir. Ardis avait dû enlever l'ampoule pour la mettre sur une autre lampe de l'appartement.

Les minutes passaient. Jay-jay restait devant la fenêtre, cherchant désespérément une idée. Il regarda le ciel noir et les myriades d'étoiles... aucune aide à attendre de ce côté-là.

« Qu'est-ce qu'elle va me faire quand elle se réveillera ? » Il sentait son estomac se crisper.

— Je ne me laisserai plus cogner. Plus jamais ! s'écria-t-il.

Ses mots s'enfuirent dans la nuit par la fenêtre ouverte. Jay-jay comprit soudain qu'il ne pouvait pas rester une seconde de plus dans cet endroit.

Il se rua dans le salon, contournant Ardis qui ronflait. Il enfila son vieux jean raccommodé, puis fit le tour de l'appartement pour ramasser le reste de ses vêtements. Il laça ses chaussures de toile Captain America — « heureusement que je ne les avais pas sur moi quand Elmo m'a attaqué » —, attrapa son blouson réversible, son couteau de poche, et sortit ses livres de classe de son havresac.

— Je n'aurai pas besoin de tables de multiplication pour faire du stop jusqu'en Californie, dit-il. Je rencontrerai un autre garçon et nous ferons le tour de l'Amérique, comme dans *Route 66*. Non, je voyagerai tout seul en moto comme dans *Then came Bronson*. Je n'ai besoin de personne ! Il n'y aura personne pour me donner des ordres. Brosse tes dents. Descends la poubelle. Ne reviens pas avant la nuit. Je vivrai de... de quoi ?

Jay-jay retourna dans la cuisine. Zut ! Toujours pas de lumière ! Il fit claquer ses doigts, ouvrit la porte du frigo. Une faible lueur se répandit dans la pièce.

Des radis moisis, des feuilles de salades flétries, un pot de mayonnaise qui virait au brun — rien qui vaille le coup d'être emporté. Il fouilla dans les placards ; juste quelques miettes dans la boîte de gâteaux, et trois grammes de beurre de cacahuète. Même pas de quoi tartiner une tranche de pain s'il en était resté une.

— Ce n'est pas le moment de s'occuper de ça, souffla Jay-jay. L'important, c'est de sortir d'ici avant qu'elle se réveille. Parce que si elle t'attrape...

Jay-jay avait encore plus peur d'Ardis après une cuite. Quand elle sortait des limbes, elle ne titubait plus. Et elle ne se rendait pas compte de sa force quand elle frappait.

— Je ne reviendrai jamais, jamais, dit Jay-jay aux quatre murs de la pièce.

Mais tout au fond de lui il savait que dès que quelque chose n'irait pas, un petit rhume ou un repas sauté, il rentrerait en courant, la tête basse.

— Tu sais que tu le feras, poule mouillée, grommela-t-il. Parce que tu es comme ça. Est-ce que tu as protesté quand ce type t'a donné des coups sur le terrain de basket ? Il aurait suffi que Dolorès fasse claquer ses doigts pour que tu ailles lui acheter une autre glace ! Ose dire que ce n'est pas vrai ? Souviens-toi de toutes les raclées qu'Ardis t'a données. Et tu en supporteras d'autres, à moins que...

Ce qu'il fit alors, Jay-jay aurait été totalement incapable de l'expliquer, même si on l'avait torturé, même si on avait essayé de le soudoyer en faisant miroiter la promesse d'un vélo de course à dix vitesses.

Il s'approcha d'Ardis sur la pointe des pieds. D'un air solennel, il ramassa la perruque et arracha les touffes de cheveux synthétiques du filet sur lequel ils étaient fixés. Le sol fut bientôt jonché de boucles blondes gisant autour de la tête d'Ardis.

Jay-jay remonta la fermeture Éclair de son blouson.

— Je ne reviendrai jamais ! lança-t-il à l'intention du désordre qui régnait dans la pièce. Quoi qu'il arrive. Que je meure si je ne tiens pas ma promesse...

Puis il se faufila sur le palier, dévala les escaliers sombres, vers les rues faiblement éclairées par les premières lueurs de l'aube, pour trouver sa vie.

*

Samedi, en fin d'après-midi, Jay-jay se réveilla brusquement dans le parc. Quelque chose mordillait sa chaussure.

— Quoi ? s'écria-t-il en se redressant vivement.

Il vit alors son assaillant, un petit chien décharné au pelage multicolore. L'agresseur détala, puis revint à la charge, grignotant la toile.

Le gamin secoua la jambe pour se libérer.

— Idiot, dit-il. Ça ne se mange pas. Sinon, ça fait longtemps que j'y aurais goûté.

Le bâtard ne le crut pas, et Jay-jay poussa un hurlement lorsque les dents pointues transpercèrent son soulier. Il fit semblant de vouloir donner un coup de pied au chien :

— Allez, tire-toi.

Le soleil avait disparu derrière les immeubles qui bordaient le côté ouest du parc. Jay-jay frissonna de froid et de sommeil. Encore étourdi, il se releva et chercha ses lunettes. Il les trouva, et passa ses doigts dans les trous qui remplaçaient les verres.

Il rentra les épaules :

— Je crois qu'il va falloir que j'apprenne à me débrouiller sans elles.

L'estomac du gamin se noua quand il se redressa brusquement. Il dut fermer les yeux pour vaincre le vertige qui s'était emparé de lui.

— Si je ne trouve pas quelque chose à manger tout de suite...

Des épines lui déchiraient les mollets tandis qu'il se frayait un chemin à travers les taillis. Le chien le suivit prudemment. Il s'arrêta près d'un gros buisson d'aubépine, guettant le garçon.

Jay-jay ramassa un bâton et l'agita.

— Avant tout, il faut que je trouve de la nourriture, des vêtements, et un abri. Autrement dit, je n'ai pas de temps à te consacrer. Ce n'est pas ma faute si on t'a laissé mourir de faim ici. Maintenant, fiche le camp !

L'escarpement de la Grande Colline se dressait devant Jay-jay. Il escalada le versant nord en s'accrochant aux arbustes. De temps en temps, il s'asseyait contre un frêne à l'écorce noire pour se reposer. Il atteignit enfin le sommet. Écartant les branches des azalées et des sassafras, il regarda. Personne en vue.

Pendant la journée, les vieux du voisinage venaient s'asseoir sur le plateau de la Grande Colline. Certains jouaient aux boules sur le long terrain rectangulaire. À cette heure-ci, le large cercle de bancs était vide.

Jay-jay passa en revue toutes les poubelles disposées çà et là sur l'étendue plane. Les deux premières ne recelaient aucun trésor. La troisième fut la bonne. Jay-jay trouva les restes d'une aile de poulet.

— Zut ! cria-t-il en courant après le chiot qui avait arraché le mets succulent de ses mains. Lâche ça ! Tu vas écraser les os ! hurla-t-il.

Mais le voleur avait déjà disparu en bas de la pente.

— Ça ne se reproduira plus, jura le garçon, en recommençant à fouiller les corbeilles.

Il trouva la moitié d'un sandwich au thon, et une grosse gorgée de jus d'orange qui était restée au fond d'une boîte.

Les mains tremblantes, Jay-jay s'assit en tailleur sur l'herbe et se força à manger le pain détrempé.

Une dernière exploration lui permit de trouver assez de nourriture pour calmer sa faim. Quelques chips, des restes de hot dogs — il y avait même encore de la moutarde — et un trognon de pomme.

— De toute façon, le trognon c'est ce qu'il y a de meilleur, expliqua Jay-jay à un cardinal pourpre qui lissait ses plumes, perché sur un buisson proche. Les pépins, c'est ce qui contient la vie.

Il prit cependant la précaution de bien les mâcher. Sinon on risquait d'avoir une appendicite.

« C'est le genre de truc que je ne peux pas me permettre, se dit le gamin en regardant le soleil couchant. Je n'ai pas le temps d'être malade. »

Tout doucement, Jay-jay était en train de prendre la plus grande décision de sa vie. Seul, tout en haut de la Grande Colline, tandis que le crépuscule tombait et que les nuages filaient au-dessus de sa tête, il éprouva pendant un instant un sentiment de sécurité si intense qu'il étreignit ses propres épaules, enfonçant son visage au creux de ses bras.

Le sommet de la colline était plus élevé que les hauts bâtiments qui bordaient Central Park Ouest. Jay-jay regarda au loin, apercevant les sombres canyons où il avait passé la journée après s'être enfui de chez Ardis, errant à la recherche d'une quelconque nourriture. Poussé par le désespoir, il avait fini par essayer de voler la pêche.

— Seul le parc a été bon pour moi, constata le garçon.

Le parc... Il frappa dans ses mains, s'applaudissant pour l'idée qu'il venait d'avoir.

— Plus question de faire du stop jusqu'en Californie ! Je vais vivre ici, dans le parc ! s'écria-t-il. Jusqu'à la fin de mes jours !

Le temps d'un battement de cœur, le monde resta suspendu, figé dans cet instant privilégié où le crépuscule cède la place à la nuit. La dernière flamme du soleil illumina le ciel avant qu'il ne vire au bleu profond. La brise changea de direction en se rafraîchissant, et les fleurs de septembre refermèrent leur corolle. Les lampadaires du parc s'allumèrent, petits îlots de lumière dans la nuit immense.

Jay-jay savait qu'il était temps de se mettre au travail. Il se leva, emballa les restes qu'il n'avait pas mangés et les fourra dans son sac.

« Avant tout, jeter un coup d'œil aux alentours, pendant qu'il fait encore clair, se dit-il, en hâte. Il faut que tu trouves un endroit sûr pour dormir cette nuit. » Il fit son possible pour ne pas l'admettre, mais à présent que le soir était tombé, il commençait à avoir un peu peur.

Il descendit le versant sud de la colline. Les arbres et les buissons poussaient en abondance et l'odeur du paillis lui fit plisser le nez.

— Trop noir, là-dedans, fit Jay-jay à voix haute, essayant de ne pas perdre courage. Je ne verrais rien venir. Et je ne saurais pas où m'enfuir si j'étais attaqué.

À l'école, on disait que des chiens sauvages erraient dans le parc, la nuit. Ils chassaient les poules qui s'étaient enfuies du ghetto portoricain, où les habitants les gardaient pour avoir des œufs frais. « Ce n'est pas impossible, pensa Jay-jay. En tout cas, s'il n'y a pas de chiens, il y a sûrement des gens. »

— Alors ne sois pas trop surpris si quelqu'un te saute dessus, grom-mela-t-il.

Quelque chose bruissa dans les taillis. Jay-jay s'arrêta net, puis se mit à courir sans attendre de savoir de quoi il s'agissait.

— Tu as intérêt à explorer cet endroit de fond en comble avant de te risquer à y dormir !

Jay-jay continuait à descendre. Il parvint enfin à la lisière de la forêt. Un quartier de lune voguait dans le ciel. Caché derrière un érable, Jay-jay jeta un coup d'œil prudent alentour. Devant lui s'étalait la longue surface sombre de la Mare. Les berges étaient frangées d'arbres et de rochers. Il s'approcha de l'eau avec toute la prudence d'un éclaireur indien.

— De toute façon, il faut que j'établisse mon camp près d'un point d'eau ! Peut-être ici !

Quand il eut terminé son exploration, il déchanta. Des boîtes de bière et des papiers gras flottaient à la surface de l'eau trouble. Il suivit la rive de l'étang vers l'est, en restant sous le couvert des saules pleureurs. Un pont de bois enjambait la Mare. Jay-jay s'engagea sur les planches et arriva devant la Cascade.

L'eau dégringolait d'une falaise rocheuse, longeait le Ravin puis s'engageait dans un tunnel. Il sauta les trois marches qui y menaient. Des blocs de pierre taillée formaient une arche au-dessus de lui. Il traversa la caverne en courant, enchanté par l'écho qui répétait son nom. À l'autre extrémité, le ruisseau se jetait dans le Loch. Là, la surface liquide redevenait calme et relativement propre.

— À part une ou deux bouteilles de Coke... dit Jay-jay, joignant ses mains en coupe pour prendre un peu du breuvage argenté et le goû-ter. Pas mauvais, déclara-t-il entre deux gorgées. Et si elle est empoi-sonnée, je le saurai bien assez tôt.

Il y avait un point d'eau, d'accord, mais l'endroit semblait trop fréquenté. Jay-jay quitta le sentier pour explorer une pente rocheuse. Il découvrit une petite grotte parmi les broussailles denses qui domi-naient le Loch. Ce n'était guère plus qu'une légère dépression dans le sol, mais c'était suffisant pour un petit garçon.

La nuit était bien avancée à présent. Jay-jay se força pourtant à ramasser des aiguilles de pin et des feuilles mortes afin d'en tapisser le sol de son abri. Il rampa à l'intérieur et ramena quelques branches de pin derrière lui pour dissimuler complètement l'entrée.

— Voilà, c'est terminé, fit-il en s'installant avec une satisfaction mêlée de gêne.

Il s'aperçut alors qu'il avait envie de faire pipi. Il se redressa en grognant, sortit à quatre pattes, et se soulagea.

— C'est la dernière fois que je fais cette erreur, grommela-t-il.

Il réintégra son trou, posa son sac près de lui et le tapota. Il aurait au moins quelque chose à manger le lendemain matin.

— Dors !

Mais ses yeux s'ouvraient à chacun des bruits de la nuit. Au loin, le hurlement d'un chien déchira l'air. Jay-jay sentit ses cheveux se dresser sur sa tête. Comment les Indiens avaient-ils fait pour survivre ? Et Tarzan. Et l'homme des cavernes...

— Du feu ! Si seulement je pouvais en faire. Non, ça ne marcherait pas.

Son seul espoir de survie dans le parc, c'était de ne pas être découvert. Ni par les flics, ni par les voyous, ni par les voleurs. « Et encore moins par Dracula ! » pensa Jay-jay en entendant un battement d'ailes.

Cent fois, durant cette nuit, il fut sur le point de retourner au meublé. Il se mit même à genoux pour sortir. Mais l'idée de... non, plus question de se laisser cogner. La télé cassée et la perruque déchirée demandaient vengeance. Ardis serait trop contente. Et puis il avait juré.

Ces pensées forcèrent Jay-jay à rester dans sa grotte, le visage enfoui dans un lit de feuilles. Il finit tout de même par s'endormir, trop épuisé pour être encore terrifié par l'obscurité, l'inconnu, et sa solitude.

Extrait du *Prince de Central Park*.
Traduit de l'anglais par Liliane Sztajn.

Défilé militaire à Broadway en 1886

E. ALTIAR

New York pendant la Grande Guerre

Samedi 2 décembre.

Un télégramme, retardé et dûment censuré, laisse entendre qu'Asquith et son cabinet vont crouler. C'est David L. George qui précipite cette tuile. On le savait depuis longtemps mécontent de la manière évasive et irrésolue dont le Comité de la guerre avait dirigé les choses.

New York, lundi soir 4 décembre.

Nous sommes revenues pour voir Sarah Bernhardt, qui joue à l'Empire pour plusieurs semaines. Ici, on ne l'appelle plus la Divine, mais l'Indomptable. Son motto est écrit sur les tentures de velours rouge : *Quand même.* Sa voix ? Il n'en reste plus trace. Elle a un rhume affreux, ce qui ne l'empêche pas de tenir les trois rôles principaux des quatre petites pièces qu'on joue ce soir. La salle est comble, car on adore Sarah en Amérique et l'enthousiasme ne fait que monter à mesure que la soirée avance. Elle joue bravement. C'est vraiment une leçon de courage moral qu'elle donne. Quand le rideau s'est ouvert sur *la*

Mort de Cléopâtre, elle était belle jusqu'à l'irréalité, et jeune, dans la lumière fantastique et dans les draperies. Mais dans *l'Holocauste*, son âge était plus apparent, et son rhume me rendait malade. Dans *Du Théâtre au Champ d'honneur*, l'esprit, de nouveau, triomphait. Je note, en passant, que pour l'amour de la sainte neutralité, on y avait remplacé les vers de Victor Hugo :

> Ne les épargnez pas, ils savent ce qu'ils font...

par je ne sais quels vers où l'on cherchait des allusions personnelles... « Ceci est ma dernière pièce... »

Mardi 5 décembre.

Une visite ce matin, avant de rentrer à Philadelphia, à Rabindranath Tagore, que nous trouvons seul dans une petite pièce ensoleillée. Il regarde, par la fenêtre entrouverte, l'espace profond. Son fin visage, l'argent de ses cheveux, son accueil grave, ses gestes lents, tout cela est-il réel ? Il plane sur l'Himalaya, et vous emporte dans son rêve.

Sa voix berceuse, que dit-elle ? Je ne sais pas : c'est le temps qu'il fait, c'est le soleil maître du monde, c'est ce que vous, c'est ce que moi nous pourrions dire, mais jamais avec tant d'amour. Il raconte la façon dont, tard déjà dans la vie, il se mit à écrire ses contes, pour collaborer à un hebdomadaire qu'un de ses amis venait de lancer. Il fut étonné de leur succès. Sa verve est capricieuse, d'ailleurs, et il va souvent à ses conférences sans savoir ce qu'il y dira, sa mémoire étant trop mauvaise pour lui permettre de préparer à l'avance quoi que ce soit. Il rit tout à coup au souvenir d'une soirée qu'il passa à étudier sa première conférence, laquelle il lui fut impossible d'achever quand le moment en fut venu !

Il organisa, une fois, une école de petits garçons. Là il put raconter des histoires à cœur content, et, en échange, les élèves devaient amener le poète dénué de tout sens pratique à mieux comprendre l'humanité. Les histoires ! Comme il les raconte !... un bateau fleuri..., une femme agenouillée...

L'Amérique lui paraît suffocante, oppressive. Il n'y a pas là assez d'espace pour son âme. La belle Californie elle-même ne lui a pas donné l'impression de paix qu'il recherche avant tout. Le mouvement perpétuel de l'existence américaine le fatigue. Du doigt, il montre les gratte-ciel, « géants de laideur ».

Mais il rit de nouveau, car on le prend volontiers, ici, pour un sorcier, un oracle de l'avenir, un jeteur de sorts.

Il trouve que Kipling a une grande puissance d'imagination dans ses histoires indiennes, mais que ses caractères ne répondent pas à la réalité... « L'Hindou ne peut être observé par l'homme d'une autre race, car des êtres qui vivent et qui luttent ne sont point des échantillons rangés sur les étagères d'un musée. Pour comprendre le cœur qui bat sous la surface, il faut de l'intuition, de la sympathie, presque de la tendresse. Il ne faut pas chercher les apparences de la vérité, mais la vérité elle-même... »

La voix se tait, mélancolique... Et le charme est rompu par une jeune et brillante Américaine, féministe, et décidée à savoir ce qu'il pense du féminisme ! Elles ne doutent de rien ! Que pense-t-il, surtout, de la femme américaine ? Il soupire : « Je crois que les femmes sont beaucoup les mêmes partout... » mais il lui donne, pour ses sœurs, ce message : « La femme qui a besoin d'être constamment secouée par une émotion spéciale et violente pour pouvoir garder son intérêt en éveil, prouve combien elle est pauvre de vie spirituelle... ce n'est pas là un signe de vitalité, mais de mortelle faiblesse... Savoir exercer son pouvoir d'amour dans les petites choses de la vie, là est la vraie beauté. Le monde domestique, voilà le don que Dieu fit à la femme. Dieu l'a destinée à l'amour. L'esprit des temps modernes, qui a attiré l'homme dans un tourbillon de frénétique activité, lui a trop fait oublier la femme, qui, souvent seule désormais, doit lutter sans son aide. À la recherche de plus de liberté, ne compromet-elle pas beaucoup sa dignité ? Elle ne peut plus justifier son existence ; elle n'a plus sa place dans le monde. Elle veut l'argent, et le pouvoir, et les autres choses matérielles qu'elle ignorait jadis. Le lien qui l'attachait à l'homme s'est disjoint, et là où devrait régner la coopération, nous ne voyons plus que compétition. La source du bonheur n'est plus, pour la femme, dans les relations humaines, mais dans la poursuite des affaires. La valeur infinie de l'individu est sacrifiée aujourd'hui à l'idole de l'organisation. Dieu, pourtant, avait fait de la femme la gardienne de l'individualité : c'était là sa vocation divine. Et que cherche-t-elle à prouver à présent ? Qu'elle n'est plus la femme. Son orgueil est blessé à n'être considérée que comme la mère de la race. Elle veut montrer qu'elle a, elle aussi, le pouvoir de l'organisation, et l'esprit de combat. »

Pour Rabindranath, la civilisation du temps présent a laissé percer son absurdité, puisqu'elle est basée sur des conditions politiques et économiques. Il espère, visiblement, que la civilisation prochaine ne sera pas établie seulement sur des idées de compétition et d'exploitation, mais sur l'esprit de coopération universelle, sur un idéal de réciprocité qui rendra à la femme sa vraie place. Et si, jusqu'ici, elle a vécu isolée, dans une espèce d'obscurité derrière l'homme, cette civilisation future lui donnera sa compensation, car ce ne sera plus la Force qui dominera, mais l'Amour...

La gentille Américaine nous regarde, étonnée...

Le soir.

Remaniement complet du ministère anglais. La cause réelle du conflit ? la controverse des *Occidentaux* et des *Orientaux*, et les agitations de lord Northcliffe.

Une conséquence ici de la réélection de Wilson, c'est le grand nombre des démissions de fonctionnaires, de diplomates, de généraux commandants. Tout ce monde est nommé à ses fonctions pour quatre ans. Or, tous ceux qui ont été contraires à Wilson, pensant ne plus voir sa face, ne s'attendent point à se voir prier de rester en charge. C'est au *colonel*, arrivant à la présidence après la mort de McKinley, et exigeant la résignation d'un chacun, que l'on doit cette coutume. Le général soupire. Il avait encore bien à faire... Le ministre en Hollande, Van Dyke, retournera à ses ouailles et à ses travaux littéraires ; tous, enfin, mettront de côté la peau à laquelle ils s'étaient accoutumés.

Les choses ne vont bien nulle part. On sent que, d'ici peu, M. Wilson aura à payer sa faiblesse pour cette loi de huit heures dans les chemins de fer, loi honnête en principe, mais injuste dans la pratique, puisqu'elle favorise certaines classes d'employés au détriment des autres.

Il semble que le message présidentiel n'ait satisfait personne. Mesdames les suffragistes, surtout, font la grimace. Tandis que le président faisait son discours, hier, elles ont déroulé, dans les galeries en face de lui, une grande bannière dorée, portant en lettres noires, ce nouveau *Mané, Thécel, Pharès* : « *Mr President, what will you do for Women ?* » Quel émoi ! Les pauvres ont pourtant perdu beaucoup de leur effet. D'abord la bannière se voyait mal, puis un huissier enflammé de zèle accourut pour l'arracher. Mrs Wilson seule parut assez nerveuse. Mais son époux, qui a la vue perverse, n'en retrancha pas un mot à sa harangue.

On n'a arrêté personne. Les agents, bénévoles, ont déclaré qu'ils ne savaient point qui avait déroulé cet étendard de la malice, en contradiction aux règlements de la Maison !

Pour Karl Armgaard, que l'on essaye de soustraire à nos curiosités, il verra son affaire retardée jusqu'en mars des grecques calendes, l'ambassade allemande s'étant arrangée pour retarder la procédure.

En Angleterre, le bouli-boula continue. Le vétéran, Asquith, résigne plutôt que d'être exclu des conseils de guerre. Il y a huit ans et demi qu'il était premier : il paraît que c'est un record, dans son pays comme dans le mien !

Robert Glendinning vient de rentrer d'une visite aux écoles d'aviation françaises, et d'une tournée au front de la Somme. Il a vu un combat aérien de Guynemer, qui était tout ce qu'on peut imaginer de plus audacieux et de plus brillant.

Son opinion est que la France est bien en avant des autres nations européennes pour l'aviation. Les Américains, qui sont en grand progrès sur ce terrain, espèrent posséder bientôt tous les avantages des Français.

Il est heureux pour l'Amérique d'avoir quelques hommes comme

Glendinning, qui empêchent les misanthropes de dire que le niveau intellectuel et moral baisse universellement chez eux. Les médecins s'inquiètent, les éducateurs aussi, de l'absence de toute discipline dans le pays et dans la mentalité de ses habitants. Les sports, tant vantés et poussés à l'extrême, ont ici leur mauvais côté. Quelle intellectualité serait permise à des êtres fourbus et physiquement éreintés ? La seule distraction des esprits est dans le flirt, dans la toilette, dans le dressage des chiens.

Il y a certes des exceptions : une amie de Dora, dont le mari, le père et le frère périrent sur le *Titanic*, sauva huit enfants au milieu de ce désastre, et, sur le *Carpathia*, se constitua infirmière. La gouvernante de ses deux bébés et sa femme de chambre avaient été sauvées par son mari, qu'elle avait trouvé, quand elle courut à sa cabine immédiatement après le choc, en train de brosser ses cheveux et d'arranger sa cravate devant la glace : « À quoi pensez-vous ? lui cria-t-elle, nous coulons. » Il sourit pour répondre : « Je mourrai en gentleman » ; et s'en alla, élégant et calme, sauver des femmes et des enfants des secondes classes.

Je sais que bien des âmes ne se révèlent que dans les grandes catastrophes, mais la vie normale n'est pas faite de grandes catastrophes uniquement, et, sur la santé morale de la race, plus d'un soupire, appelant le jugement de Dieu sur son pays trop riche, trop fertile, trop facile.

Tout est question d'éducation. Les seuls livres que lise la jeunesse sont les romans de détectives les mieux faits pour gâter les imaginations, ou des romans sentimentaux absurdes et mal écrits, auxquels on demande seulement d'être « excitants », même au prix de la vraisemblance. De là des nerfs irritables et exaspérés, qui demandent, pour vibrer, des émotions toujours nouvelles. De là, aussi, cette coquetterie à froid de l'Américaine, qui en fait parfois une redoutable Célimène. Son désir de s'amuser, de se rendre agréable, lui donne de l'amabilité et lui prête du charme. Mais elle entend, de bonne heure, vivre sa vie à son gré, et ne point se laisser écraser par les contraintes morales. Des femmes très gâtées, s'amusant, avec ou sans l'assentiment du mari qui gagne l'argent, et n'élevant leurs enfants qu'à s'amuser, le spectacle ne serait pas fait pour bien augurer de l'avenir, si la Providence n'intervient pas. Dora et le docteur voient le salut dans une bonne guerre, qui secouerait les cœurs et les énergies, comme le fit la Guerre Civile.

Dimanche 10 décembre.

Les nouvelles sont mauvaises, comme jamais elles ne le furent depuis le début de la guerre, depuis que les Allemands marchaient sur Paris. Nous sommes si tristes que nous ne parlons même plus.

Lundi 11 décembre.

Les lettres de France sont, cependant, toujours optimistes, mais on dit ici qu'une victoire des Alliés était indispensable pour une paix satisfaisante. La *Tribune* de New York, qui jusqu'à ces derniers temps croyait à la possibilité de cette victoire, abandonne cette attente et dit à présent : « La Marne a aboli les vains espoirs de l'Allemagne ; la chute de Bucarest met un frein aux espoirs non moins colossaux des Alliés. » C'est conseiller aux Alliés de reconnaître que leur pouvoir est limité...

Mardi 12 décembre.

Course en ville, par un temps affreux de verglas, de pluie et de vent. Quand nous sommes rentrées nous avons appris au téléphone la chute du ministère français, que, depuis le 7, les journaux faisaient pressentir.

L... a vu Pierpont Morgan, et l'a trouvé dans la même persuasion de la victoire des Alliés, mais avec l'air de croire que la guerre n'était pas près de finir. Il avait passé deux mois en Europe, et revient très optimiste.

Jeudi 14 décembre.

L'Allemagne offre la paix ! Ici on la voudrait, mais il paraît que Londres refuse d'en discuter même les conditions. Il est donc certain qu'on la refusera.

Faut-il voir l'Allemagne enfin ruinée, comme le disent les journaux anglais et français ?

Vendredi 15 décembre.

Vente de charité, hier soir, au bénéfice des Alliés. C'était un *bazaar*, sans beaucoup d'organisation. De jolies jeunes filles offraient du thé et vendaient des cigares, mais on ne savait où payer, la caisse étant introuvable, et plus d'une des petites vendeuses de thé et de gâteaux manquait du tablier blanc et du gentil bonnet, ce qui déparait l'ensemble. On leur avait dit pourtant, en leur demandant leurs services, qu'elles n'avaient rien à se procurer.

Paderewski est venu avec sa femme, avec sa foule d'admirateurs, et l'orchestre a attaqué en son honneur une marche polonaise. L'ambassadeur de France et Mme Jusserand étaient là, achetant de belles assiettes et les donnant pour les revendre, ce qui était déjà plus commode que de les prendre sous le bras !

Demain (le *bazaar* dure toute la semaine), journée arménienne, avec des vendeuses en costume national.

On n'est pas d'accord, ici, sur les propositions allemandes. On est assez porté à croire que les Allemands sont plus forts qu'en mai dernier, et le projet des Alliés d'infliger à l'armée impériale une défaite complète paraît, sans qu'on ose trop l'avouer, un peu fou. On pense que si l'Allemagne propose la paix, c'est qu'elle sent sa force, et la faiblesse de ses adversaires. Elle consolide ainsi sa situation à l'intérieur, en rejetant la responsabilité de la lutte sur les Alliés, s'ils refusent de traiter.

On continue à éprouver quelque inquiétude au sujet du nouveau cabinet anglais. De fait, étant donné qu'une dictature voit son succès dépendre entièrement des capacités du dictateur, ce nouveau conseil de guerre aura besoin de capacités peu ordinaires. Il ne lui suffira pas de tirer la nation de ses difficultés multiples (problèmes de l'alimentation, de l'alcool, des sous-marins, etc.) par des décisions promptes et durables, et son succès dépendra moins de son habileté à organiser la guerre que de son attitude dans l'affaire, bien plus compliquée, de préparer la paix. L'empire britannique lutte en vue de certains buts qui n'ont jamais été franchement avoués, jamais nettement définis, au dire de Sam. Si le conseil de guerre adapte ces buts en conformité avec les intérêts véritables de la nation anglaise, s'il évite de peser trop lourdement sur les ressources physiques et morales de cette nation, alors seulement il aura fortifié sa création. Cela lui sera-t-il possible ? Il arrive que les dictateurs soient les victimes, plutôt que les maîtres, des crises qui les ont élevés...

Ceci fait que tout le monde est plus ou moins anxieux. On ne s'occupe plus du *Sussex*, au sujet duquel l'Allemagne continue à argumenter sans l'ombre de bonne foi et selon l'habitude acquise. La seule question est : que feront les Alliés des propositions allemandes ? Quelques-uns me paraissent peu éloignés de penser qu'il eût fallu conclure après la Marne. À cette heure-là, une offre allemande aurait pu être acceptée, en effet, et une œuvre de réorganisation internationale aurait pu suivre ; mais l'offre né fut pas faite...

Sam est intéressant à entendre, même quand ses idées ne sont pas précisément celles qui ont cours chez vous. Il lui paraît assez qu'après le 1er janvier 1915, les Alliés auraient juré une guerre, non plus de protection contre l'Allemagne, non plus de défense des droits des petites nations, mais d'altération, en leur faveur, de la balance des pouvoirs européens. Depuis, les Balkans sont intervenus, et le prestige de l'Allemagne n'a fait que grandir en Europe orientale. C'est là, dit-il, ce que la France et l'Angleterre ne veulent point reconnaître. La Russie, malgré quelques succès, est défaite en somme. Elle ne peut plus rêver à Constantinople ni à la domination balkanique (où elle serait un fameux danger, songe Washington, *in petto !*).

Froid piquant, aveuglant ; deux pauvres diables, étourdis par la neige qui nous ensevelit, se sont fait écraser par le train.

Dernier jour de vente au *bazaar*. Costumes excentriques et grand brouhaha, foule inouïe. Dans les grands magasins, c'est pire. Il paraît que jamais Noël n'avait fait tant d'acheteurs. Peut-être est-ce que l'Amérique n'a jamais gagné tant d'argent ? Mais Frank Vanderlip assure qu'elle aura à envisager de graves questions économiques et sociales après la guerre, que les industries européennes lui créeront alors une concurrence redoutable.

Hugo Munsterberg, le professeur de psychologie à Harvard, est mort, en pleine conférence aux jeunes filles de Radcliffe College. Une hémorragie cérébrale le terrassa comme un obus. Il défendait ardemment les Centraux, soulevant de telles critiques qu'il avait démissionné il y a quelque temps, pour retirer ensuite sa démission. Né prussien, il avait étudié en Allemagne et y fut professeur d'université avant de venir en Amérique, il y a environ six ans. Je l'avais entendu à Berlin dans une conférence bien intéressante, et il était certainement une forte personnalité. Mais il poursuivit ici ce rêve de tant d'Allemands : amener le pays qu'il habitait à se rapprocher du sien, à le mieux comprendre. Il parla, il écrivit beaucoup dans ce sens ; ce qui montre que même un psychologue peut manquer de psychologie, quand il devient le jouet d'une idée fixe. Dès les premiers jours d'août 1914, il publiait une longue déclaration, pour prouver (?) que l'Allemagne avait été poussée dans la guerre par la menace du péril slave. C'est à la suite de la polémique soulevée qu'il démissionna, en octobre de la même année, mais les autorités de Harvard lui demandaient, une semaine plus tard, de retirer sa démission. Il n'en défendit pas moins la mauvaise cause de son pays. Sans doute était-il un de ces idéalistes qui ne vivent que d'illusions ? Il voyait, toute proche, une ère de paix et de bonne volonté !

Il eut à souffrir : une lettre qu'il écrivait à Bethmann-Hollweg, et que la censure britannique publia, souleva des controverses si violentes que ses collègues de Harvard ne le saluaient plus. Il était vraiment seul devant le monde. Du moins était-il sincère, et avouait-il que son point de vue ne pouvait être celui d'un Germano-Américain, mais d'un Allemand.

Avant la guerre, tous les étudiants de Harvard « prenaient Munsterberg », non qu'ils sussent bien ce que c'est que la psychologie (cette science étant vaguement située, pour un Américain, « entre Eusapia Paladino et Ibsen », comme dit L...), mais parce que Munsterberg « était toujours dans les journaux ». C'était un propagandiste né. S'il voulut faire comprendre l'Allemagne aux Américains, il ne chercha pas moins à faire comprendre l'Amérique à ses compatriotes. C'est cette ardeur à communiquer ses convictions, à les populariser, qui le jeta dans l'arène des discussions nationales. Le public, celui de Boston surtout, ne lui fut pas juste : ce n'était point un *hyphenated*, mais un patriote allemand.

Mercredi 20 décembre.

Nous lisons dans les journaux le discours de Lloyd George, qui demande pour les Alliés restitutions complètes, pleines réparations, garanties effectives. À Washington, on espère encore qu'il n'a pas fermé la porte à la paix, mais on n'en est pas sûr. William Bullitt écrit que les Allemands de Washington (ils sont légion) sont optimistes. Bernstorff lui a prédit un nouvel échange de notes ! Il faut qu'il ait l'optimisme solide, car le discours de L. George n'est certes pas fait pour donner l'espoir d'une plus longue discussion diplomatique.

De toute façon, le monde de la banque vit hier des surprises. Ce n'est pas à Wall street qu'on oubliera jamais ce fameux discours. Les fluctuations y étaient folles et le marché tomba enfin, après avoir monté avant que le discours fût câblé. On savait que tout dépendrait de l'attitude de la Grande-Bretagne. Tout se maintint encore pendant la demi-heure qui suivit le premier télégramme, mais, vers une heure et demie, la dégringolade commença, et ce fut une vraie déroute, causée par quelques détenteurs qui perdirent la tête. Bien entendu, les commérages vont leur train, et certains refusent de voir là-dedans l'effet du discours anglais, pour n'y découvrir qu'une opération de certains puissants financiers.

Sam est tout flatté que L. George ait fait revivre les paroles de Lincoln : *We accepted the war for an object, a worthy object. The war will end when that object is attained. Under God I hope it will never end until that time.*[1] »

. . . .

Course en traîneau tous ces soirs de neige. Nous avons glissé jusqu'à Valley Forge qu'on reconnaît à peine dans la lueur fantastique des torches. On dirait un pays de féeries.

Edith part pour Boston, où, dit-elle, Noël est fêté mieux que partout ailleurs, avec des branches de sapin en guirlande à l'extérieur des fenêtres, des lampions de couleur et des chants dans les rues, comme au temps des premiers émigrés. Je regrette de ne pouvoir aller avec elle.

Jeudi soir 21 décembre.

Wilson demande aux belligérants d'exposer leurs conditions de paix ! Les Américains voient leurs intérêts sérieusement compromis, je ne sais en quoi, et songent à les sauvegarder. Je dois reconnaître que la plupart des gens, d'abord ahuris, s'indignent contre « ce maladroit » qui ne s'occupe jamais de ce qui le regarde. À Washington, à Philadelphie, sa note a fait sensation, mais dans le mauvais sens.

Ce que je me demande, sans oser l'exprimer, c'est si Wilson ne se voit pas peu à peu acculé à la guerre ? Cela expliquerait cette démarche. Le pire est que Lansing, en voulant le tirer de l'ornière, dit des énormités, et que l'ahurissement grandit d'heure en heure, Sam ne sachant plus où on le mène. Les commentaires sont amers.

Extrait du *Journal d'une Française en Amérique.*

1. Nous avons accepté la guerre en vue d'un but, d'un noble but. La guerre sera terminée quand ce but sera atteint. J'espère, devant Dieu, qu'elle ne le sera pas avant.

TRUMAN CAPOTE

Brooklyn

Une église abandonnée et une pancarte *à louer* qui en défigure la façade baroque. Deux tours noires et crevassées au coin de ce square perdu. Des moineaux ont fait leurs nids parmi les fleurons sculptés, au-dessus de son portail couvert de graffiti à la craie (Kilroy Est Passé Ici — Seymour Aime Betty — Salaud !). À l'intérieur, le soleil vient s'affaler sur des bancs en ruine. Mainte bête errante y a son chez-soi. Des chats aux formes vagues montent la garde aux fenêtres. On entend des cris d'animaux bizarres. Les enfants du voisinage, qui se montent la tête l'un l'autre pour y pénétrer, en reviennent avec des os qu'ils disent humains (Oui, c'est des vrais ! Des os d'hommes, j'te dis. Le type, couic !). D'une laideur définitive, cette église est, par plus d'un de ses aspects, le symbole même de Brooklyn. Si une telle bâtisse venait à s'écrouler, j'ai comme un fâcheux pressentiment que, tout aussi vieille et monstrueuse, une autre serait bâtie bien vite à sa place. Car Brooklyn, ou plutôt l'enfilade de villes que l'on appelle ainsi, n'éprouve — à l'inverse de Manhattan — aucun appétit pour le changement sur le plan architectural ; et son attitude n'est pas plus accueillante, d'ailleurs, envers l'individu : quelle vision désespérante que celle de ces files proprement interminables de bungalows interchangeables, constructions en grès, tape-à-l'œil décoratif.

Et l'inévitable terrain cendreux et désolé où les enfants tristes et doux, et violents, ramassent des feuilles, et du bois trouvé dans les maisons en construction, et transforment le tout en feux de joie. Tristes enfants, violents et doux, qui partent en chasse le long des pentes de ces rues, luisantes au soleil d'août comme un miroir, aux cris de : « À mort le Juif ! à mort l'Italien ! à mort le mal blanchi ! » Vieille coutume de ce pays, où l'architecture mentale, tout comme celle des demeures, est immuable.

Mes amis de Manhattan, peu disposés à affronter l'accablante sophistication du métro (Oh ! si, B..., venez. Je vous jure que ça ne vous prendra que quarante minutes, et, sincèrement, vous n'aurez à changer que trois fois), répondent à mes invitations par un « Désolé, vraiment ! » C'est pour cette raison que j'ai rêvé plus d'une fois à prendre à bail, aux fins de restauration, l'église. En attendant, j'ai deux pièces dans un immeuble en grès, répété à vingt exemplaires sur cette petite place. À l'intérieur, une confuse et sombre anthologie victorienne : des dames, qui arborent la pâleur d'un lys sur des visages grassouillets, font voleter avec un bel ensemble leur péplum en putréfaction sur mon papier peint ; dans l'entrée, un bassin terni et vide pour les cartes de visite et un porte-chapeaux, hérissé comme un épicéa des côtes de Bretagne, sont d'élégants témoins d'une époque de Brooklyn moins funeste. Le salon est bourré de meubles poussiéreux et frangés ; une histoire familiale en daguerréotypes défile triomphalement sur toute la largeur d'un vieux piano désaccordé ; des têtières, sur tous les fauteuils, sont comme des petits drapeaux tricotés au crochet, et proclamant un statut de Respectabilité ; et lorsqu'un courant d'air traverse la chambre, des plafonniers en verroterie carillonnent des mélodies orientales.

Il y a pourtant des téléphones, deux à l'étage, trois en bas, et 125 au sous-sol ; car c'est dans ce sous-sol que sont pratiquement enclavées à un standard téléphonique mes propriétaires : Mrs Q..., vieille dame dandinante et rabougrie à tête de bouledogue roux, aux gros yeux lavande et aux cheveux d'un incroyable orange clair — qu'elle porte, ainsi que sa fille, Miss Q..., à l'état sauvage et jusqu'à la ceinture —, est une personne méfiante, et sa méfiance est de cette catégorie immanquablement constatée chez les gens qui, méprisant tout, se cherchent, pour ce faire, une raison ; la pauvre Miss Q..., elle, est tout simplement fatiguée. Douce et mielleuse, elle est aux prises avec une fatigue à-la-vie-à-la-mort, et je me demande parfois si elle est vraiment Miss Q... ou Zasu Pitts. Néanmoins, le rapport établi entre nous est fort agréable, et fondé sur le fait que nous sommes tous deux victimes de maux de tête à faire dresser les cheveux sur la tête. Presque tous les jours, elle monte à pas de loup et, riant niaisement de sa téméraire inconvenance, me demande une aspirine. Sa mère, adepte de Bernarr McFadden, condamne l'aspirine et tous les médicaments, comme « aliments mitonnés par Satan ». Voici leur histoire — ancienne déjà — telle que la raconte la fille : Mr Q..., « éminent entrepreneur des pompes funèbres », venait tout juste de décéder sans prévenir, en lisant le *New York Sun*, laissant sa femme et sa vieille fille de fille « continuer à vivre sans aucun moyen en vue à cet effet » parce qu'« un escroc avait convaincu papa d'investir tout son argent dans une usine de couronnes mortuaires artificielles ». C'est pourquoi elle et sa mère s'étaient mis en tête d'installer, dans leur sous-sol, un service téléphonique de réponses pour « abonnés absents ». Nuit et jour depuis dix ans, elles se relaient dans cette fonction de relais différé entre des interlocuteurs privés de contact. « Oh, quelle misère ! », dit Miss Q... avec un désespoir affecté, car ce rôle de femme diplomate est la seule illusion de quelque poids réel dans cette vie vouée aux seules illusions. « Je vous jure devant Dieu que je ne pourrais vous dire depuis combien d'années je n'ai pas eu une heure à moi ; un vrai répit. Maman est là au travail elle aussi, que Dieu la bénisse, mais elle a pas mal de maladies, vous savez, au point qu'il me faut pratiquement la laisser tout le temps clouée au lit. Quelquefois, tard dans la soirée, lorsque ma tête commence à me faire mal, eh bien, je jette un coup d'œil sur le standard téléphonique et, soudain, c'est comme si tous ces fils et ces fiches étaient des bras et des doigts qui m'enserrent jusqu'à la mort. » Pour ce qui est de Mrs Q..., on a su qu'elle a rendu à l'occasion visite à un bain turc près de Borough Hall ; mais la solitude de sa fille si fatiguée est absolue. Si l'on doit l'en croire, elle a quitté son sous-sol une seule fois en huit années ; et durant ce congé, elle est allée voir avec sa mère Mr McFadden faire une démonstration callisthénique sur la scène du Carnegie Hall.

Certaines nuits parfois, épouvanté, j'entends Mrs Q... qui monte l'escalier d'un pas lourd ; dans un instant, elle sera sur le seuil de ma porte. Elle est là, debout, drapée dans un léger kimono de satin ; à la façon des Vikings, elle a laissé retomber sa chevelure qui a la couleur des couchers de soleil.

« Deux de plus, dit-elle — et sa voix de baryton au poil dur évoque le feu et le soufre — ; nous les avons vues à travers les carreaux ; deux familles au complet, qui passaient devant, dans des fourgons de déménagement. »

Lorsqu'elle a pressé jusqu'à la dernière goutte le citron de sa rancœur, je lui demande :

« Des familles de quoi, Mrs Q... ?

— Des Africains, clame-t-elle avec un vertueux battement de ses paupières de chouette. Tout le quartier devient un cauchemar ténébreux. Après les Juifs, voilà ceux-là. Des voleurs, des filous, tous autant qu'ils sont. Moi, cela me glace le sang. »

Bien que Mrs Q..., je crois, ne s'en rende pas bien compte elle-même, tout ceci n'est pas du théâtre : elle est sincèrement terrorisée. Ce qui se passe sous ses yeux ne correspond à rien de ce qu'elle a appris. Son mari, qui était sa seule nourriture spirituelle, n'est plus ; et quant à elle, elle ne possède pas une seule idée en propre et n'a jamais eu que des réactions d'emprunt. Elle a fait mettre sur chaque porte un nombre anormal de verrous et de serrures. Quelques-unes de ses fenêtres sont condamnées. Il y a un métis qui aboie d'une voix à vous fendre la tête ; quelqu'un est dehors — un quelqu'un sans forme — et qui veut être dedans. Lorsqu'elle descend son escalier, son poids s'éternise sur chaque marche. Arrivée en bas, voilà qu'une image, la sienne, cherche à tâtons quelque chose sur le miroir : ne reconnaissant pas Mrs Q..., elle fait halte ; son souffle devient plus pesant, tandis qu'elle se demande qui l'attend là. Un frisson, soudain, parcourt son corps : encore deux aujourd'hui, plus encore demain ; c'est un flot qui monte ; son Brooklyn est l'Atlantide en perdition. Même son reflet dans la glace (un cadeau de mariage, vous souvenez-vous ? quarante années ; oh mon Dieu, qu'est-ce qui s'est passé, dites-moi ?), c'est encore quelqu'un, quelque chose. « Bonne nuit », me dit-elle. Les serrures font clic ! clac ! les portes sont fermées. 125 téléphones chantent dans la nuit et mes dames grecques dansent dans la pénombre ; la maison pousse un soupir, se calme. Dehors, le vent apporte la douce odeur de galette d'un boulanger à deux rues d'ici ; des marins, qui sont en route vers Sands Street, traversent la place éclairée et jettent un œil sur l'église squelettique — « Bonne nuit, Mrs Q... »

J'ai entendu un coq chanter. Étrange d'abord ; mais pas quand on se rappelle le côté inaperçu, secret, de cette ville, l'univers des arrière-cours, nulle part aussi florissant qu'ici : petits commerces de rubans, de savates, petits jardinets (« Nos propres radis, dites-donc ? »). Ces derniers jours, une femme a été arrêtée parce qu'elle élevait des cochons dans sa cour ; c'est l'envie sans aucun doute qui avait amené les voisins à déposer une plainte. Quand on rentre de Manhattan le soir, on peut trouver quelque peu émollient de voir un ciel où luisent de vraies étoiles, et de passer tout au long de rues jonchées de feuilles où l'odeur des feux d'automne flotte sans se diluer à la dérive, tandis que les voix d'enfants en train de faire du patin à roulettes dans le demi-jour nous envoient, porté par le silence, le salut du soir et du retour au foyer (« T'as vu ça, Daisy, la lune qu'il y a, une vraie citrouille de la Toussaint »). Au-dessous, le métro fait trembler la terre ; au-dessus, le néon cisaille la nuit. Oui, et pourtant, j'ai entendu chanter un coq.

En tant que groupe, les Brooklyniens constituent une minorité persécutée. L'insistance dénuée d'imagination de quelques pitres dénués de courtoisie a fait tant et si bien que toute allusion à leur patrie donne le signal de petits rires méprisants — et obligatoires — ; leur dialecte, leur apparence et leurs mœurs sont devenus, du fait de cette propagande hilarante, synonymes de tel ou tel des phénomènes les plus vulgaires, les plus grossiers, de la vie contemporaine. Tout ceci, qui, peut-être, avait commencé sur un mode assez bon enfant, a pris un tournant brusque du côté de la malignité : avoir son adresse à Brooklyn, aujourd'hui, ce n'est pas tout à fait respectable. Et ce, par une bien remarquable ironie, sans aucun doute, puisque dans cette infortunée région, le « citoyen moyen », se sentant en passe d'être déclaré maudit, s'en tient pour toutes choses à la moyenne, avec une intensité morbide ; il fait de la respectabilité une véritable religion. Mais le sentiment d'insécurité mène à l'hypocrisie, aussi accueille-t-il la nécessité où il est de « pouffer » en pouffant plus fort que les autres : « Hi-hi-hi, quel bide que ce Brooklyn !... Jamais rien vu d'aussi drôle ! » Terriblement drôle, oui, mais Brooklyn est, aussi, morne, brutal, provincial, solitaire, humain, muet, veule, âpre, perdu, passionné, subtil, amer, demeuré, innocent, pervers, tendre, mystérieux. Et c'est encore un endroit où Crane et Whitman ont conçu des poèmes ; un empire mythique dont les rives sont léchées par les flots glacés et plaintifs de Coney Island. Ici, il n'y a pratiquement personne qui donne des directives, et personne ne sait où se trouve quoi que ce soit ; même le plus vieux chauffeur de taxi semble hésiter. Par bonheur, j'ai tous mes diplômes en matière de trafic métropolitain ; et pourtant, apprendre à chevaucher ces rails enterrés dans le roc, et pareils aux veines qu'on voit sur les fougères fossilisées, exige une application plus féroce, j'en suis sûr, que de préparer un doctorat. Être bercé tout au long de ces tunnels sans soleil et sans étoiles vous donne une étrange impression de partir Dieu sait où dans un fourgon qui se cogne à des terres improbables, et semble à destination de la brume et de la nuit des temps, votre identité n'éclatant qu'aux brusques passages dans les stations familières. Un jour, alors que nous passions au-dessous de l'East River, je vis une fille de seize ans environ — membre de quelque cercle d'étudiants, je suppose — qui portait un panier rempli de petits cœurs découpés dans du papier écarlate. « Achetez un cœur solitaire », gémissait-elle en traversant le wagon, « Achetez un cœur solitaire ». Mais tous ces voyageurs blêmes et sans expression, dont pas un n'avait besoin d'un cœur, se contentaient de tourner, d'une chiquenaude, les pages de leur *Daily News*.

Plusieurs fois par semaine je vais dîner au Cherokee Hotel. C'est un hôtel à appartements, outrageusement désuet tant par son décor que par sa clientèle : le benjamin des Cherokees — comme ils se désignent eux-mêmes — a soixante-six ans, et le doyen, quatre-vingt-dix-huit. Les femmes, bien sûr, sont en majorité ; mais il y a aussi tout un assortiment de veufs. De temps à autre, une guerre est déclarée entre les sexes, et il est aisé de le deviner rien qu'à l'état d'abandon de la salle commune ; un salon est réservé aux hommes, un autre aux femmes, et c'est respectivement dans ces deux sanctuaires que les belligérants se retirent alors ; les dames, avec une grimace boudeuse ; les messieurs, guère plus muets et sombres que d'habitude. En plus de sculptures déprimantes, les deux salons s'enorgueillissent de postes individuels de radio ; et en temps de guerre des sexes, ces dames, pas le moins du monde intéressées à l'ordinaire, tournent le bouton de leur appareil à son maximum de puissance, comme pour noyer autant que faire se peut les dernières nouvelles que ces messieurs attendent. On perçoit très bien ce chahut à trois rues de distance ; et Mr Little-low, le tout jeune propriétaire — qui est déjà nerveux par nature —, court à droite et à gauche, menaçant d'abolir entièrement la radio, ou, qui est pis, de faire comparaître la famille de tels de ses clients. De temps à autre, il doit recourir à la procédure ci-dessus mentionnée ; prenons, par exemple, le cas de Mr Gilbert Crocker, qui commettait des infractions si constantes que le pauvre Littlelow fut obligé, pour en finir, d'envoyer chercher son petit-fils, et qu'ensemble ils durent réprimander le vieux monsieur publiquement. « Perpétuel semeur de dissension », s'écria Mr Littlelow, qui, le doigt pointé vers l'accusé, poursuivit son réquisitoire en ces termes :

« Il fait circuler des rumeurs calomnieuses à l'endroit de la Direction, affirme qu'on lit sa correspondance, affirme que nous avons un arrangement au pourcentage avec le Funeral Home du quartier des Cascades, a déclaré à Miss Brockton que le sixième étage est fermé parce qu'on l'a loué à une femme recherchée par la police (pour assassinat à la hache, a-t-il dit) alors que chacun sait que les canalisations d'eau ont éclaté ; a rendu folle de peur Miss Brockton, dont le rythme des battements du cœur a empiré sensiblement. Nous étions disposés à oublier tout ceci, mais lorsqu'il a commencé à jeter des ampoules électriques par la fenêtre, nous avons estimé que, ma foi, c'en était assez.

— Pourquoi as-tu laissé tomber ces ampoules, grand-père ? dit le petit-fils qui regardait sa montre avec inquiétude et souhaitait visiblement que le vieillard ait déjà retrouvé son Créateur.

— Pas des ampoules, fiston ! rectifia Mr Crocker avec grande patience. C'était des globes.

— Oui, bien sûr, grand-père. Et pourquoi as-tu laissé tomber ces globes ? »

Mr Crocker passa en revue l'assemblée de ses collègues Cherokees, puis, avec un sourire saturnien, fit un petit salut de tête, en direction de Miss Brockton.

« Celle-là, dit-il, je voulais la faire éclater. C'est un pourceau puant ; elle et Cook ont manigancé entre eux de ne jamais me faire passer la sauce au chocolat, et ainsi elle peut en remplir sa petite personne difforme et bouffie. »

Aussitôt les dames entourèrent la victime désignée dont les battements de cœur semblaient s'enfler au point de l'envoyer tout d'un coup voler jusqu'au plafond. Au-dessus de leurs gloussements outragés, les avertissements lancés par Mrs Allen T. Bonaparte constituèrent la plus nette des ripostes :

« Assassiner cette chère Miss Brockton, figurez-vous un peu. Avez-vous jamais visité le Musée des Figures de Cire, à Londres ? Vous voyez desquelles, en particulier, je veux parler ? Très ressemblantes, n'est-ce pas ? »

Et il devait être bien entendu que les radios feraient trembler toutes les vitres ce soir-là.

Ces temps-ci, parmi les clients, il est une femme si redoutable qu'elle fait hésiter Littlelow lui-même. Grandiose est Mrs T. T. Huett-Smith, et quand elle apparaît dans la salle à manger de l'hôtel, scintillante de bijoux surannés et jaunis, il ne manque à son entrée qu'une sonnerie de clairons. À petits pas bredouillants, elle avance vers sa table (celle où il y a une rose, la seule où il y ait une rose ; en papier, d'ailleurs), agréant, au passage, l'hommage des hommes socialement ambitieux : elle est le dernier souvenir qu'ils aient encore de ces jours lointains où Brooklyn, aussi, entretenait une société vertigineusement patricienne. Mais comme la plupart des choses qui se sont attardées au-delà de leur durée raisonnable de floraison, Mrs T. T. était entrée en décadence, petit à petit, jusqu'à devenir une tragi-comique exagération : le fond de teint et le rouge à lèvres qu'elle utilise en quantité démesurée ont l'air rancis sur son visage étroit et ratatiné ; et ses plaisirs sont pervers. Rien qui la réjouisse autant que de faire quelque sadique révélation. Le jour où Mrs Bonaparte était arrivée à l'hôtel, et alors qu'elle entrait à la salle à manger, Mrs T. T. l'eut à peine aperçue qu'elle vociféra : « Je me souviens de cette créature, du temps que sa mère était récureuse dans les maisons de bains les plus *basses* de Coney Island. » Les silencieuses sœurs Webster sont encore une de ses cibles : « Sacrées vieilles filles ! C'est elles que mon mari appelait à tous les coups. »

Pour ce qui regarde Mrs T. T., je détiens un secret : c'est une voleuse. Pendant des années, elle a fourré, dans son petit sac en broderies, de l'argenterie du Cherokee Hotel, achetée au magasin à prix unique. Et un jour, alors qu'elle était certainement dans un black-out mental, elle se présenta au guichet de la réception en demandant que l'on mît à l'abri sa collection dans le coffre-fort de l'hôtel.

« Mais, ma chère Mrs Huett-Smith, lui dit Littlelow sitôt qu'il réussit à dominer son étonnement, il n'est guère possible que ces couverts vous appartiennent. C'est un genre qui n'est pas le vôtre. »

Mrs T. T. examina couteaux et fourchettes avec une surprise renfrognée.

« Bien sûr que non, dit-elle. Oh, bien sûr que non ! nous avons toujours eu des couverts de grande classe. »

Bien des semaines ont passé depuis mon dernier séjour au Cherokee. J'ai fait un rêve : j'ai rêvé que l'explosion d'un des globes de Mr Crocker les envoyait tous au ciel. Pour dire la vérité, j'ai un peu peur d'aller voir là-bas.

28 décembre. Un jour de cristal, bleu, trop délicieux pour les parages confinés de Mrs Q..., aussi ai-je été me promener avec un ami sur les Hauteurs.[1] Seuls, de tous les endroits que j'aie jamais connus, Charleston et la Beacon Hill à Boston peuvent dégager à un degré comparable le sentiment du passé (le *Vieux Carré* de La Nouvelle-Orléans est exclu, car sa nature est, d'une façon trop évidente, étrangère), et de ces trois-là, ce sont les Brooklyn Heights qui me paraissent

---

1. The Brooklyn Heights ; voir « *Une maison des Hauteurs* » dans les *Morceaux choisis*, Gallimard, 1964, où Truman Capote décrit ce quartier.

le moins « arrangées » et, à coup sûr, le moins exploitées. Une condamnation pèse sur elles, c'est vrai. Dès aujourd'hui, même, un tunnel les traverse ; et une autoroute est prévue. Des machines aux dents d'acier se nourrissent de ses palissades et plus d'une vieille demeure attend, dans les ténèbres de l'abandon, le peloton de ceux qui vont l'abattre. Le rouge tout neuf des pancartes : *Attention ! Travaux !* éclate dans l'humble demi-jour de minuscules rues dignes de Dickens : Cranberry, Pineapple, Willow, Middagh. La poussière des blocs de pierre dynamités est suspendue en l'air comme un verdict. Comme le jour tombait, nous avons acheté un candy à la pacane ; et, assis sur un banc, nous avons observé les rayons, croisés en nid d'abeilles, qui continuaient leurs jeux à l'intérieur des tours jusqu'à l'autre rive. Le vent chassait à coups de fouet les moutons sur l'eau glacée, tout en faisant de la musique à travers la harpe du pont métallique, et balayait les mouettes criardes en train de tournoyer. Ma part de candy à la bouche, je restais là assis, à contempler Manhattan, essayant d'imaginer quelle sorte de ruines cela donnerait. Quant à Brooklyn, les archéologues d'une prochaine civilisation, pas plus que les chauffeurs de taxi de la nôtre, ne déchiffreront jamais le secret de ses rues, ni leur destination, ni leur signification.

1946

Extrait de *Les Chiens aboient*.
Traduit de l'anglais par Jean Malignon.

MARK TWAIN

Le Théâtre Daly

J e suis heureux d'être ici. Nous nous trouvons dans le théâtre de New York où il est le plus difficile d'entrer, même par la grande porte. Je n'y pénètre jamais sans les plus grandes difficultés. Je suis heureux que nous soyons parvenus à y entrer. Il y a deux ou trois ans, j'avais rendez-vous avec M. Daly sur la scène de ce même théâtre, un certain jour, à huit heures du soir. Je pris un train à Hartford qui m'amènerait à New York à l'heure de mon rendez-vous. Tout ce que j'avais à faire, c'était de me rendre à la porte de service du théâtre, dans la Sixième Avenue. Je ne pouvais pas le croire ; je ne pouvais pas croire qu'elle se trouvât dans la Sixième Avenue. C'était pourtant ce que Daly me disait dans son mot : allez à cette porte, entrez, et retrouvons-nous. Cela semblait très simple. Cela semblait vraiment simple, mais cette porte dans la Sixième Avenue m'inspirait moyennement confiance.

M'ennuyant dans le train, j'achetai quelques journaux — des journaux de New Haven : comme ils ne contenaient pas beaucoup de nouvelles, je lus les publicités. Il y en avait une pour une exposition canine. J'avais entendu parler des expositions canines, et m'étais souvent demandé en quoi elles peuvent intéresser les gens. J'avais vu des expositions canines — ou plutôt donné des conférences à des expositions canines — mais ne voulais pas plus m'en vanter que je n'avais voulu leur faire de la publicité. Continuant à lire, j'appris qu'une exposition canine n'est pas une exposition canine : des chiens, mais pas d'exposition ; rien que des chiens. [1] Cela commençait à m'intéresser. N'ayant rien de mieux à faire, je lus les moindres mots de cette publicité, qui m'apprit que le morceau de choix de l'exposition serait un saint-bernard de cent quarante-cinq livres. Avant même mon arrivée à New York, je m'étais pris d'un tel intérêt pour les expositions canines que je décidai d'aller en voir une à la première occasion. Sur la Sixième Avenue, non loin de l'endroit où la fameuse porte était supposée se trouver, je pris mon temps. Je ne voulais pas avoir l'air de m'être pressé. Rien en vue qui ressemblât à une porte de service. Un bureau de tabac était ce qui s'en approchait le plus. J'entrai, achetai un cigare, pas très cher, assez cependant pour payer l'information que je désirais et laisser au marchand un juste profit. Je ne voulais pas être abrupt ni passer pour un fou en demandant si c'était bien par là qu'on accédait au théâtre Daly : je m'approchai graduellement du sujet, lui demandant pour commencer si je me trouvais bien sur le trajet de Castle Garden. Lorsque j'en arrivai à la véritable question, et qu'il m'eut répondu qu'il me montrerait le chemin, je fus stupéfait. Il m'envoya dans un long corridor, je me retrouvai dans une arrière-cour. Après cela je pris un long couloir, entrai dans une petite pièce et me trouvai face à face avec un gros saint-bernard couché sur un banc. À l'autre bout se trouvait une deuxième porte. Je la passai : une grande brute qui avait une casquette en fourrure sur la tête et un manteau à la main me demanda : « Qu'voulez ? » Je lui répondis que je désirais voir M. Daly. « V'lez voir m'sieu Daly à c't heure-ci ? », dit-il. Je fis valoir le fait que j'avais rendez-vous avec lui et lui tendis ma carte, ce qui ne parut pas l'impressionner outre mesure. « Pouvez pas entrer ici, pouvez pas fumer. Éteignez ce cigare. Si v'voulez voir M. Daly, vous avez qu'à acheter un billet au guichet. Avec un peu d'chance, s'y passe par là, v'pourrez p't'êt' l'apercevoir. » Je commençais à me décourager, mais il me restait un moyen qui

---

1. Twain joue sur les mots *bench show*, exposition canine, *bench* voulant également dire *banc* : « *But dogs, not benches at all.* » Seulement des chiens, pas un banc. (*N.d.T.*)

m'avait été d'un grand secours dans d'autres cas d'urgence. Fermement, quoique courtoisement, je lui dis que je m'appelais Mark
Twain, et j'attendis le résultat. Néant. Il n'était pas le moins du monde
épaté. « V' z'avez un papier pour voir M. Daly ? », me demanda-t-il. Je
lui tendis le mot qu'il m'avait envoyé : il l'examina minutieusement.
« Mon ami, lui dis-je, vous lirez mieux si vous tenez la feuille dans
l'autre sens. » Il ne tint aucun compte de ma remarque, puis finit par
me demander : « Où est le nom de M. Daly ? » « Là, lui dis-je, en haut
de la feuille. » « C'est bon, dit-il, c'est toujours là qu'il le met ; mais
je ne vois pas le *w* de son nom. » Et il m'observa soupçonneusement.
Il me demanda : « Pourquoi qu'vous v'lez voir M. Daly ? » « Pour affaires. » « Pour affaires ? » « Oui. » C'était mon dernier espoir. « Quel
genre ? Théâtre ? » C'en était trop. « Non. » « Quel genre d' spectacle,
alors ? » « Une exposition canine. » C'était risqué, mais j'étais au
désespoir. « Une exposition canine, hein. Et où ça ? » Son visage se
modifiait. Il avait l'air d'éprouver une espèce d'intérêt. « À New
Haven. » « À New Haven, hein ? Alors, ça va être une belle exposition.
Enchanté d'faire vot'connaissance. Vous avez vu le gros chien, dans
l'autre pièce ? » « Oui. » « Combien vous pensez qu'il pèse ? » « Cent
quarante-cinq livres. » « Voyez-moi ça ! Ça, c'est un bon juge de
chiens, pas d'erreur ! Il pèse exactement cent quarante-cinq livres.
Asseyez-vous et fumez. Allez-y, fumez votre cigare. J'vais prévenir
M. Daly que vous êtes là. » Quelques minutes plus tard, je me trouvais
sur la scène, serrant la main de M. Daly, le grand type près de nous,
le visage rayonnant de contentement. « Faites le tour, me dit M. Daly,
vous assisterez à la représentation. Je vais vous installer dans ma
loge. » Comme je m'éloignais, j'entendis mon honnête ami marmon-
ner : « Ça, il l'a bien mérité. »

Allocution prononcée au cours d'un dîner consécutif
à une centième représentation de La Mégère
apprivoisée, *extraite des* Mark Twain's Speeches.
Inédit en français.
Traduit de l'anglais par Thomas Nevil.

Le Lower East Side au début du siècle

LOUIS-FERDINAND CÉLINE

Les Pauvres de partout

Pour une surprise, c'en fut une. À travers la brume, c'était tellement étonnant ce qu'on découvrait soudain que nous nous refusâmes d'abord à y croire et puis tout de même quand nous fûmes en plein devant les choses, tout galérien qu'on était on s'est mis à bien rigoler, en voyant ça, droit devant nous...

Figurez-vous qu'elle était debout leur ville, absolument droite. New York c'est une ville debout. On en avait déjà vu nous des villes bien sûr, et des belles encore, et des ports et des fameux même. Mais chez nous, n'est-ce pas, elles sont couchées les villes, au bord de la mer ou sur les fleuves, elles s'allongent sur le paysage, elles attendent le voyageur, tandis que celle-là l'Américaine, elle ne se pâmait pas, non, elle se tenait bien raide, là, pas baisante du tout, raide à faire peur.

On en a donc rigolé comme des cornichons. Ça fait drôle forcément, une ville bâtie en raideur. Mais on n'en pouvait rigoler nous, du spectacle qu'à partir du cou, à cause du froid qui venait du large pendant ce temps-là à travers une grosse brume grise et rose, et rapide et piquante à l'assaut de nos pantalons et des crevasses de cette muraille, les rues de la ville, où les nuages s'engouffraient aussi à la charge du vent. Notre galère tenait son mince sillon juste au ras des jetées, là où venait finir une eau caca, toute barbotante d'une kyrielle de petits bachots et remorqueurs avides et cornards.

Pour un miteux, il n'est jamais bien commode de débarquer nulle part mais pour un galérien c'est encore bien pire, surtout que les gens d'Amérique n'aiment pas du tout les galériens qui viennent d'Europe. « C'est tous des anarchistes » qu'ils disent. Ils ne veulent recevoir chez eux en somme que les curieux qui leur apportent du pognon, parce que tous les argents d'Europe, c'est des fils à Dollar.

J'aurais peut-être pu essayer comme d'autres l'avaient déjà réussi, de traverser le port à la nage et puis une fois au quai de me mettre à crier : « Vive Dollar ! Vive Dollar ! » C'est un truc. Y a bien des gens qui sont débarqués de cette façon-là et qui après ça ont fait des fortunes. C'est pas sûr, ça se raconte seulement. Il en arrive dans les rêves des biens pires encore. Moi, j'avais une autre combinaison en tête en même temps que la fièvre.

À bord de la galère ayant appris à bien compter les puces (pas seulement à les attraper, mais à en faire des additions, et des soustractions, en somme des statistiques), métier délicat qui n'a l'air de rien, mais qui constitue bel et bien une technique, je voulais m'en servir. Les Américains on peut en dire ce qu'on voudra, mais en fait de technique, c'est des connaisseurs. Ils aimeraient ma manière de compter les puces jusqu'à la folie, j'en étais certain d'avance. Ça ne devait pas rater selon moi.

J'allais leur offrir mes services quand tout d'un coup on donna l'ordre à notre galère d'aller passer une quarantaine dans une anse d'à côté, à l'abri, à portée de voix d'un petit village réservé, au fond d'une baie tranquille, à deux milles à l'est de New York.

Et nous demeurâmes tous là en observation pendant des semaines et des semaines, si bien que nous y prîmes des habitudes. Ainsi chaque soir après la soupe se détachait de notre bord pour aller au village l'équipe de la provision d'eau. Il fallait que j'en fasse partie pour arriver à mes fins.

Les copains savaient bien où je cherchais à en venir mais eux ça les tentait pas l'aventure. « Il est fou, qu'ils disaient, mais il est pas dangereux. » Sur l'*Infanta Combitta* on bouffait pas mal, on les triquait un peu les copains, mais pas trop, et en somme ça pouvait aller.

C'était du boulot moyen. Et puis sublime avantage, on les renvoyait jamais de la galère et même que le Roi leur avait promis pour quand ils auraient soixante et deux ans d'âge une espèce de petite retraite. Cette perspective les rendait heureux, ça leur donnait de quoi rêver et le dimanche pour se sentir libres, au surplus, ils jouaient à voter.

Pendant les semaines qu'on nous imposa la quarantaine, ils rugissaient tous ensemble dans l'entrepont, ils s'y battaient et s'y pénétraient aussi tour à tour. Et puis enfin ce qui les empêchait de s'échapper avec moi, c'est surtout qu'ils ne voulaient rien entendre ni savoir de cette Amérique dont j'étais moi féru. Chacun ses monstres, eux c'était l'Amérique leur bête noire. Ils cherchèrent même à m'en dégoûter tout à fait. J'avais beau leur dire que je connaissais des gens dans ce pays-là, ma petite Lola entre autres, qui devait être bien riche à présent, et puis sans doute le Robinson qui devait s'y être fait une situation dans les affaires, ils ne voulaient pas en démordre de leur aversion pour les États-Unis, de leur dégoût, de leur haine : « Tu cesseras jamais d'être tapé » qu'ils me disaient. Un jour j'ai fait comme si j'allais avec eux au robinet du village et puis je leur ai dit que je ne rentrerais pas à la galère. Salut !

C'était des bons gars au fond, bien travailleurs et ils m'ont bien répété encore qu'ils ne m'approuvaient pas du tout, mais ils me souhaitèrent quand même du bon courage et de la bonne chance et bien du plaisir avec mais à leur façon. « Va ! qu'ils m'ont dit. Va ! Mais on te prévient encore : T'as pas des bons goûts, pour un pouilleux ! C'est ta fièvre qui te rend dingo ! T'en reviendras de ton Amérique et dans un état pire que nous ! C'est tes goûts qui te perdront ! Tu veux apprendre ? T'en sais déjà bien trop pour ta condition ! »

J'avais beau leur répondre que j'avais des amis dans l'endroit et qui m'attendaient. Je bafouillais.

« Des amis ? qu'ils faisaient comme ça eux, des amis ? mais ils se foutent bien de ta gueule tes amis ! Il y a longtemps qu'ils t'ont oublié tes amis !...

— Mais, je veux voir des Américains moi ! que j'avais beau insister. Et même qu'ils ont des femmes comme il y en a pas ailleurs !...

— Mais rentre donc avec nous eh bille ! qu'ils me répondaient. C'est pas la peine d'y aller qu'on te dit ! Tu vas te rendre malade pire que t'es ! On va te renseigner tout de suite nous autres sur ce que c'est que les Américains ! C'est tout millionnaire ou tout charogne ! Y a pas de milieu ! Toi tu les verras sûrement pas les millionnaires dans l'état que t'arrives ! Mais pour la charogne, tu peux compter qu'ils vont t'en faire bouffer ! Là tu peux être tranquille ! Et pas plus tard que tout de suite !... »

Voilà comment qu'ils m'ont traité les copains. Ils m'horripilaient tous à la fin ces ratés, ces enculés, ces sous-hommes. « Foutez-moi le camp tous ! que je leur ai répondu ; c'est la jalousie qui vous fait baver et voilà tout ! S'ils me font crever les Américains, on le verra bien ! Mais ce qu'il y a de certain, c'est que tous autant que vous êtes, c'est rien qu'un petit four que vous avez entre les jambes et encore un bien mou ! »

C'était envoyé ça ! J'étais content !

Comme la nuit arrivait on les siffla de la galère. Ils se sont remis à ramer tous en cadence, moins un, moi. J'ai attendu de ne plus les entendre, plus du tout, et puis j'ai compté jusqu'à cent et alors j'ai couru aussi fort que je pouvais jusqu'au village. Un petit endroit coquet que c'était le village, bien éclairé, des maisons en bois, qui attendaient qu'on s'en serve, disposées à droite, à gauche d'une cha-pelle, toute silencieuse elle aussi, seulement j'avais des frissons, le paludisme et puis la peur. Par-ci, par-là, on rencontrait un marin de cette garnison qui n'avait pas l'air de s'en faire et même des enfants et puis une fillette joliment bien musclée : l'Amérique ! J'étais arrivé. C'est ça qui fait plaisir à voir après tant de sèches aventures. Ça remet comme un fruit dans la vie. J'étais tombé dans le seul village qui ne servait à rien. Une petite garnison de familles de marins le tenait en bon état avec toutes ses installations pour le jour éventuel où une peste rageuse arriverait par un bateau comme le nôtre et menacerait le grand port.

C'était alors dans ces installations, qu'on en ferait crever le plus possible des étrangers pour que les autres de la ville n'attrapent rien. Ils avaient même un cimetière fin prêt à proximité et planté de fleurs partout. On attendait. Depuis soixante ans on attendait, on ne faisait rien qu'attendre.

Ayant trouvé une petite cabane vide je me suis faufilé et j'ai dormi tout de suite et dès le matin ce ne furent que marins dans les ruelles, court vêtus, cadrés et balancés, faut voir comme, à jouer du balai et gicler le seau d'eau autour de mon refuge et par tous les carrefours de ce village théorique. J'avais beau garder un petit air détaché, j'avais tellement faim que je m'approchai malgré tout d'un endroit où ça sentait la cuisine.

C'est là que je fus repéré et puis coincé entre deux escouades bien résolues à m'identifier. Il fut tout aussitôt question de me foutre à l'eau. Mené par les voies rapides devant le Directeur de la Quarantaine je n'en menais pas large et bien que j'eusse pris quelque culot dans la constante adversité je me sentais encore trop imbibé de fièvre pour me risquer à quelque improvisation brillante. Je battais plutôt la campagne et le cœur n'y était pas.

Mieux valait perdre connaissance. Ce qui m'arriva. Dans son bureau où je retrouvai mes esprits plus tard quelques dames vêtues de clair avaient remplacé les hommes autour de moi, je subis de leur part un questionnaire vague et bienveillant dont je me serais tout à fait contenté. Mais aucune indulgence ne dure en ce monde et dès le lendemain les hommes se remirent à me reparler de la prison. J'en profitai pour leur parler moi de puces, comme ça sans en avoir l'air... Que je savais les attraper... Les compter... Que c'était mon affaire et aussi de grouper ces parasites en véritables statistiques. Je voyais bien que mes allures les intéressaient, les faisaient tiquer mes gardes. On m'écoutait. Mais quant à me croire c'était une autre paire de manches.

Enfin survint le commandant de la station lui-même. Il s'appelait le « Surgeon général » ce qui serait un beau nom pour un poisson. Lui se montra grossier, mais plus décidé que les autres. « Que nous racontez-vous mon garçon ? me dit-il, que vous savez compter les puces ? Ah, ah !... » Il escomptait un boniment comme celui-là pour me confondre. Mais moi du tac au tac je lui récitai le petit plaidoyer que j'avais préparé. « J'y crois au dénombrement des puces ! C'est un facteur de civilisation parce que le dénombrement est à la base d'un matériel de statistique des plus précieux !... Un pays progressiste doit connaître le nombre de ses puces, divisées par sexe, groupe d'âges, années et saisons...

— Allons, allons ! Assez palabré jeune homme ! me coupa-t-il le
Surgeon général. Il en est venu avant vous ici bien d'autres de ces
gaillards d'Europe qui nous ont raconté des bobards de ce genre,
mais c'étaient en définitive des anarchistes comme les autres, pires
que les autres... Ils ne croyaient même plus à l'Anarchie ! Trêve de
vantardises !... Demain on vous essayera sur les émigrants d'en face à
Ellis Island au service des douches ! Mon aide-major Mr. Mischief,
mon assistant me dira si vous avez menti. Depuis deux mois, Mr.
Mischief me réclame un agent « compte-puces ». Vous irez chez lui à
l'essai ! Rompez ! Et si vous nous avez trompés on vous foutra à l'eau !
Rompez ! Et gare à vous ! »

Je sus rompre devant cette autorité américaine comme j'avais
rompu devant tant d'autres autorités, en lui présentant donc ma verge
d'abord, et puis mon derrière, par suite d'un demi-tour preste, le tout
accompagné du salut militaire.

Je réfléchis que ce moyen des statistiques devait être aussi bon
qu'un autre pour me rapprocher de New York. Dès le lendemain,
Mischief, le major en question, me mit brièvement au courant de
mon service, gras et jaune il était cet homme et myope tant qu'il
pouvait, avec ça porteur d'énormes lunettes fumées. Il devait me
reconnaître à la façon qu'ont les bêtes sauvages de reconnaître leur
gibier, à l'allure générale, parce que pour les détails, c'était impossible avec des lunettes comme il en portait.

Nous nous entendîmes sans mal pour le boulot et je crois même
que vers la fin de mon stage, il avait beaucoup de sympathie pour
moi Mischief. Ne pas se voir c'est d'abord déjà une bonne raison pour
sympathiser et puis surtout ma remarquable façon d'attraper les puces
le séduisait. Pas deux comme moi dans toute la station, pour les
mettre en boîte, les plus rétives, les plus kératinisées, les plus impa-
tientes, j'étais en mesure de les sélectionner par sexe à même l'émigrant. C'était du travail formidable, je peux bien le dire... Mischief
avait fini par se fier entièrement à ma dextérité

Vers le soir, j'avais à force d'en écraser des puces les ongles du
pouce et de l'index meurtris et je n'avais cependant pas terminé ma
tâche puisqu'il me restait encore le plus important, à dresser les
colonnes de l'état signalétique quotidien : Puces de Pologne d'une

part, de Yougoslavie... d'Espagne... Morpions de Crimée... Gales du Pérou... Tout ce qui voyage de furtif et de piqueur sur l'humanité en déroute me passait par les ongles. C'était une œuvre, on le voit, à la fois monumentale et méticuleuse. Nos additions s'effectuaient à New York, dans un service spécial doté de machines électriques compte-puces. Chaque jour, le petit remorqueur de la « Quarantaine » traversait la rade dans toute sa largeur pour porter là-bas nos additions à effectuer ou à vérifier.

Ainsi passèrent des jours et des jours, je reprenais un peu de santé, mais au fur et à mesure que je perdais mon délire et ma fièvre dans ce confort, le goût de l'aventure et des nouvelles imprudences me revint impérieux. À 37° tout devient banal.

J'aurais cependant pu en rester là, indéfiniment tranquille, bien nourri à la popote de la station, et d'autant mieux que la fille du major Mischief, je le note encore, glorieuse dans sa quinzième année, venait après cinq heures jouer du tennis, vêtue de jupes extrêmement courtes devant la fenêtre de notre bureau. En fait de jambes j'ai rarement vu mieux, encore un peu masculines et cependant déjà plus délicates, une beauté de chair en éclosion. Une véritable provocation au bonheur, à crier de joie en promesses. De jeunes enseignes du Détachement ne la quittaient guère.

Ils n'avaient point à se justifier comme moi par des travaux du genre utile les coquins ! Je ne perdais pas un détail de leur manège autour de ma petite idole. J'en blêmissais plusieurs fois par jour. Je finis par me dire que la nuit moi aussi je pourrais peut-être passer pour un marin. Je caressais ces espérances quand un samedi de la vingt-troisième semaine les événements se précipitèrent. Le camarade chargé de la navette des statistiques, un Arménien, fut promu de façon soudaine agent compte-puces en Alaska pour les chiens des prospecteurs.

Pour un bel avancement, c'était un bel avancement et il s'en montrait d'ailleurs ravi. Les chiens d'Alaska, en effet, sont précieux. On en a toujours besoin. On les soigne bien. Tandis que des émigrants on s'en fout. Il y en a toujours de trop.

Comme désormais nous n'avions plus personne sous la main pour porter les additions à New York, ils ne firent pas trop de manières au bureau pour me désigner. Mischief, mon patron, me serra la main au départ en me recommandant d'être tout à fait sage et convenable en ville. Ce fut le dernier conseil qu'il me donna cet honnête homme et pour autant qu'il m'ait jamais vu il ne me revit jamais. Dès que nous touchâmes au quai, la pluie en trombe se mit à nous gicler dessus et puis à travers mon mince veston et sur mes statistiques aussi qui me fondirent progressivement dans la main. J'en gardai cependant quelques-unes en tampon bien épais dépassant de ma poche, pour avoir tant bien que mal l'air d'un homme d'affaires dans la Cité et je me précipitai rempli de crainte et d'émotion vers d'autres aventures.

En levant le nez vers toute cette muraille, j'éprouvai une espèce de vertige à l'envers, à cause des fenêtres trop nombreuses vraiment et si pareilles partout que c'en était écœurant.

Précairement vêtu je me hâtai, transi, vers la fente la plus sombre qu'on puisse repérer dans cette façade géante, espérant que les passants ne me verraient qu'à peine au milieu d'eux. Honte superflue. Je n'avais rien à craindre. Dans la rue que j'avais choisie, vraiment la plus mince de toutes, pas plus épaisse qu'un gros ruisseau de chez nous, et bien crasseuse au fond, bien humide, remplie de ténèbres, il en cheminait déjà tellement d'autres de gens, des petits et des gros, qu'ils m'emmenèrent avec eux comme une ombre. Ils remontaient comme moi dans la ville, au boulot sans doute, le nez en bas. C'était les pauvres de partout.

Extrait de *Voyage au bout de la nuit.*

PHILIPPE CURVAL

42ᵉ Rue

Las Vegas et ses rues recouvertes de moquette à fleurs étaient loin. Le bruit océanique des pièces tombant dans les machines à sous s'était éteint. Lionel Dean lisait tranquillement sa prière d'après le repas, psaume 103 : 1, 2, offert par la Continental Airlines : *Bless the Lord, O my Soul...* Ainsi, d'Hawaii à la Micronésie, des Fidji à New York, d'autres passagers s'unissaient par la pensée grâce à un bristol plié en deux imprimé par les soins de la compagnie aux fiers oiseaux à queue d'or.

New York où il allait atterrir bientôt s'il en jugeait aux grilles de lumières de plus en plus denses qui bordaient la côte atlantique.

Qu'allait devenir la Buick noire de Lincoln, abandonnée avec son propriétaire défunt dans les Shadow Mountains, peu avant la frontière du Nevada ? Denis espérait qu'elle conserverait son secret assez longtemps pour lui permettre d'accomplir sa mission. Le seul danger provenait du chauffeur qui l'avait ramassé en stop au bord de la route ; ce dernier n'avait pas semblé ajouter foi aux explications données pour justifier sa présence à cette heure et en ce lieu ; bien qu'il fût logique d'avoir été largué au précédent carrefour par un automobiliste qui tournait là. Sinon, qui irait chercher une épave en ce lieu désert, au bout d'une piste dont les traces s'effaçaient déjà sous la poussière ? Surtout qu'il l'avait précipitée au fond d'une ancienne carrière. Même l'odeur de charogne ne suffirait pas à y attirer d'autres rapaces que les oiseaux.

Quant à la Mercury, Denis l'avait laissée dans le parking du motel ; en prenant soin de mettre en évidence ses affaires de toilette et son sac doré dans la chambre, à la manière d'un touriste en virée. S'il n'y avait pas d'autre flic à suivre sa piste, ils mettraient une ou deux semaines à le retrouver. D'ici là, il se serait perdu dans New York.

La ville brasillait doucement sous l'aile de l'avion. Le Boeing effectuait un large demi-tour au-dessus des Queens avant de se poser à La Guardia Airport. Denis Lyons songeait à ce qu'aurait pu être cet atterrissage vingt-cinq ans auparavant, en compagnie de Jeanne. À celui qu'elle y avait fait, seule, le ventre gonflé de Thomas. Dans l'un des cas, son destin et celui de Jeanne n'étaient pas nécessairement écrits ; ils auraient pu se défendre ensemble, triompher de ce monde dur, étrange dont ils avaient tant rêvé ensemble. Mais il n'était plus temps de gémir. Thomas sombrait à son tour, il fallait le sauver.

Par le hublot, le ciel clair et sec donnait une impression de froid. La voix de l'hôtesse vint confirmer ses soupçons : dix degrés au-dessous de zéro. Aux constellations des maisons et des rues répondaient celles des étoiles. L'avion pénétrait au cœur d'un diamant sombre.

Une vingtaine de minutes plus tard, Denis montait dans un taxi. Il frissonnait dans son imperméable doublé : la petite veste et le polo à col roulé qu'il portait au-dessous ne suffisaient pas à le protéger de l'haleine glacée de la ville. Le chauffeur grec ouvrit la vitre de séparation.

— Au coin de Broadway et de la 42ᵉ, dit Lyons. Ou mieux, si vous connaissez un hôtel pas trop cher dans le coin.

— Dans le coin, il n'y a que des bordels, ou à peu près.

— Ça ne fait rien, c'est là que je vais.

— Ah ! Frenchie, toujours l'amour.

Denis allait répliquer, quand il rencontra les yeux vitreux du Grec ; ce dernier semblait complètement dans les vapes. Son démarrage soudain, puis sa conduite incertaine confirmaient qu'il roulait à plein, bourré d'on ne sait quelle drogue. Denis n'en avait pas la pratique. Pour éviter d'y penser, il ouvrit la fenêtre et laissa son regard errer

sur l'avenue que le taxi parcourait en trombe ; sur sa gauche, une
suite d'immeubles quelconques, en file interminable ; de l'autre côté,
l'enseigne de l'Holiday Inn où il était censé avoir commis un crime.
Ce qui le fit rire : maintenant, il était vraiment un meurtrier. La différence n'était pas sensible, aucun remords ne l'assaillait ; simplement,
il avait retrouvé cet état d'impassible dégoût importé depuis la France.
L'éphémère excitation connue à La Nouvelle-Orléans, l'accès de
fièvre ressenti sur la côte Ouest, s'étaient apaisés. La découverte de la
ville mirage s'accompagnait d'un sentiment de déjà-vu intolérable.
New York ressemblait tellement à ses songes que l'image s'en dissipait
maintenant, comme s'il venait de se réveiller.

Fermant la fenêtre, puis se calant sur le siège, Denis se laissa dériver
dans la nuit. Sans prendre garde aux accélérations brutales, aux coups
de freins inopinés, aux queues de poisson et aux zigzags frénétiques
du chauffeur.

— Vingt-deux dollars.

Une main se tendait vers lui. Il avait dormi.

— Où est l'hôtel ?

— Pas d'hôtel, débrouillez-vous.

Denis paya. Le Grec paraissait plus mou, comme si ce rallye noc-
turne avait épuisé en partie sa réserve de carburant. Broadway le
mitraillait de ses lumières ; les enseignes crépitaient de lueurs, sou-
mettant le visage du chauffeur et la carrosserie du taxi aux feux mou-
vants des publicités. Lionel Dean se redressa : sous sa main, le poisson
luisant en tôle laquée glissa dans le flot puissant de la circulation. Il
vacilla ; l'air vibrait. Autour de lui, la foule semblait s'écarter. Le bruit
de la rue monta, amplifié soudain par ces falaises lumineuses au bas
desquelles il se trouvait. Alors, il se laissa porter par la nuit.

Ses pas soulevèrent aussitôt des lames de papier ; un vent furieux,
au ras du sol, emporta les journaux lacérés, les prospectus dans un
nuage de poussière. Lionel Dean sentit le froid lui lacérer les mollets ;
il serra les revers de son imperméable autour de son cou. La sueur
qui lui coulait des aisselles se givra instantanément. Sur sa gauche,
s'ouvrait la 42ᵉ Rue ; il s'y sentit aspiré.

Immédiatement, il recolla à une réalité plus sordide, ce peuple de
l'ombre qui l'agressait de toute part, travestis provocants, vieilles putes

savourant leur dernier quart d'heure, figures louches d'intermé-
diaires du sexe et de la drogue, consommateurs furtifs. Les vitrines
flambaient. À première vue, cet univers lui paraissait confus, peu
viable. Tout ce monde entassé sur quelques centaines de mètres célé-
brait le désir ; mais quel désir ? Denis Lyons, qui n'était pas particulièrement bégueule, avait le cœur soulevé par cet amas d'épaves. Ça, le
désir ? Plutôt l'ultime éjaculation d'un syphilitique. Hommes et
femmes confondus, sous les défroques les plus ambiguës pour que les
permutations d'un sexe à l'autre soient indiscernables, ils arpentaient
le trottoir et la rue dans une agitation ignoble. Fards, rouges à lèvres,
poudres, crèmes, parfums, paillettes. Ou bien vautrés dans une
défonce totale, à même le sol, insensibles au froid. Il fallait avoir
absorbé un baril de scotch pour traverser le blizzard dans cette tenue
de satin à franges rouge, les pieds nus dans des escarpins de verre,
comme ce travesti à la gueule impossible.

Lionel Dean le heurta alors qu'il cherchait à l'éviter ; l'homme ne
voyait rien, il glissait dans l'air tel le spectre du commandeur rescapé
des cent vingt journées de Sodome. Il puait la vieille poudre et le pas
lavé, le gland pas frais.

— Tu veux que je t'arrache le cul ! hurla-t-il.

— Dites-moi plutôt si vous connaissez Thomas Lyons.

— Démerde-toi, mon pote, je ne suis pas une agence de renseignements.

Il semblait paumé, perdu, hagard ; en réalité, il était dur comme
un roc. Un fauve à l'affût.

— Et si je vous donne cent dollars ?

— Qu'est-ce qu'il fait ton Tommy ?

— La pute au coin de la 42ᵉ et de Broadway.

— Oui, mais quel genre de pute ?

— Je ne sais pas, c'est ce que je cherche.

— Attends une minute, ce sera deux cents dollars.

Il tendait sa grande main aux ongles longs et carrés, laqués d'un
rose à faire crisser des dents. On avait tant dit à Denis Lyons que les
New-Yorkais étaient aimables ; la preuve était faite désormais.

— D'accord pour deux cents, mais quand j'aurai le renseignement.

Le travesti se passa la langue sur les lèvres et la fit tournoyer, comme pour faire un strip-tease de ses gencives. Il avait des dents de félin, pointues, aiguës, luisantes. Sans prévenir, il avança l'autre main vers Denis et lui saisit les testicules.

— Partageons les frais, cent d'abord, ou j'écrase le tout.

Il fit un roulement d'yeux de diva et éclata d'un rire aigre. Profitant de ce court moment de répit, Dean décocha son pied en avant dans le bas-ventre du travelo qui n'eut pas le temps de se reculer. Le Français eut l'impression d'avoir le sexe arraché, mais l'autre ne devait pas se sentir mieux : il se tordait maintenant sur le trottoir en criant comme un goret. Autour d'eux, les passants, les camés et les quelques prostitués qui s'étaient rassemblés s'égaillèrent.

Debout devant son adversaire à terre, Lionel Dean pointait son revolver à travers son imperméable.

— Relève-toi, j'ai encore besoin de toi.

L'homme s'était ressaisi, il dévisageait Lionel avec provocation, écarta les cuisses ; sa robe de satin à franges glissa sur ses cuisses. Il était nu en dessous.

— Tu vois, elles chauffent pour toi, Frenchie. Quand elles seront rouges, je te les enfoncerai dans le cul, comme un tison.

Devant l'attitude indifférente de Denis, le travesti se calma. Il dévisagea longuement cet étranger qui le menaçait d'une arme, en plein centre de la rue la plus chaude de New York. En considérant ses yeux pâles, son teint gris, sa haute silhouette un peu voûtée, il perdit de son assurance.

— En tout cas, je peux déjà te dire une chose, ton Tommy, il ne travaille pas dans la rue. Je les connais ceux d'ici. Qu'est-ce que c'est, sa spécialité ?

— Je t'ai dit que je ne savais pas, mais il me le faut. À ton avis, s'il ne fait pas le trottoir, où peut-il travailler ?

— Dans les boîtes à sexe, life-show, peep-show, tous les bordels pour les yeux. Il y en a plus de cent dans les parages.

— On va les faire ensemble, et tu auras ton fric, même si je ne le retrouve pas.

L'homme fit un signe vulgaire pour évoquer à Denis qu'il ferait mieux de se masturber.

— Alors, je te descends ici, je n'ai rien à perdre, j'ai déjà bousillé un flic.

— Mais pourquoi moi !

La voix du travesti s'était haussée de plusieurs tons.

— C'est le hasard. Mais le hasard fait bien les choses pour une fois. Pas de doute, pour enquêter dans les boîtes, tu es bien mieux placé que moi.

— Est-ce que j'ai le choix ?

Dean lui fit comprendre que non. L'autre se releva en gémissant ; le Français se recula, paré à une attaque-surprise. Puis, dès que l'homme fut debout, il le prit par le bras, en lui enfonçant le canon du revolver dans les côtes.

— Allez, marche, on commence tout de suite !

L'émotion avait porté ses odeurs corporelles à leur comble. Lionel Dean eut presque honte d'y découvrir un certain plaisir. Autour d'eux, la foule se reformait, comme pour effacer rapidement l'incident. Le trafic reprenait ses droits.

Stupéfait par son intrusion brutale dans ce monde du sexe, de la drogue et de l'alcool, Dean n'avait pas eu le temps d'apercevoir les trous de lumière qui s'ouvraient de part et d'autre de la rue. Une galaxie de perversions. Photos géantes. Seins, pénis, pubis, culs, cuisses, torses, mains, accouplements. Couleurs, relief, laser. Après avoir visité une dizaine de boîtes à life-show, ils dévalèrent encore des marches sur une moquette à gros poils rongés par les pas.

— Circuit spécial ? Vous voulez une cabine pour deux ?

Un éphèbe bien décati les considérait avec avidité ; ses doigts spatulés semblaient spécialement conçus pour palper les billets.

— Pas ce soir, Dick. Mon client cherche un certain Tommy, tu connais ?

— Il est comment votre Tommy ?

— Costaud, cheveux châtain-roux, visage assez fort. Un grand nez, des yeux bleus, une bouche large. Vingt-cinq ans. D'origine française. Arrivé à New York depuis deux mois environ.

— Vous êtes flic ?

— Non, pourquoi ?

— Cette précision dans le signalement.

— J'ai sa photo.

— Montrez-la.

Dean sortit le Polaroïd qui avait été pris à San Diego, près du *Fisher's Shack* ; l'éphèbe usagé l'examina.

— Qui c'est, la fille à droite ?

— Elle travaille dans un topless à San Diego, c'était son amie. L'autre, c'est sa mère.

— Je le connais, votre Tommy. Il a viré de bord.

— Vous ne m'apprenez rien. C'est pour ça que je le cherche.

— Combien paieriez-vous pour une passe ?

Le portier tapotait le Polaroïd sur sa main. Dean sortit son Beretta et le braqua sur lui.

— Pas un sou ! Où se trouve-t-il ?

Des clients descendaient.

— Et si je refuse ?

Le Français indiqua au travesti d'ouvrir la porte en face de lui, tandis qu'il abattait le canon du revolver sur le poignet du portier et le poussait d'un coup de genou dans les reins. La photo tomba à terre, Dean la ramassa.

De l'autre côté, c'était « le bain turc », mais les sultanes n'étaient pas toutes rasées de frais. Quatre hommes absolument nus musardaient sur des coussins à terre. Ils étaient très jeunes. Dean ne saisit pas le sens de toutes les injures qui fusèrent. La moindre d'entre elles aurait fait rougir un corps de garde. Il se sentait tendu, rageur, prêt à tirer sur un simple soupçon. Le moment n'était pas encore venu de se déchaîner. Il se calma, respirant très fort. L'arôme montant de ces corps nus l'agressa. Des souvenirs idiots l'assaillirent : les douches à la rentrée d'une promenade à la pension. Il menaça :

— Je vous l'ai dit, je n'ai rien à perdre. Alors, si vous ne voulez pas que je vous abîme votre cheptel, dites-moi où est Thomas !

— Allez, Dick, lâche-lui l'information, tu vois bien qu'il est enragé.

Le travesti se tenait le cou avec la main ; il penchait la tête vers Dean, d'un air exaspéré. Dick se massait le poignet sans répondre. Quelqu'un pénétra dans la pièce, une bouffée de musique l'accompagna, disco décadent au rythme primaire.

— C'est Valentino qui vous le dira. Il a connu ce Thomas.

Valentino s'arrêta net devant le canon du Beretta pointé vers lui ; son membre en érection décrut aussitôt. C'était un métis à la peau extrêmement claire ; ses lèvres rouges semblaient saigner ; une fine sueur recouvrait son corps élancé.

— Qu'est-ce qu'il veut, ce dingue ?

— Où passe Tommy Lyons, actuellement.

— Au *Shit Club*, mais pourquoi ?

— Allons-y, qu'on en finisse, murmura le travesti.

Il sortit à grandes enjambées. Lionel Dean le suivit, sous les yeux des visiteurs interloqués. Il rangea son arme dans sa poche.

Dehors, des voitures rôdaient, rutilantes, vitres sombres hermétiquement closes. Des femmes se frottaient lascivement contre leurs carrosseries pour éveiller les chauffeurs invisibles ; les phares mettaient le feu à leurs cheveux d'étoupe. La foule avait gonflé, envahissant la rue. Ils se frayaient difficilement un chemin parmi les ivrognes titubants, les drogués en hypnose, les maniaques agités de tics, les marlous en chasse qui sillonnaient le trottoir en permanence, louvoyant au milieu des prostitués des deux sexes. Ici la retape était imaginative, agressive. Ce soir-là, l'appel était plus fort que la demande ; les clients éperdus ne savaient plus où donner du regard. Ils fuyaient.

— Allez, file-moi du fric.

Un barbu aux yeux chassieux se tenait devant Dean. Il oscillait maladroitement ; sa main gauche tremblait en quémandant.

— Méfie-toi, il a une lame !

Le Français se recula instinctivement. Le barbu lança son bras droit en avant, le couteau passa à cinq centimètres du ventre de Dean. D'un coup de poing bien assené entre les omoplates, il fit tomber son agresseur. Telle une pierre dans une mare, l'incident se propagea en remous concentriques, faisant refluer la foule autour d'eux. Le mendiant rampa vers le mur et s'enfuit.

Observant Dean, le travesti souriait ; son épaule droite était découverte. Le souple tissu de son chemisier rouge à franges avait glissé sur son corps poudré. Dans la nuit, sous la lumière des enseignes, sa silhouette semblait plus frêle, plus féminine que tout à l'heure sous les rayons d'un réverbère. Le Français tentait de contrôler les battements de son cœur, d'affermir ses jambes qui flageolaient sous lui.

— Tu n'es pas encore vraiment mûr pour la jungle.

Oui, il fallait se faire plus dur encore. Lionel Dean sentit qu'il y parviendrait sans peine s'il retrouvait Thomas. Pour qu'il ne devienne pas comme Jeanne.

— Je te suis.

Deux cents mètres plus loin, sur le trottoir opposé, les lettres roses et vertes du *Shit Club* s'enflammaient et s'éteignaient sur un rythme endiablé ; un sous-titre bleu affirmait que les spectacles présentés étaient exceptionnels. Sans attendre Dean, le travesti pénétra dans le cœur incandescent qui formait sas d'entrée. Le Français l'attendit, hésitant. Ses vêtements ne le protégeaient plus ; le froid avait gagné sa chair. Sa peau insensible ne percevait plus les frottements du polo ; il prenait glace. Dans quelques minutes, il n'aurait plus la force de réagir. Mais Lionel Dean restait immobile sur le pas de la porte, se contentant de fixer les palpitations lumineuses du sas, de repousser les avances du portier qui l'incitait à prendre du bon temps. Il crut même l'entendre parler dans un sabir à consonances françaises.

Son compagnon ressortit après des heures.

— Tu peux y aller, ton Tommy est là.

Il tendait la main avec assez de crapulerie dans son geste pour se faire comprendre. Sans méfiance, Dean lui remit les deux billets qu'il réclamait.

— C'est quoi, ton nom ?

Le travesti commença à sourire, hésita, puis devint grave ; son visage fardé à outrance semblait soudain plus vieux. Il se dandina un instant.

— Pour quoi faire ? On ne se reverra plus, Frenchie.

— Simplement pour savoir.

Ce devait être Denis Lyons qui posait la question ; un reste de sentimentalité inutile.

— Allez, bye, bye !

L'homme se pencha prestement vers lui, le gratifiant d'un petit baiser sur la bouche. Dean le regarda partir, se dissoudre dans la nuit aveuglante avec le cœur serré. Déjà, il pressentait l'explosion de sa personnalité.

Lionel Dean pénétra à travers le cœur de néon ; de l'autre côté, c'était la pénombre absolue. Il sentit une présence. Un nain à la peau blême, chaussé d'une paire de lunettes extravagantes aux verres sombres, se tenait en face de lui. Son visage lui arrivait à la hauteur du nombril.

— Tommy est en train de passer, mais si vous préférez la cabine spéciale.

Dean secoua la tête ; maintenant qu'il approchait de l'instant ultime, il se sentait moins assuré ; un peu fébrile même. Sans doute parce qu'il n'avait pas l'habitude de ce genre d'endroits. Il n'avait aucune idée de ce qui s'y passait ; encore moins des usages. Il grommela :

— Le spectacle dure combien de temps, je suis pressé.

— Vous achetez des jetons, c'est dix dollars chaque.

Une petite pile de pièces en bronze lui fut remise en échange de son billet. Dean ne compta pas. Le nain lui indiqua une porte numérotée ; la veilleuse rouge à gauche de la poignée était éteinte. Le Français pénétra dans un réduit et s'assit dans le fauteuil de skaï écaillé qui occupait presque toute la place. Sur le sol près de lui, quelques Kleenex chiffonnés ; au-dessus, une sorte de compteur où il introduisit son premier jeton. La rampe lumineuse irradiant la fenêtre qui lui faisait face s'éteignit brusquement. Plongé dans l'ombre, Dean se trouvait devant une coupole arc-en-ciel dont les couleurs brasillaient doucement ; de minuscules ampoules soulignant la voûte clignotaient au même rythme. Sur la moquette grise, un jeune homme accroupi se contorsionnait ; il était nu et son corps maquillé captait les lumières. Tout autour de cette chapelle vouée au sexe, des glaces reflétaient ses attitudes et les multipliaient.

À première vue, Lionel Dean ne reconnut pas son fils ; ou plutôt, il n'identifia pas le personnage à la photo. Sous cet éclairage, ses traits les plus marquants semblaient gommés. Il avait modifié sa coupe de cheveux : la longue mèche et les plis souples autour du visage avaient fait place à de courtes boucles frisottées. Et son image fixe sur le Polaroïd ne pouvait évoquer ses gestes. L'homme qui se cambrait, qui se tordait, qui se redressait, s'agenouillait, puis mimait une artificielle, obscène copulation avec le vide n'avait rien à voir avec l'adolescent gauche du *Van Ness Restaurant*. Pourtant, Dean ne pouvait s'y tromper : sous ses yeux, Thomas Lyons s'incarnait dans une troublante parodie de stupre. Il savait à quoi s'attendre en le recherchant mais n'admettait pas la vérité depuis qu'elle lui était révélée.

Tommy, debout, s'aplatit contre la vitre. Son corps s'écrasa sur l'écran de verre qui le séparait de son père ; son sexe tendu se dressa. Lionel Dean détourna légèrement la tête : sur les glaces de la cabine, des traces grasses avaient figé d'autres empreintes de corps comme autant de provocations. Néanmoins, il se sentait incapable de bouger, obnubilé par le spectacle. Ce corps d'homme offert le troublait par sa féminité ; fasciné par ses déhanchements, ses mouvements d'avant en arrière, sa reptation verticale, le Français sentait sourdre en lui un obscur sentiment de désir. Heureusement, Thomas se détourna de la vitre et vint se coller sur celle d'en face où il recommença son manège ; dans un spasme, il tendit ses fesses musclées, puis pencha le cou en arrière comme à regret pour regarder vers Dean qu'il ne voyait pas à travers la glace sans tain.

Le sang battait à ses tempes ; autour de lui l'univers bourdonnait ; un poids formidable le terrassait sur son siège. Le jeune homme poursuivit sa danse en accentuant son caractère graveleux ; d'érotique elle devint pornographique. Son mime acquit une précision lubrique : avec le doigt et la main il entreprit de conjuguer sodomie et masturbation. Les lumières de la voûte s'amplifièrent ; l'arc-en-ciel se déploya en couleurs plus vives, accompagnant à leur rythme les halètements muets de Thomas. Puis, soudain, au comble de l'auto-excitation, le jeune homme s'arrêta, mains et genoux au sol, croupe dressée, comme s'il voulait suspendre la durée avant l'orgasme. Lionel Dean avait les yeux rivés sur cet étrange animal de plaisir dans sa posture d'offrande. Qu'attendait-il ainsi dressé dans l'isolement de sa cabine ? Quelque spectateur en proie à une fièvre solitaire, franchissant d'un bond la glace, la faisant exploser en parcelles pour aller se vautrer sur lui. Ou bien un assouvissement intime, né du simple frottement d'une de ses cuisses sur l'autre, tel un sage du septième niveau parvenu au contrôle absolu de ses facultés ?

Cette agitation lente, infinitésimale qui le gagnait provoquait une irritation progressive chez Dean. Les mains crispées à son fauteuil, ce dernier ne savait s'il s'y accrochait parce qu'une force irrésistible le poussait ailleurs ou s'il s'y appuyait pour échapper enfin à une fascination morbide.

Brusquement, l'un des pans du miroir dodécagonal se démasqua : une grosse truie blanche avec un godemiché planté sur le nez pénétra dans un frémissement de ses chairs délabrées. La répulsion que Dean ressentit à la vue de cette caricature d'humanité fut la plus forte. Il ne voulait pas voir ce qui allait nécessairement se passer ; cette scène atroce et dérisoire née d'une imagination décadente. Sodomie parodie symbolique à l'effet dévastateur. Révulsé, il se dressa et jaillit dans la boîte à sexe qu'il traversa d'un seul trait pour se retrouver dehors.

*

Trois heures plus tard, il était assis chez *Katz's* devant un pastrami dégoulinant de graisse. À deux pas de lui, Thomas mangeait le même sandwich, s'empiffrant avec appétit. Entre deux tranches de viande, il se léchait les doigts de manière gourmande, croquait un concombre à la russe, buvait une gorgée de thé et recommençait.

Dean l'avait attendu dans le froid, insensible aux sollicitations diverses. Par moins dix, il avait beau battre le trottoir en tous sens, son métabolisme ne résistait pas au gel. Progressivement il hibernait. N'était-ce pas exactement ce qu'il cherchait, ce salvateur abandon de soi ? Par ailleurs, rien n'aurait pu lui faire quitter les lieux. Il s'y enracinait. Aussi, quand Thomas était sorti, le Français n'avait réagi qu'avec peine, lui emboîtant le pas en somnambule. Ce New York qu'il avait désiré contempler jadis avec tant d'avidité défilait sous ses yeux sans qu'il y prête la moindre attention. Combien aurait-il donné après le départ de Jeanne pour se trouver avec elle et ce fils imaginaire à l'époque, dans cette delikatessen ?

Maintenant qu'il dégelait, des souvenirs enfouis depuis longtemps revenaient. Il se sentait la proie d'une sentimentalité larmoyante dont il se serait cru protégé. L'abjecte dégradation de Thomas le contraignait momentanément à se fuir, à revenir vers ces instants passés qui avaient déterminé sa faillite, puis son naufrage. Pourtant, il n'y avait rien à sauver. Ce fut la dernière fois de sa vie qu'il se posa la question : pourquoi ne suis-je pas parti avec Jeanne ? Et qu'il n'y répondit pas.

Parce qu'il n'y avait pas de réponse. Simplement, il n'avait pas pu partir. Comme aujourd'hui, à l'inverse, il s'accrochait à cette épave répugnante qu'était devenu son fils. Lionel Dean le regardait manger gloutonnement, en bon père de famille se réjouissant de l'appétit de son bambin. Avec les larmes aux yeux. À moins que ce ne fût aussi le dégel de son organisme qui les provoquât.

— C'est bon ? demanda-t-il bêtement.

Tommy dévisagea cet homme fatigué, au grand corps penché, qui lui parlait avec un accent évocateur d'enfance ; dans la lumière crue de chez *Katz's* ses prunelles grises s'estompaient sur le fond bleu de ses yeux ; son visage craquelé comme une faïence avait néanmoins un air de jeunesse, telle une momie d'adolescent. Il lui semblait le reconnaître : peut-être un client du *Shit Club* ? Quelquefois, sous certains angles, il apercevait leurs regards affolés derrière la vitre sans tain. À de rares occasions, ceux-là ou d'autres le suivaient. Il fallait s'en débarrasser.

— Ne me bave pas dessus, papa, ça me dégoûte !

L'homme réagit bizarrement, comme s'il y avait quelque chose qui l'attirait dans cette réplique excessivement agressive.

— Ne m'appelle pas papa !

— Sinon ?

— Je t'enfourne ton sandwich dans ta grande gueule jusqu'à ce que tu étouffes.

Dans l'attitude ou dans le regard de l'homme, Thomas sentit que la menace n'était pas gratuite. Après tout qu'avait-il à se quereller avec cet étranger ?

— Bon, bon, ça va. Admettons qu'il soit bon. Est-ce que ça te fait plaisir ?

— Je n'en ai rien à foutre ! Je disais ça pour parler.

Autant il avait l'air dur quand Thomas l'agressait, autant il semblait liant quand celui-ci lui parlait. Sans aucun doute, ce devait être un client. Il le reconnaissait à sa susceptibilité. Il attirait beaucoup ce genre d'homme qui ne s'était pas encore décidé à virer de bord et rôdaillait à la recherche d'une hypothétique aventure. Ils cédaient rarement à leurs penchants.

— Ce soir, je n'ai pas grand-chose à dire, je suis fatigué. Vous êtes français ?

« S'il devient aimable, c'est qu'il craint de perdre un client », pensa Dean. En même temps, il se sentit fondre. Pour la première fois depuis tant d'années — à peu près au moment de sa rencontre avec Bernard — il avait l'impression d'établir un contact avec un autre humain. Et c'était son fils ; son fils américain.

— Non, je suis de ce côté de l'Atlantique, mais j'ai longtemps vécu en France.

Thomas s'exprima soudain en français ; il avait une pratique certaine de la langue, mais déformait les mots par un accent redoutable, comme s'il l'avait apprise à l'aide d'une machine.

— Où est-ce que vous avez vécu ? Ma mère est française.

— Un peu partout.

Dans cette réponse, Dean mit un tel fatalisme, une telle indifférence que Thomas sentit le découragement l'envahir. Un instant, il avait cru renouer avec le passé. Il savait que tout s'était cassé à San Diego, quand Jeanne avait perdu les pédales. Bizarre, il se sentait faible.

L'homme le dévisageait avec avidité, comme s'il suivait le déroulement de ses pensées. Ou comme un fauve guette sa proie. Après tout, ce salaud n'en avait rien à foutre de ses états d'âme, il ne pensait qu'à une chose. Thomas repoussa son assiette, se leva brusquement, alla payer à la caisse près de la sortie avant que l'autre eût le temps de réagir.

« Il ne sait pas que sa mère est morte », murmura Dean. Et il se demanda si c'était nécessaire de lui apprendre. Depuis qu'il l'avait vu dans sa plus stricte déchéance, il y avait peu de chances de le voir se rétablir ; et de connaître le décès de Jeanne ne lui apporterait aucun apaisement. Maintenant qu'il avait été jusqu'au bout de son enquête, tout effort pour redresser la situation lui paraissait inutile. Et il faisait si froid dehors ! L'idée d'affronter encore ce vent-rasoir qui déchiquetait les oreilles. Dean se sentit vieux. D'ailleurs pourquoi s'occupait-il de ce garçon, ce Thomas Lyons qui lui était étranger.

Il se leva et paya à son tour. Le caissier de *Katz's* avait des sourcils énormes. Dehors, il se sentit saisi par le froid, comme pris dans un moule. Tommy franchissait Houston Street pour affronter les premières rues de l'East Side. Façades de brique aux fenêtres éventrées ; un ciel impitoyable où passait une lune blanche détourait les immeubles à la manière d'une épure. Le vent était tombé ; le froid surgissait du sol. Lionel Dean s'engagea dans la 3ᵉ Rue Est à la suite de Thomas. Le jeune homme ne s'était pas retourné une seule fois.

Immédiatement, le décor changea : les poutrelles arrachées des escaliers de secours dessinaient dans l'espace de curieuses sculptures de fer ; tandis que les incendies allumés dans les rez-de-chaussée projetaient de grandes ombres jaunes sur les murs dévastés. Par endroits, le sol était arraché sous le coup d'une éruption interne ; des cataractes de verre s'étaient écroulées des fenêtres béantes. Entre deux falaises de brique, un immeuble s'était volatilisé. Dans le terrain vague créé à sa place, des hommes se réchauffaient autour d'un feu de déchets. Lionel Dean, qui avait cru d'abord les lieux abandonnés, s'aperçut bientôt du mystérieux peuplement de la rue. Plantés dans l'encadrement d'une porte arrachée, deux Noirs l'injurièrent à bout portant. Ils semblaient trop envapés pour devenir menaçants. Dean se réfugia vers le milieu de la chaussée. Une bagnole pourrie, jaillie d'il ne savait où, se rua sur lui, phares éteints. Il bondit et se réfugia derrière un entassement de fûts métalliques. Le pare-chocs de la voiture alla s'y emboutir. Le conducteur, aveuglé par l'un des rares réverbères encore intacts, fit une marche arrière rageuse, repartit et disparut au prochain carrefour. Le bruit des pneus dérapant sur un coup de freins arracha un écho déchirant aux murs.

Thomas lui servait de cible ; parfois le jeune homme répondait à un signe émis d'un immeuble éventré ; mais il ne se retournait jamais. Lionel Dean éprouvait une grandissante envie de le suivre jusqu'au bout, malgré le danger qu'il sentait presser autour de lui, malgré le décor fantastique du quartier en ruine, malgré le froid qui le pénétrait à nouveau jusqu'aux os. Il reprit sa marche au centre de la tranchée noire, attentif aux ombres mobiles qui passaient d'un trottoir à l'autre, derrière et devant lui. Il s'interdisait de penser qu'un complot s'organisait contre lui ; que le peuple obscur de la rue n'attendait qu'un signe de Tommy Lyons pour le dépecer. Des slogans vengeurs proclamaient partout leur dégoût de toute société, d'autres incitaient au meurtre ou à la drogue ; d'autres encore exprimaient la répugnance et l'ordure. Leurs lettres phosphorescentes sur les façades de brique sombre s'entrecroisaient pour former des constellations surréelles.

D'une bouche d'égout ouverte, une main chercha à lui agripper la jambe ; Dean l'aperçut une seconde avant de s'y précipiter. Il put heureusement éviter et l'égout et la main. Il retint une envie furieuse de courir, d'échapper à ce monde d'agonie, de folie urbaine. Pour aller où ? Après tout, c'était là son destin, il en avait l'intuition. Et Thomas qui poursuivait, qui poursuivait sa route lui indiquait aussi sûrement que l'aiguille d'une boussole.

Bientôt, Dean s'engourdit doucement. Il prêtait moins d'attention au décor terrifiant, au peuple anonyme qui le cernaient. Le froid faisait son effet. D'ailleurs, il n'avait plus de raison de poursuivre cette course absurde dans ce quartier d'apocalypse : en s'engouffrant par surprise dans un immeuble, Thomas l'avait dérouté. Depuis, il piétinait devant l'entrée sommairement barricadée par quelques planches, désemparé. Comment forcer le cadenas ? Un semblant de restauration isolait de la rue les fenêtres du rez-de-chaussée, des plaques de tôle obturaient les ouvertures des étages supérieurs. Il ne pouvait laisser s'échapper le jeune homme avant de lui avoir parlé, de lui avoir révélé... de lui avoir révélé quoi ? Une absurde crise d'amnésie l'isolait de son passé. Certes, aujourd'hui, il était devenu Lionel Dean, mais avant ? Mais avant ?

Le bruit d'un morceau de métal tombant sur le trottoir l'éveilla de sa stupeur. C'était une clé. Il leva la tête pour voir d'où elle provenait : un panneau venait d'être démasqué au troisième étage. Il ramassa la clé. Un homme se tenait debout derrière lui, braquant un revolver.

— Qu'est-ce que tu fais sur ma route, gros tas de merde !

Un Portoricain shooté à mort ; il tremblait, titubait. Mais l'éclat de ses yeux prouvait qu'il trouverait encore assez de force en lui pour tuer. En fait, Dean n'avait pas peur ; mieux, il s'en foutait d'être tué. C'était peut-être une solution. Il verrait bien. Se détournant avec naturel, il marcha vers la barricade et ouvrit le cadenas. Le Portoricain n'avança pas. Il vociférait tout seul en espagnol. Quand le Français referma sur lui la frêle protection de planches, un frisson lui parcourut le dos. Ce n'était pas le froid, mais l'absurde témoignage d'un sens de la survie inutile.

Thomas l'attendait en haut des marches délabrées ; un torrent furieux avait raviné le bois, l'avait curieusement assombri ; maintenant que l'escalier avait été déblayé, il était difficile d'en imaginer l'ancienne apparence.

— Qu'est-ce que tu veux, papa.

— Je t'ai déjà dit...

— Laisse tomber, si tu veux m'avoir, il faut être plus gentil que ça.

Dean baissa la tête.

— Je peux entrer ?

— Quelques minutes, ce soir je n'ai pas envie.

La vaste pièce avait été soumise à un tremblement de terre : les murs fendillés, le plancher crevassé, en témoignaient. Des poutres dressées à la verticale soutenaient le plafond aux endroits les plus vulnérables. À part cette impression de cataclysme, l'endroit était plutôt agréable, Tommy avait arrangé sa tanière avec goût et peu de moyens. Ce n'était pas le moment d'y réfléchir.

Pour seul éclairage, des bougies et une lampe à pétrole.

— Assieds-toi, j'ai quelque chose à te dire.

Déconcerté par cette autorité soudaine, Thomas obéit. Le Français attendit qu'il fût installé dans un hamac d'où pendaient des couvertures. Les souvenirs revenaient à flots.

— Tu sais, Jeanne, ta mère vient de mourir à La Nouvelle-Orléans.

— Comment le sais-tu ?

— J'ai assisté à son enterrement.

— À quel titre ?

— Je suis ton père.

Les mots étaient sortis simplement, sans effort. Tommy s'allongea sur le hamac et s'y balança.

— Tu as une preuve, un passeport.

Denis Lyons sortit son permis de conduire et le tendit au jeune homme.

— Lionel Dean. Ce n'est pas mon père. Il s'appelait Denis Lyons.

Denis éclata de rire.

— Vrai, c'est toute une histoire...

— Admettons, de quoi est-elle morte ?

— Tu le sais bien, la drogue, elle n'a pas supporté la désintoxication ; pourtant, elle était au bout du rouleau.

— Pauvre Jeanne. Depuis Barstow, elle dérivait.

— Comment ça s'est passé ?

— Tout doucement, elle a basculé de l'autre côté.

Tommy était parti très loin. Vers son enfance ? Avec ses cheveux coupés ras il paraissait à la fois plus mûr et plus fragile. Quel coup avait-il dû ressentir quand le rocher auquel il s'accrochait était devenu mou, fluant !

— Et tu n'as rien fait ?

— J'ai essayé ; elle était encore plus forte que moi. Toutes les ruses y sont passées. Nous sommes devenus des ennemis.

Thomas se jeta hors du hamac et fit quelques pas vers la fenêtre béante, les deux mains pressées sur les oreilles, comme pour ne pas entendre le cri qui sourdait en lui ; puis il se figea face à la nuit. Dean perçut ses petits gémissements. Il eut envie de s'approcher, de le consoler, mais la distance entre eux était trop grande : vingt-cinq ans de silence. Il attendit que la douleur s'épuise, que Tommy, en se balançant doucement comme il faisait, endorme son chagrin.

Lui, Lionel Dean, n'éprouvait rien ; un grand vide s'était ouvert au centre de lui-même et il s'y précipitait. Pourtant, il ne luttait même plus contre le vertige. Sa vie était devenue chute. Il éprouvait une certaine satisfaction à tomber ; sa justification dernière. Car ce qu'il voyait n'avait plus grand sens. Ce Thomas Lyons était bien le fils de Denis, mais ce dernier n'était plus. Il était mort en même temps que Jeanne.

— Comment m'as-tu retrouvé ?

— Au *Shit Club*.

— Salaud, tu as vu !

— J'ai vu, oui.

— Qu'est-ce que tu viens fouiner ici, alors !

— Il fallait que je te dise, pour Jeanne.

— Ah ! le bon papa. Espèce d'enculé, oui. Va te faire foutre ailleurs ! Je n'ai jamais rien eu à voir avec toi. Jeanne m'a assez expliqué

comment tu l'as laissée tomber. Tu n'as pas de couilles, impuissant !
Essaie de raconter encore une fois que tu es mon père !

— Disons que je l'ai été... peut-être. Aujourd'hui, tu es assez grand
pour savoir que personne n'en a besoin.

Ce qui surprit Thomas, ce fut le ton étrange donné à ces paroles ;
comme si celui qui les prononçait s'avouait irresponsable de leur sens.
Il se retourna, observa l'homme qui n'avait pas bougé depuis son
entrée, au centre d'un pentacle magique d'où il était incapable de
s'échapper. Il paraissait souffrir de tous ses membres, de tous ses muscles ; plié par la douleur, il résistait à des forces puissantes qui l'assail-
laient.

— C'est trop tard, bien trop tard, murmura Tommy.

Des pleurs mouillèrent ses yeux et se tarirent aussitôt. L'univers
était devenu trouble. Il aperçut l'ombre de son père fuir à travers le
prisme déformant des larmes.

— Salut, petit, je ne t'ennuierai plus.

Thomas vit qu'il devait le retenir, que son départ serait la cause
d'une terrible catastrophe, mais il était paralysé par tant de sentiments contradictoires qu'il ne sut auquel obéir.

Extrait de *Ah ! que c'est beau New York.*

L'Empire State Building en 1955

ELLIOTT MURPHY

New York on the rocks

New York, c'est un scotch *on the rocks,* au bar de l'hôtel Plaza à six heures trente, un soir frisquet de mars. Tu es assis là pensant que personne ne remarque que tu es le seul mec à cheveux longs dans la salle, essayant de ramener tout ce qui t'entoure au rock'n'roll (tu sais qu'il existe toujours une connexion). Tu penses que la vie devient un peu plus facile lorsque tu commences à boire du scotch mais qu'elle devient à nouveau risquée quand tu commandes un scotch avec un zeste de citron, parce que le garçon oublie toujours le zeste et quand tu lui fais remarquer il répond (férocement) : « Tout de suite ! », sans être tout à fait certain de savoir comment déposer un zeste de citron dans un scotch déjà servi. Mais rassure-toi, le type du Plaza travaille à l'Oak Bar depuis assez longtemps pour connaître vraiment son boulot et d'un mouvement vif il fait tourner le zeste sur le bord du verre et le dépose dans le scotch avant que tu ne puisses même voir si ses ongles sont propres.

La conversation de fond dans les bons bars des hôtels new-yorkais distille les gains et pertes du jour à Wall Street. D'une certaine façon, ce bruit particulier te fait prendre conscience de ton appartenance à la fraternité de ceux qui savent dans leur cœur que ce fut un triste jour pour l'élégance, celui où l'on cessa d'exiger que les gentlemen portent la cravate dans leur restaurant habituel. Les New-Yorkais savent quelle belle et fine glace est le raffinement. Cela n'a vraiment rien à voir avec l'élitisme ou le snobisme. Quand on vit dans une jungle, il est très important de tenir compte du plus petit brin d'herbe qui indique depuis combien de temps on s'est éloigné des arbres.

New York est la seule ville que je connaisse qui possède des jours véritablement « croquants ». Cela a quelque chose à voir avec la vitesse naturelle de l'air et la morsure du vent, et quand tu commandes une telle tournée tu sais que le garçon n'oubliera pas le zeste, et de fait il ne l'oublie pas. Tu observes un homme de cinquante à soixante ans dans un costume rayé noir parfaitement coupé, et tu regardes ses cheveux bleu-gris et sa moustache argentée et tu te demandes si toi aussi tu vieilliras avec autant de grâce. Car New York n'est certainement pas une ville dédiée à la jeunesse, contrairement à l'idée qui attise le foyer anti-New York dans l'esprit de la plupart des Californiens. C'est lorsqu'on a brûlé sa jeunesse à toute vitesse que l'on est enfin prêt pour la vie de maison et les limousines. Dans la ville la plus chère du pays, une vieillesse dorée n'est pas bon marché. Alors, tu as une vision de George Sanders en costume rayé fin qui est rejoint par une jeune fille surgie de « Vogue » magazine et tu te rends compte que leur relation n'est pas vraiment platonique. Alors tu commandes une autre tournée, et tu te demandes ce qui va se passer quand ils auront quitté le bar et se retrouveront dans son *penthouse* sur Park Avenue. Peut-être posera-t-il « Beggars Banquet » sur la stéréo à 10 000 dollars et lui demandera-t-il si une pincée de la cocaïne que son homme d'affaires suisse lui a procurée, lui irait. Tu peux t'imaginer en effet que ça lui va !

On ne distingue presque plus les voitures à chevaux de Central Park South, dans la nuit qui tombe. Les cochers posent des couvertures sur les chevaux qui respirent difficilement. Tu n'as pas besoin de lever le petit doigt pour une nouvelle tournée.

Pas loin Dorothy Parker et F. Scott Fitzgerald sont assis et trinquent. Dorothy se demande s'ils arriveront au bout du crépuscule, au bout de la nuit. Ils éclusent plusieurs verres et échangent des sourires savants. Scott se lève et réclame le silence, jusqu'à ce qu'il l'obtienne.

Alors les garçons n'osent plus bouger, les potins de Wall Street se figent et Scott porte un toast à Zelda.

Mais tu sais que tu es resté trop longtemps au Plaza, tu demandes ta note, parce que dans cette ville il faut savoir partir et le vent froid t'aiguillonne. Te voilà dans un taxi jaune et brillant posant tes pieds sur le strapontin juste sous la pancarte « Ne mettez pas vos pieds sur le siège ».

Tu n'as pas seulement dit « Velvet Underground » que tu es déjà *downtown* dans la discothèque la plus *in* dont on dit qu'elle possède une piste de danse de la grandeur d'un terrain de football. Heureusement, à l'entrée tu as la chance de rencontrer un riche ami qui te recommande au videur, car n'importe qui ne pénètre pas dans ce Titanic de la décadence. Elle se niche entre la Bowery où les clochards se réchauffent autour des feux de détritus et Greenwich Village où les hippies vieillissant jouent aux échecs dans les *coffee shops* et parlent des années 60 comme on parlait de la guerre civile en Espagne il y a trente-cinq ans. Cette discothèque est entourée de fabriques qui puent l'économie en crise. Tu es assez stupide pour demander à ton riche ami si elle appartient à la Mafia. Et il te répond : « Bien sûr, qui d'autre, crois-tu, manipule le dégoûtant avec autant de discrétion ? » Tu es bien forcé d'approuver. La Mafia n'est pas en dessous de sa réputation car la piste de danse a bien la grandeur d'un terrain de football et la musique est aussi forte que pendant la dernière tournée des Rolling Stones. Ton estomac s'est métamorphosé en une guitare basse Fender et tu es obligé de danser si tu ne veux pas être emporté par un raz-de-marée. Tu reconnais des mannequins célèbres, des photographes et des stylistes, ils sont tous minces, riches et beaux et rient un peu trop fort et tu remarques que beaucoup de filles arborent des porte-jarretelles et des bas à couture dans cette atmosphère de fin du monde.

New York c'est dix limousines rangées au bas de Broadway devant une fabrique délabrée. Je ne me suis jamais vraiment senti chez moi à New York. Je ne me suis vraiment senti *at home* jusqu'à dix-huit ans, qu'à Long Island. Assez est assez. Je suis à la fois choqué et excité par les prostituées qui s'alignent le long de Minnesota Street sur la 8ᵉ Avenue. Quand je sors acheter un journal, je vois rarement les mêmes

personnes. New York est une ville où l'on peut se cacher, Patty Hearst
et Greta Garbo savent cela. J'aime penser que je pourrais croiser
Garbo à Bloomingdale's ; mais ça n'arrivera jamais parce qu'autant
j'aime Garbo, autant je déteste Bloomingdale's.

Je pense que New York est plus romantique que Paris. Il faut la
regarder d'en haut. Ainsi tu ne vois pas la déchéance mais seulement
le Chrysler Building. Cette ville m'a toujours effrayé autant que je
puisse m'en souvenir. New York ne se souvient pas facilement de vous.
Je crois qu'il existe de meilleurs endroits où être pauvre. Mais où
peut-on être riche ?

New York est une ville où le rock'n'roll a posé ses jalons : le Fox
Theater à Brooklyn où Murray the K et Alan Freed tinrent leurs premiers shows historiques, le Warwick Hotel où les Beatles regardaient
par la fenêtre la foule en délire des jeunes gens, le Max Kansas City
où Jim Morrison pissa dans une bouteille et proposa à la serveuse
de rapporter cette relique chez elle. N'oublions pas Fourth Street
(positively). L'ascenseur de l'hôtel Americana dans lequel était resté
bloqué Brian Jones avec son harmonica, l'Electric Lady Studio où l'on
sent encore la présence de Jimi Hendrix. Chez Ashley's, Lou Reed
gribouille follement son calepin. Je pourrais continuer encore et
encore mais les mythes passent mieux de bouche à oreille avide, que
par les caractères noirs sur papier blanc.

Traduit de l'anglais par Wilko B.

HAROLD ACTON

Quelques ombres d'éternité

En janvier 1932 je quittai l'Europe, où je n'allais pas revenir avant 1939, sauf pour un très bref séjour. Le paquebot était à moitié vide lors de mon départ, il le serait lors de mon retour.

Dès la sortie du Havre, le voyage se révéla extrêmement rude. Les rares passagers qui se montraient étaient un groupe de champions de patinage, ainsi qu'une équipe belge de bobsleigh et de boblet, qui se rendaient aux jeux Olympiques de Lake Placid. Même ceux-là, quand ils arpentaient le pont avec une vigueur affectée, avaient une expression vaguement brouillée.

L'*Île-de-France* ressemblait au Grand Hôtel de Babylone désert. Des serveurs, par centaines, attendaient dans la salle à manger, au bord de tables jamais occupées. Sur les ponts, des régiments de stewards faisaient le va-et-vient d'un air désespéré, silhouettes raccourcies, rétrécies par la perspective de l'immensité. L'un d'eux s'exclama à mon adresse : « Que c'est calme ! Que c'est triste ! » Je répliquai : « Calme ? Sûrement pas. » Alors il dit : « Je ne parlais pas de la mer ; ça, c'est autre chose. »

Et c'est bien vrai que la mer était autre chose, et de très différent. Sur ce bâtiment, tout était conçu pour vous faire oublier son existence : salons d'Exposition coloniale flottante, avec colonnes de granit, lumières cylindriques, boîtes opalescentes de Lalique, orchestres alternant la musique de danse et les extraits de Puccini, films parlants, théâtre de Guignol, tennis sur le pont, tir aux pigeons, compétitions de ping-pong, et tout cela pour une petite poignée de passagers barbouillés. Sur ce luxe, la crise avait fondu comme la foudre.

Je trouvai un compagnon en Lionello Venturi[1] qui abandonnait l'Europe, le cœur gros. Il adorait l'Italie et toutes ses traditions les plus nobles, et il prévoyait l'avenir aussi clairement que Bernard Berenson à Florence. Mais qui donc prête attention aux esthètes visionnaires ? Certainement pas nos parlementaires — sauf si on les dérange avec une *Wild West Party*. Le terme « visionnaire » en est venu à désigner un faiseur de projets sans portée pratique. Mais, si nous lisons Ruskin et Carlyle, visionnaires l'un et l'autre au sens le plus profond, nous ne tardons pas à voir comme leurs prophéties étaient justifiées.

Jusqu'alors, Venturi était professeur d'esthétique à l'université de Turin, mais une loi récente contraignait toute la faculté à prêter serment de fidélité au fascisme, et il refusa, ce qui ne lui laissait pas d'autre alternative que le départ. Il fut l'un des rares à oser protester ouvertement contre les méthodes du régime fasciste.

Avec tristesse, il me dit : « J'ai eu la chance de pouvoir m'en aller. J'aurais pu être arrêté, battu, emprisonné et tué. D'autres pauvres diables sont forcés de se résigner, à cause de leur famille ou pour quelque raison. Il n'est pas facile à un Italien de quitter l'Italie, même s'il a tous les motifs pour le faire. Rien n'est facile à un Italien, sauf s'il donne son assentiment au régime. Le fascisme s'est fondé sur le chantage et la force brutale ; il ne pourra pas éviter de conduire à la guerre. »

Tous ses arguments, son énumération des abus fascistes, la farce des élections, la corruption, on sait aujourd'hui qu'ils reflétaient la réalité. Mais, en 1932, on entendait davantage parler des travaux routiers, de la construction, des trains qui respectaient l'horaire ; et les étrangers d'Italie n'avaient pas de raison de se préoccuper trop précisément des ennuis des Italiens. Un fort pourcentage d'Anglais étaient

1. Critique d'art italien (1885-1961). (*N.d.T.*)

persuadés que l'Italie n'avait pas vécu avant l'irruption conquérante de Mussolini sur la scène.

Dans le fumoir déserté, Venturi et moi venions nous asseoir en ténébreux conspirateurs. « L'Italie met le cap sur la guerre ; que va faire l'Angleterre ? » me demanda-t-il. Je pus simplement lui répondre que l'Angleterre ne mettait le cap sur rien. Elle dérivait selon les vents de circonstance. Si quelqu'un commençait une guerre, elle viendrait certainement s'en mêler.

N'étant pas politiciens, Venturi et moi n'avions aucune panacée à proposer. Nous ne concevions pas de grands systèmes, nous n'appartenions à aucun parti en particulier, mais précisément nous en tirions la liberté « de douter de ce qui est douteux et de ne pas rejeter ce qui ne l'est pas ». Venturi aurait aimé aller avec moi en Extrême-Orient ; il sentait, lui aussi, que la Chine avait beaucoup à nous apprendre. Mais il s'était engagé à prononcer quelques conférences à Harvard, et ne se sentait pas trop assuré de son anglais.

On donna une soirée de gala au bénéfice de quelque société de secours aux marins, et en cette occasion bien des passagers firent leur apparition pour la première fois. Venturi déplorait l'absence de jolies femmes. « La beauté de nos Italiennes m'avait presque convaincu de prendre le risque de rester. Je ne m'habituerai jamais à des allures comme celle-ci. » Il désignait une dame si courtement vêtue que nous l'avions baptisée « Riant Arrière ».

À nouveau il soupira, pensant à tout ce qu'il laissait. Je citai Valéry : « Le vent se lève !... Il faut tenter de vivre ! »

Avant d'aborder la zone de prohibition, nous avons commandé notre ultime bouteille de vin fin, et bu à des jours meilleurs. Le vent se lève ! Comme il était vivifiant, le vent, quand nous avons commencé à explorer le terrain. Pourtant, je me sentais moins américain que lors de mes précédents séjours. Certains de mes parents les plus chers étaient morts, néanmoins la redécouverte de l'horizon new-yorkais me fit tressaillir comme si j'allais les rencontrer ; ils m'attendaient sûrement au débarcadère ! Je me fatiguai les yeux avant de réaliser que les survivants étaient tous éparpillés de l'Illinois à la Californie. Si je parvenais à entrevoir un cousin ou deux à New York, je pourrais m'estimer chanceux. Aussi seul que Venturi, je sautai sur la passerelle, me soumis à une visite douanière plus épuisante que précédemment, et puis un taxi roulant à tombeau ouvert me jeta dans le plus impersonnel des hôtels.

À un œil européen, il faut toujours quelque temps pour s'habituer à la prodigieuse verticalité de New York ; et l'oreille doit se faire au rythme de la ville. Tant de carrefours se ruent vers vous ! Et un frisson parcourt votre colonne vertébrale quand vous vous étirez le cou à la poursuite des gratte-ciel. Par rapport à ma dernière visite, les innovations majeures étaient la radio omniprésente et la prohibition ; l'Empire State Building aussi avait été érigé entre-temps. Impossible de faire taire la radio ; quant à la Prohibition, elle avait donné à l'alcool un nouveau rôle dans la vie de la cité. Le Niagara eût-il été whisky, il n'aurait pas suffi, je pense, à étancher cette grande soif toute neuve. À peine arrivé, l'on me mit en relation avec un bootlegger et l'on m'indiqua un bar clandestin.

Cette grande nouvelle soif s'accompagnait d'une floraison de complexes ; pas seulement le désir ardent d'un « vin qui réjouit le cœur de l'homme », mais une obsession morbide, un sujet de controverse brûlante, un test de résistance, un fétichisme mondain, une forme de snobisme. De là naissait un nouveau monde de gangsters décidés à tirer profit de la situation, sans parler de sinistres lueurs sur le plan littéraire et dramatique. Tout compte fait, les hoquets d'Hemingway prenaient une allure prophétique, et la radio à présent leur rendait hommage. J'assistais au plus étrange événement qui m'eût jamais frappé aux États-Unis. Chacun paraissait avoir *son* bootlegger, et comme s'il n'y avait pas assez de tripots clandestins — on me citait le chiffre de 33 000 à New York City, pour toutes les classes, pour tous les palais —, la plupart des bipèdes mâles, et un grand nombre de bipèdes femelles, portaient une flasque à titre de précaution supplémentaire.

Je trouvai, à mon arrivée, un message de mon cousin Rothwell Sheriff, qui m'invitait à dîner, avant le théâtre. Nous nous sommes rencontrés dans l'appartement d'une veuve joyeuse, où l'on m'a initié aux plus terribles cocktails que j'aie jamais bus, servis dans des verres qui semblaient se dilater. Je n'ai pas tardé à me sentir étourdi. D'un seul coup, le tumulte de visions nouvelles, de sons nouveaux m'est

devenu aussi familier que s'il avait toujours été mon pain quotidien.
Je me sentais prêt à toutes les aventures, un peu trop prêt à vrai dire
— car aucune ne se présenta, pour moi en tout cas. La soirée passait
telle une comédie tenant l'affiche à Broadway depuis des mois ; mais
je ne la trouvais pas facile à suivre. Qui avait une aventure ? Avec
qui ? Pour commencer, un couple semblait amoureux ; puis c'était
un autre, et ils changeaient ; ma curiosité se trouvait déroutée, et
encore, et encore. Vénus et Bacchus alternaient à la présidence, mais
la comédie était sur un mode mineur, sympathique, prosaïque. J'étais
attaché à mon cousin Rothwell, que je n'avais pas vu depuis des
années, seulement les circonstances rendaient impossible toute
conversation personnelle. Les cocktails aplanissaient mon accent trop
anglais, me rendant plus acceptable aux autres, qui clabaudaient allé-
grement au sujet de gens inconnus de moi mais qui menaient une
existence de boursicoteurs haut de gamme, avec week-ends à la campagne, dont je ne pouvais me faire qu'une faible idée.

Le *speakeasy*[1] ressemblait à n'importe quel restaurant du West End
londonien doté d'un bar et d'un orchestre. Douglas Byng, animateur
anglais, nous fit l'honneur de son florilège particulier de chansons
obscènes d'après dîner. À ce stade d'ambiance, chacun était prêt à
rire ou pleurer pour n'importe quoi. Bien que personne n'eût envie
de briser le charme, nous avons fait un tour au théâtre, pour la forme,
vers le milieu du second acte, pour partir avant le troisième ; la pièce
s'appelait, je crois, *Le Diable passe.* Nous voici à présent dans un autre
speakeasy, où Dwight Fiske, animateur américain, nous fait l'honneur
de son florilège particulier de chansons obscènes, assorties d'improvisations au piano extraites principalement d'œuvres bien connues.
Elles me sont absolument inintelligibles, galimatias parlant de prin-
cesses de Coromandel à la cuisse légère ; mais les enchaînements donnent à chacun une immense bonne humeur. Les gens rient à gorge
déployée, jusqu'au moment où... plop, plop. À la table voisine, un
jeune homme, la tête dans les mains, restitue tout sur le tapis, avec
persévérance, dans la plus parfaite indifférence de ses compagnons,
en dépit de l'odeur. Dans cette petite pièce surchauffée et bondée,

---

1. Tripot clandestin. (*N.d.T.*)

l'on éprouve le désir d'ouvrir une fenêtre, mais c'est évidemment impossible. J'admire la nonchalance générale : personne ne réagit. J'ai encore à apprendre qu'un tel événement est courant dans les tripots. Les salaires, plus élevés qu'ailleurs, y attirent les meilleurs cuisiniers de New York ; leur décoration sacrifie à la dernière mode et leurs éclairages sont discrets ; le personnel porte l'uniforme de général de Bordurie, et malgré cela il se trouve toujours quelque client malade, telle une fausse note triste et honteuse. Un verre brisé, des œufs brouillés que l'on renverse, et l'attention se fixe sur un visage de méduse agonisante au-dessus d'une petite table élégante.

D'épais tapis étouffaient la marche titubante d'une blonde immaculée se dirigeant vers les toilettes, à l'aveuglette, les yeux vitreux. Au fil de la soirée, les cigarettes grésillaient dans les assiettes de ravioli, les verres se renversaient sur les nappes, et tout prenait une allure crottée. L'atmosphère dans l'ensemble était rien moins que joyeuse. De toutes ces personnes, très peu s'amusaient réellement. Le simple fait qu'il était illégal de consommer de l'alcool leur donnait le sentiment de devoir « s'en jeter un » aussi longtemps qu'elles pouvaient obtenir à boire. L'animation atteignait son apogée quelques minutes avant le dîner. Chacun alors se sentait enclin à l'insouciance, et les yeux étincelaient. Les alcools, plus forts qu'en Europe, vous stimulaient aussi rapidement qu'ils vous jetaient à terre. À cette époque, la plupart de mes amis anglais de New York se transformaient en dipsomanes, chaque chambre à coucher devenant un bar. Étant donné qu'il était de rigueur d'apporter sa contribution à chaque *party*, j'avais l'habitude de prendre une bouteille de whisky sous le bras. Personne ne s'en montrait surpris, pas même le policier à qui je demandais mon chemin. La police ne semblait nullement s'en soucier.

Si jamais j'ai vécu sur les nerfs, c'est bien pendant ces quelques semaines. L'atmosphère de bain turc régnant à l'intérieur et le froid coupant de l'extérieur m'amollissaient et me tonifiaient alternativement ; mais ma température était constamment anormale. Je dormais peu, et très légèrement. Je m'entendais parler comme si les mots sortaient de la bouche d'un autre. Mais pourquoi diable suis-je en train de dire ceci à untel ? Quel démon me mène ? J'étais étonné en constatant, à l'aide d'un miroir, que mes traits n'avaient pas changé : j'aurais dû être écarlate, et porter une crinière orange.

Touché par la chaleur de l'hospitalité américaine, je me trouvais aussi accablé par elle, et je fâchai l'un de mes hôtes — au moins — par mon incapacité franche à marcher de pair avec lui. J'avais accepté l'invitation d'Eddie Wasserman à un dîner d'anniversaire, avant de réaliser que chacun des plats était servi dans un appartement différent ! Sauter dans des taxis, en rejaillir, se faire secouer dans des ascenseurs entre les services, le tout pour couronner une semaine de nuits sans sommeil ! Je m'en trouvai si désagréablement atteint qu'il me fallut m'esquiver. Pourtant, le même Eddie Wasserman vouait un culte aux caniches français aussi bien qu'à Anatole France, et il publia un opuscule sur ses conversations avec cet ironiste tranquille.

De telles anomalies ne cessaient de me déconcerter, et de même les lecteurs-surprise de mes livres. *Humdrum* avait connu, semblait-il, un certain succès ; en revanche, *The Last Medici* était trop doux pour le palais américain. On me dit que le marché du livre était affecté par la crise, mais les auteurs que je rencontrai chez Blanche Knopf paraissaient faire de bonnes affaires, dont la plus grande était la découverte de l'Amérique : ils l'admonestaient, ils stimulaient ses impulsions créatrices. Pour la plupart, ils paraphrasaient Walt Whitman.

John Dos Passos, Carl Sandburg [1], Sherwood Anderson étaient tous contenus dans Walt, pionnier encore insuffisamment reconnu. En dépit de leurs affirmations, ils étaient des amoureux passionnés de la vie. Ils se vautraient dans les misères crues du Middle West et du New Jersey, dans ce tohu-bohu de Chicago ou de Manhattan, dans la grisaille de Main Street ; et leur excitation suscitée par l'immense mêlée était contagieuse. La bordée de mots pleins de vie qu'ils versaient dans la langue anglaise tonifiait la littérature. Face aux couleurs criardes, ils n'étalaient pas de vains scrupules. Dans leur recherche d'expressions verbales de leurs expériences, ils ne craignaient pas de fouler aux pieds les règles. Leurs défauts mêmes étaient un produit de leur valeur. Ils se donnaient sans réserve. Ils pouvaient avoir sup-

1. Poète et romancier américain, deux fois prix Pulitzer(1878-1967). (*N.d.T.*)

porté des inhibitions dans la vie, mais en littérature ils n'en avaient aucune. Ils étaient exempts de cette crainte anglaise, morbide, de l'enthousiasme, sauf s'ils se transplantaient en Angleterre comme T.S. Eliot. Capables de s'égarer jusqu'à l'excès de passion, jusqu'au manque de maîtrise de soi, peccadille pardonnable. À mes yeux ils avaient motif à se réjouir car il existe un respect mutuel entre l'auteur américain et son public. L'Américain moyen était fier de sa littérature moderne, qui faisait paraître plus nouveau le Nouveau Monde, et l'esprit nouveau plus nouveau encore.

Souvent, je me sentais enclin à demander : « Depuis quand un nouvel esprit n'a-t-il pas fait son apparition dans la vie américaine ? Depuis quand l'Amérique n'a-t-elle pas eu le sens de la richesse, de la confiance, du pouvoir ? » Aussi loin que je pouvais me souvenir, elle avait eu conscience de posséder tout cela. Mais, pour les écrivains américains, pour les peintres et les musiciens, ce doit être un stimulant sensible que de continuer à croire que l'Amérique n'a pas été parfaitement exprimée encore par les canaux littéraires, musicaux, picturaux ; et un encouragement puissant à poursuivre cette tentative. Ces Hollandais volants, que feront-ils en parvenant au bout de leur voyage ?

Le plus vif de tous, derrière une apparence massive et placide, était alors Carl Van Vechten[1]. Il avait établi un pont entre Paris et New York et s'y tenait, en arbitre du goût. Il était le plus compétent interprète de Gertrude Stein. En place d'yeux, Carl possédait des objectifs photographiques humanisés ; et ses écrits constituaient le vademecum du New-Yorkais sophistiqué. Il continuait à diriger l'édition d'un *Yellow Book* imaginaire, de sa composition, rampe de lancement pour jeunes talents. Fania Marinov, sa femme dévouée, était une actrice, à la fois sur la scène et au-dehors ; en hommage au livre de Carl, *Le Tigre dans la maison*, elle jouait souvent le rôle d'une tigresse apprivoisée.

Muriel Draper appartenait à la même époque, mais se caractérisait par un incessant bavardage, alors que Carl observait généralement le silence. À Florence et Londres, elle avait connu des vicissitudes du sort poussées à l'extrême. À présent, à New York, elle présidait, tel un

1. Romancier, photographe, critique musical américain (1880-1964). (*N.d.T.*)

pontife, dans un grand fauteuil baroque, égrenant le souvenir des célébrités qui avaient croisé ses chemins variés. Son extérieur de négresse albinos possédait quelque chose d'impressionnant ; ses monologues se révélaient hauts en couleur, et les jeunes hommes comme il faut étaient nombreux à lui vouer un culte.

Max Ewing, le plus typé dans ce genre, m'invita à prendre le thé ; à New York c'était inhabituel, et j'allai au rendez-vous avec une certaine curiosité. Max Ewing à l'évidence était un courtisan en quête de cour ; faute d'un souverain de sang royal, il avait trouvé Muriel Draper, et transformé son appartement en reliquaire : chaque meuble portait le visage ou la silhouette de Muriel, parfois entouré de cierges modelés par Max en cire de couleur. La ressemblance était de qualité, le style rejoignant peu à peu le caractère négroïde. J'arrivai à la conclusion qu'il ne s'était jamais, antérieurement, essayé au modelage, et que son désir en ce sens, commencé pour Muriel, s'achevait avec elle.

Son second trésor était un album de photos de Mary Garden [1] dans tous ses rôles. Sa salle de bains ressemblait à un album de coupures de presse, et je fus surpris de découvrir un cliché de moi dans le lot de bizarres agrafages et de cartes postales, sur les murs. Je me demandai bien pourquoi je m'y trouvais inclus, mais, trop réservé, je ne le questionnai pas. Le mystère demeure. À mon insu, mon effigie avait assisté à ses ablutions. Nous avons parlé avec urbanité, sans jamais nous départir de notre réserve ; j'étais conscient, pourtant, de ce qu'il voulait me dire quelque chose et ne le disait pas. Ses yeux questionnaient, ses lèvres restaient muettes, et cette timidité devenait contagieuse. Il versait du thé. Je m'entendais dire : « Oui, s'il vous plaît, un nuage de lait. » Notre conversation n'allait guère au-delà ; cela devenait embarrassant. Aimait-il mes poèmes ? Ma tête l'amusait-elle ? Avait-il simplement éprouvé le désir de me montrer son reliquaire ? Je n'ai jamais trouvé la réponse.

Plus tard, j'ai été peiné en apprenant qu'il s'était suicidé, redoutant la perspective de se retirer en province. Lesté de deux lourdes valises, il s'était engagé dans une rivière. Sans aller jusqu'à me dire que j'aurais pu empêcher cet acte, je me sentais hanté par l'idée que mon

1. Cantatrice écossaise à la carrière triomphale (1877-1967). (*N.d.T.*)

influence aurait pu l'en détourner. Cette après-midi de notre rencontre, il avait quelque chose à me confier, j'en étais sûr, et je l'avais abandonné à son inquiétude. Carl Van Vechten m'avait suggéré de lui écrire, et je l'avais fait. Peut-être répondit-il et la lettre se perdit-elle. Depuis lors, je me suis demandé si mon double figurait dans quelque autre salle de bains.

Au Savoy de Londres, si fier alors de son orchestre Les Orphéens, Diaghilev m'avait parlé du Savoy de Harlem, où la danse et la musique atteignaient une qualité immensément supérieure, donnant une conception nouvelle du jazz. Ce genre de musique, j'en avais écouté des enregistrements pendant des années ; à présent, je souhaitais entendre le jazz tel qu'il avait évolué, sans afféteries, sans fanfreluches. J'avais envie de le boire pur. Mon ingénuité rencontrait des sourires d'indulgence ; on me rappela que, sous le pont de Brooklyn, il avait coulé beaucoup d'eau depuis la publication de *Nigger Heaven*, et que Harlem avait cessé d'être à la mode. Quelle chance pour Harlem ! La population de couleur pouvait désormais s'amuser sans craindre les fouineurs dédaigneux.

Jamais je n'ai vu sur une piste de danse une énergie créatrice comparable à celle du Savoy de Harlem. Chaque couple inventait des pas. Il faudrait analyser avec précision la relation de la musique et du mouvement pour parvenir à une transposition en mots. On trouvait là toute la vivacité, l'agilité, la légèreté, les gestes, relevés habituellement dans les coupures de presse ; mais quel en était donc le trait caractéristique ? Je ne pouvais que le baptiser « rayonnement physique ». Ces corps émettaient des rayons de rythme brillants et chauds. Chacun des membres entrait dans la danse avec une souplesse et une sensibilité contrôlées. Ces gens-là pouvaient s'abandonner à leur plaisir, et le résultat, immanquablement, était plein de grâce, ce labyrinthe de la grâce décrit par Valéry dans *L'Âme et la danse* ; c'était, aussi, pareil au « plus périlleux des rêves ». Mais la raison n'y avait nulle part, à l'inverse d'autres danses. C'est l'instinct qui créait ces mouvements d'extase, un instinct aussi vieux que le monde, organisant la symétrie, l'enchaînement, portant ces danseurs au triomphe de la béatitude. Du bois d'ébène au jaune pâle, l'Afrique les unissait ici, ils dansaient comme dans une clairière de la jungle. Impossible de les concevoir séparés de la danse, leur réalité authentique était là, et c'est pour cela qu'ils vivaient, au-delà de leurs activités quotidiennes. Comparé à la danse, l'amour lui-même devait paraître ennuyeux : heure après heure, ils rayonnaient de félicité. Les femmes sans doute avaient elles-mêmes dessiné leurs vêtements, car rien de tel ne se voyait dans les vitrines, et personne d'autre n'était en mesure de les porter ; ils possédaient un style audacieux, personnel, rehaussant les qualités naturelles de qui les portait. L'éclat des couleurs, la hardiesse du modèle peuvent avoir été africains, mais ils auraient séduit aussi sur une scène européenne. Les hommes préféraient des tons gris clair, tirant à l'occasion sur le mauve ; leur cravate, leur pochette de soie, leur fleur à la boutonnière étaient sélectionnées avec la sûreté d'un Brummell. Chaque couple était particulier, et je pouvais bien comprendre l'enthousiasme de Diaghilev.

Dans les cabarets de Harlem, on était en mesure d'oublier la crise, d'échapper à la funèbre lassitude du *speakeasy*, et de dîner d'un excellent poulet frit. Disposant de spectacles si variés, si naturels, comment le New-Yorkais pouvait-il préférer aller s'asseoir chez Douglas Byng ? Peut-être était-il, au fond de l'âme, effrayé par cette vitalité de jungle, par l'abandon total, si attirant mais auquel il ne pourrait jamais céder complètement. Il était en outre perturbé par ce problème noir auquel moi, l'Européen, je ne pouvais rien comprendre.

Carl Van Vechten m'avait emmené écouter une femme de couleur, auteur dramatique qui donnait lecture de sa pièce : d'allure un peu raide, elle portait lunettes et ressemblait à une maîtresse d'école. Je me disais : pourquoi tant de tapage ? Il se trouvait qu'elle était noire, mais surtout cent pour cent américaine, cultivée, plutôt sans élégance mais somme toute une femme agréable. À l'évidence, elle possédait un sens profond de la race : je ne pouvais saisir que des bribes de sa pièce, écrite en dialecte de Charleston, mais j'écoutais avec plaisir sa voix richement colorée. De-ci, de-là, une expression me procurait le même agrément que *Playboy of the Western World*, de Synge. Peut-être existait-il, en Amérique, un mouvement en faveur du dialecte noir, analogue au mouvement celte d'Irlande, et alors c'était là sa Lady Gregory[1] ; je l'espérais. Un tel mouvement indiquerait, aux jeunes

---

1. Lady Augusta Gregory, dramaturge irlandaise (1852-1932). (*N.d.T.*)

écrivains noirs, une direction dans laquelle ils accompliraient quelque chose d'unique, et cela les sauverait du *melting-pot* dans lequel ils s'abîmaient l'un après l'autre. Langston Hughes, Countee Cullen[1], quelques autres encore étaient pétris de talent, mais ils entretenaient à un point tel l'idée fixe de la pigmentation de leur peau que leur attention s'en trouvait détournée. Les chanteurs de cabaret semblaient plus soucieux de donner des interprétations raffinées de Cole Porter que de leurs propres chansons, pleines de vigueur ; au fond, ils souhaitaient oublier leur négritude. Étant libre de tout préjugé de couleur, je l'oubliais aussi — jusqu'au moment où ils dansaient.

En compagnie de Venturi, j'allai voir plusieurs collections d'art. C'était extraordinaire, de sauter d'un ascenseur dans une Vierge à l'Enfant peinte au début de la Renaissance pour quelque église proche de Florence ou de Sienne. Le rythme doux de la vie en Italie, transposé sur ce panneau antique, l'aura d'innocente sainteté rayonnant de cette Vierge paisible qui étreint l'Enfant Sauveur m'évoquaient les vers de Vaughan[2] :

> Heureux premiers jours de l'enfance
> D'ange, vous me donniez confiance ;
> Je ne savais pas mesurer
> Ce monde prêt à m'éprouver ;
> Et mon âme s'abandonnait
> Aux blanches, célestes pensées.

Ici, l'on pouvait retrouver

> Quelques ombres d'éternité.

Tout le reste était si visiblement, si manifestement éphémère que la vue de ces collections me remplissait de respect. Elles semblaient

---

1. Langston Hughes (1902-1967), dramaturge, poète, journaliste, de couleur, participa à la renaissance noire en compagnie de Countee Cullen, Paul Robeson, Marian Anderson. (*N.d.T.*)

2. Henry Vaughan, poète anglais (1622-1695). (*N.d.T.*)

être les seuls éléments permanents au centre d'un vaste maelström. Bernard Berenson avait l'habitude d'affubler le Métropolitan Art Museum du surnom de Necropolitan, et pourtant ses richesses étaient pour moi plus vivantes que ce que je voyais à l'extérieur.

Aucune autre ville ne m'avait donné un sens aussi aigu de l'éphémère. Les choses qui passent, voilà un touchant sujet de méditation — pour qui a le temps de méditer. Il faut que les choses passent à une vitesse intelligible ; quand une scène est expédiée *prestissimo* dans une autre, les détails se brouillent. Après quelques semaines à New York, je ne me sentais plus réceptif. J'avais espéré écrire et je me trouvais asphyxié par mes impressions. Tout était excessif ; ma capacité à penser, à sentir avait été tendue au maximum ; impossible de me concentrer. Retrouverais-je jamais une bonne nuit de sommeil ? *Per non dormire,* la devise ancienne du Florentin Salimbeni semblait applicable à New York.

Extrait des *Mémoires d'un esthète*.
Traduit de l'anglais par Jacques Georgell.

Policiers à Madison Square au début du siècle

DAMON RUNYON

Un financier de Broadway

De toutes les poules de Broadway qui ont fait fortune pendant ces vingt-cinq dernières années, celle qui a le mieux réussi est sans contredit une gonzesse du nom de Soie, le jour où elle a décroché un banquier appelé Israël Ib, car la réussite de Soie se chiffre par une somme de trois millions cent dollars et quelques cents.

Il est généralement admis par tous ceux qui sont au courant de ces sortes de questions que le record en cette matière appartenait jusqu'à ces derniers temps à une gonzesse nommée Irma Teak, qui mit le grappin sur un grand-duc russe, en 1911, à l'époque où les grands-ducs russes étaient considérés comme très avantageux pour les gonzesses. Mais à l'heure actuelle autant vaudrait pour elles avoir des poux qu'un grand-duc de Russie. Quoi qu'il en soit, ce que cette Irma Teak a récolté de son grand-duc russe n'était pas loin d'un million de dollars, et elle s'en est allée avec son grand-duc habiter Londres où, pendant quelque temps, elle a fait fureur. Mais finalement Irma Teak est devenue aveugle, ce qui fut pour elle une terrible épreuve, parce qu'elle ne pouvait plus voir à quel point elle rendait jalouses les autres gonzesses avec ses diamants, ses zibelines et tout le tralala. Alors, en fin de compte, quel plaisir pouvaient lui procurer toutes ces machines-là ?

J'ai bien connu Irma Teak quand elle faisait son numéro au vieux Jardin d'Hiver[1], et je connaissais aussi une autre poule nommée Mazie Mitz, qui faisait partie du corps de ballet de Floradora, et qui s'est fait quelque chose comme trois cent mille dollars avec un type propriétaire d'une série de « prisunics ». Et trois cent mille dollars ce n'est pas une paille. Mais Mazie Mitz a fini par le plaquer et est partie avec un joueur de saxophone pour qui elle avait le béguin, si bien qu'elle est redevenue juste aussi purée qu'avant.

Je connais également Clara Simons, le modèle de chez Rickson, à qui un type de Wall Street a fait cadeau pour son anniversaire d'une maison de ville à quatre étages et d'une propriété à Long Island. Je n'ai jamais fait personnellement la connaissance de ce type, mais j'ai toujours pensé que ce devait être un fameux couillon, car tous ceux qui connaissent Clara Simons savent parfaitement qu'un flacon de parfum lui aurait fait tout autant de plaisir comme cadeau d'anniversaire. Il est possible, autant que je sache, que Clara possède toujours cette maison de ville et cette propriété à la campagne, mais elle doit friser maintenant la quarantaine et, naturellement, personne à Broadway ne se soucie de ce qu'elle est devenue.

Je connais une centaine d'autres poules qui ont fait fortune, et quelques-unes d'une façon magnifique, mais cela ne va ni ne vient à côté de ce que Soie a reçu d'Israël Ib, et cette fortune-là est d'autant plus surprenante que Soie a commencé par avoir pas mal d'idées préconçues sur les banquiers. En ce qui me concerne, je ne gobe pas beaucoup ces cocos-là et mon sentiment est qu'ils ont un caillou à la place du cœur, mais je n'ai contre eux aucune prévention. Je les considère au contraire comme une nécessité, car si les banquiers n'existaient pas, nombre de citoyens ne sauraient sur qui tirer leurs chèques.

C'est pas mal de temps avant de faire la connaissance d'Israël Ib que Soie m'a expliqué la raison de ses préjugés contre les banquiers. Elle faisait alors simplement partie de la troupe des danseuses à la boîte de Johnny Oakley, dans la 53ᵉ Rue, et elle arrivait chez Mindy

1. Music-hall de New York. (N.d.T.)

quand elle avait fini son boulot, ce qui était généralement sur les quatre heures du matin.

À cette heure-là, il y a toujours chez Mindy bon nombre de citoyens à se reposer après des parties de dés et autres choses du même genre, et les gonzesses des différentes boîtes des alentours, danseuses et tenancières, y viennent manger un morceau avant de rentrer, et, d'habitude, ces gonzesses sont encore toutes maquillées et tombent de fatigue.

Naturellement, elles finissent par connaître les habitués du lieu, elles leur disent bonsoir et il leur arrive d'accepter qu'ils leur offrent quelque chose, un café avec des pâtisseries danoises, ou des œufs brouillés, et tout cela pour le plaisir, en tout bien tout honneur, car il va sans dire qu'un type éreinté d'avoir joué aux dés ne va pas se monter le job pour une danseuse flapie ou une maquerelle, surtout pour une maquerelle.

Un matin, donc, Soie est assise à une table en train d'avaler un café avec une tranche de tarte aux pommes, quand arrive le Grec, l'air complètement fourbu. Le Grec est un gros ponte que tout le monde connaît. Il se laisse tomber sur une chaise à côté de moi et commande un hareng mariné avec des tranches d'oignons, mets considéré comme des plus ravigotants, puis il dit incidemment qu'il vient de jouer contre la banque pendant vingt-quatre heures consécutives, et Soie de s'écrier incontinent :

« Les banques, j'ai ça en horreur ; et les banquiers je ne peux pas les souffrir. Sans eux je ne serais peut-être pas obligée de turbiner comme une esclave dans cette sale petite boîte de Johnny Oakley pour trente dollars par semaine. Ma maman serait peut-être encore en vie et j'aurais mon chez-moi au lieu de loger dans un nid à puces de la 47e Rue.

« Un jour, raconte Soie, ma maman, à force de frotter les planchers dans un immeuble à bureaux, finit par économiser trois cents dollars pour m'envoyer à l'école. Alors un banquier d'un des bureaux dont elle frottait les planchers lui conseilla de placer son pognon dans sa banque. Là-dessus la banque vient à faire la culbute, et ça fait un tel coup à ma maman qu'elle en meurt subitement. J'étais toute gosse dans ce temps-là, dit Soie, mais je nous vois encore devant la banque fermée, et maman qui pleurait toutes les larmes de son corps. »

Personnellement je trouve que la façon dont Soie traite la boîte de Johnny Oakley est un peu exagérée, car ce n'est pas une petite boîte et je lui explique que ce dont parle le Grec est la banque d'un jeu de pharaon et non pas une banque où l'on place de l'argent, car celle-ci ne s'appelle pas du tout une banque mais un piège à gogos, tandis que la banque du pharaon est un jeu de hasard. Et si je me donne la peine d'expliquer cela à Soie, c'est que tout le monde lui donne toujours des explications sur toute espèce de choses.

Ce qu'il y a de particulier c'est que tout le monde tient à ce que Soie ait une éducation soignée, surtout les habitués de chez Mindy, parce qu'elle est orpheline et qu'elle n'a jamais eu l'occasion d'aller à l'école ; car nous ne voulons pas qu'elle soit aussi gourde que la moyenne des poules. Dès la minute, en effet, où Soie a mis les pieds chez Mindy, elle nous a été sympathique à tous.

Dans ce temps-là, Soie peut avoir dans les dix-sept ans, elle pèse à peu près quarante-cinq kilos toute trempée, et elle est aussi plate qu'un garçon. Elle a des cheveux châtain clair et des yeux bruns qui ont l'air d'être trop grands pour sa figure, et quand elle vous parle elle vous regarde droit dans les yeux, comme quand un type parle à un autre type. De fait, j'ai toujours soutenu que Soie avait plus d'un type que d'une gonzesse, à telle enseigne qu'elle a fini par penser comme un type, peut-être parce qu'elle est plus souvent dans la compagnie des types que dans celle des autres poules, et, d'une façon générale, elle se comporte tout à fait comme un type.

Elle adore rester chez Mindy, aux premières heures du matin, à bavarder avec différents citoyens, bien qu'elle écoute plus qu'elle ne parle elle-même, et elle aime beaucoup écouter les gens parler de courses de chevaux, de parties de base-ball, de matches de boxe, de jeux de dés, et les types qui bêchent leurs anciens béguins et toutes les choses dont on bavarde en général. Elle n'interrompt que rarement, sauf pour poser une question. Naturellement, une gonzesse qui prend son plaisir à écouter au lieu de jaspiner pour son propre compte est forcément bien vue de tout le monde, car s'il y a une chose qui agace les types et dont ils aient horreur c'est bien une gonzesse bavarde.

Beaucoup de citoyens, donc, s'intéressent à l'éducation de Soie, y compris Regret, l'amateur de courses, qui lui explique comment on persuade à un type de parier sur un cheval favori, bien que, personnellement, je considère que pour une jeune poule il est à peu près aussi utile de savoir ça que la façon de tricher au jeu que le Grand Nig lui enseignait je ne sais plus quelle nuit.

Puis il y a Doc Daro, qui a la réputation d'être le plus gros spéculateur qui se soit jamais de nos jours baladé sur les baignoires, car il pratiquait en grand la traversée aller et retour de l'Atlantique pour jouer avec les autres passagers au bridge, au poker et à divers autres jeux, mais il a fini par attraper aux mains un rhumatisme si douloureux qu'il ne peut plus donner les cartes, et, naturellement, ne pouvant plus donner les cartes, Doc Daro n'a plus aucune raison d'essayer de jouer à des jeux d'adresse.

Doc Daro dit toujours à Soie quels chenapans sont les types, et il lui explique les différentes sortes de trucs qu'ils tenteront d'employer avec elle, car ce sont les mêmes trucs dont Doc Daro en personne a usé dans le temps. Doc est convaincu qu'une jeune gonzesse qui doit se défendre contre Broadway a besoin d'être soigneusement mise en garde contre ces choses-là. Mais Soie me confie en particulier qu'à cinq ans elle connaissait déjà tout ce que Doc lui raconte.

Le type qui, à mon avis, a fait le plus de bien à Soie c'est un vieux pépère qu'on appelle le Professeur D. et qui a tout le temps le nez fourré dans les bouquins quand il n'est pas occupé à faire des pronostics sur les chevaux. Le Professeur D. passe pour être légèrement dingo avec ses bouquins, mais il a, paraît-il, pris cette habitude quand il était professeur dans une université de l'Ohio, avant de devenir un parieur enragé. Quoi qu'il en soit, le Professeur D. entreprend de donner à Soie des livres à lire, et, qui plus est, elle les lit et en discute après avec le Professeur qui est ravi.

« C'est une petite gonzesse très intelligente, me dit un jour le Professeur D. Et, en plus de cela, ajoute-t-il, elle a du cœur.

— Ouais, que je réponds, le Grand Nig assure qu'elle peut tenir une paire de dés contre la paume de sa main aussi bien que n'importe qui. »

Mais le Professeur se contente de me dire adieu et de s'en aller, et je me rends bien compte qu'il ne me considère pas comme un individu digne de le fréquenter, bien que je m'intéresse autant que qui que ce soit à l'éducation de Soie.

Voilà donc qu'un soir la principale chanteuse de la boîte de Johnny Oakley, une gonzesse appelée Myrtle Marygold, attrape la rougeole de son fils âgé de douze ans, et, comme Johnny a déjà assez de mal à attirer les clients dans sa boîte sans leur faire cadeau de la rougeole quand ils y viennent, il renvoie immédiatement Myrtle Marygold.

Mais alors il n'a plus personne pour chanter *Stacker Lee* à ses clients. *Stacker Lee* est une chanson avec laquelle Myrtle Marygold déchaîne l'enthousiasme de l'auditoire — si bien que Johnny passe en revue ses danseuses et, finalement, demande à Soie si elle sait chanter. Soie répond qu'elle sait chanter mais qu'elle ne veut pas chanter *Stacker Lee* parce qu'elle considère ça comme une rengaine endormante. Elle ajoute qu'elle veut bien chanter quelque chose de classique, et Johnny Oakley, qui est fort embêté de ce qui lui arrive, lui dit qu'elle peut y aller. Soie chante donc une très vieille chanson intitulée *Annie Laurie*, une chanson que sa maman lui avait apprise, et elle la chante avec tant de force que toute la salle éclate en sanglots.

Bien entendu, en cherchant un peu, on découvrirait que les sanglots proviennent du Professeur D., du Grand Nig et du Grec, qui sont là par hasard et que cette chanson fait sangloter parce que c'est Soie qui la chante, mais Johnny Oakley considère cela comme un succès formidable, et tous les soirs il fait chanter à Soie *Annie Laurie*. Si bien que, l'un de ces soirs, Harry Fitz, l'agent théâtral, entre en passant, l'entend chanter et raconte à Ziegfeld qu'il a découvert une gonzesse qui a une façon de chanter tout à fait inédite.

Naturellement Ziegfeld l'engage tout de suite pour ses Folies, car il a très grande confiance dans le jugement d'Harry Fitz, mais lorsque Ziggie entend Soie chanter, il lui demande si elle ne sait pas faire autre chose, et il est rudement soulagé quand il apprend qu'elle sait danser.

Soie devient donc danseuse chez Ziegfeld, et, le premier soir où elle paraît sur la scène, elle remporte un vif succès auprès des critiques dramatiques, car elle danse complètement vêtue, ce que l'on considère comme le *nec plus ultra* de l'originalité. Les citoyens de chez Mindy font une collecte pour lui offrir un plein taxi d'orchidées et un coussin de fleurs, et le Professeur D. lui fait cadeau pour sa part d'un livre intitulé *Résumé d'histoire générale,* si bien que Soie est la gonzesse la plus heureuse de la ville.

Une année se passe, et cette année passée aux Folies produit sur Soie un effet absolument extraordinaire. En ce qui me concerne, je ne remarque pas grand changement dans sa personne, si ce n'est que son corps s'est développé, qu'elle a acquis des rondeurs par-ci par-là aux endroits où une gonzesse a le droit d'en avoir, et que sa figure est devenue assez grande pour ses yeux. Mais tous les autres assurent qu'elle est maintenant très jolie. Elle a tout le temps sa photo dans les journaux, et il y a des douzaines de types qui ne cessent de lui envoyer des fleurs et un tas d'autres choses.

Il y a en particulier un type qui se met à lui envoyer des bijoux, que Soie apporte toujours chez Mindy pour les montrer à Joe le Bijoutier, car Joe est un type qui vend des bijoux dans Broadway depuis des années, et il lui suffit d'une seconde pour vous dire ce que vaut un bijou.

Il trouve que ceux que Soie apporte pour les lui montrer ne sont que du toc, et, comme de juste, il lui conseille de ne plus fréquenter un type qui n'est pas capable de lui donner mieux que ça. Mais, un matin, elle arrive chez Mindy avec une bague où il y a une émeraude aussi grosse qu'un savon, et Joe le Bijoutier n'a pas plutôt vu cette émeraude qu'il déclare à Soie que celui qui lui a fait ce cadeau mérite la plus sérieuse considération.

Or, à ce qu'il paraît, le type qui lui a envoyé l'émeraude n'est autre que le banquier Israël Ib à qui appartient le piège à gogos intitulé Banque des Ponts, dans East Side, et la façon dont Soie a fait sa connaissance n'est pas banale. Cela s'est fait grâce à un jeune type du nom de Siméon Slotsky, caissier au piège à gogos d'Israël Ib, qui a vue Soie danser un soir aux Folies et qui a eu le coup de foudre pour elle.

C'est ce Siméon Slotsky qui envoyait à Soie les bijoux qu'elle apportait d'abord chez Mindy. Et la façon dont il se procurait de quoi payer ces bijoux consistait à barboter de temps en temps un peu de pognon dans une caisse qui ne lui appartenait pas. Il va sans dire que c'est une façon d'agir très malhonnête. Israël Ib ne tarde pas à découvrir les friponneries de Siméon Slotsky et se dispose à le faire coffrer.

Mais Siméon Slotsky ne tient pas du tout à être coffré. En désespoir de cause, il va trouver Soie et lui raconte toute son histoire, en lui expliquant que, s'il a commis cet acte malhonnête, c'est parce qu'il est fou d'elle, bien que Soie ne lui ait jamais donné le moindre encouragement et ne lui ait pas, en réalité, adressé jusqu'à présent deux paroles.

Il lui dit qu'il appartient à une vieille et respectable famille d'East Side et que ses parents auront un immense chagrin si on le met en prison, surtout sa maman, mais qu'Israël Ib tient absolument à le faire coffrer, parce qu'il n'admet pas qu'on barbote de la galette dans sa caisse. Siméon Slotsky dit que sa maman a pleuré dans le gilet d'Israël Ib en essayant de l'attendrir et de le détourner de sa résolution de faire mettre son fils en prison, mais qu'Israël Ib est un type au cœur dur qui ne veut rien entendre, et que, par-dessus le marché, il est furieux parce que les larmes de la maman de Siméon ont taché son gilet. Siméon ajoute donc qu'il est inévitable pour lui d'aller en prison, à moins que Soie ne trouve une solution.

Or Soie est elle-même très jeune, elle a très bon cœur et elle a pitié de Siméon Slotsky parce qu'elle voit bien qu'il n'est qu'un parfait nigaud, c'est pourquoi elle s'assied et écrit à Israël Ib une lettre l'invitant à venir la trouver dans les coulisses des Folies pour une affaire très importante. Bien entendu, Soie ne se rend pas compte que ce n'est pas ainsi qu'on écrit d'ordinaire à un banquier et qu'il y a en général mille chances contre une, pour parler comme le Grec avec ses paris, qu'un banquier ne tienne aucun compte d'une lettre de ce genre, si ce n'est peut-être pour la transmettre à son avocat.

Mais il paraît que cette lettre intrigue Israël Ib, car il a toujours eu le secret désir d'être admis à jeter un coup d'œil dans les coulisses des Folies, pour voir si les gonzesses sont aussi peu vêtues qu'on le prétend. Il s'y rend donc le soir même, et, en cinq minutes, Soie l'a complètement convaincu pour ce qui est de l'affaire de Siméon Slotsky. Israël Ib dit qu'il va arranger la chose et trouver une place à Siméon dans une banque de l'Ouest.

Le lendemain donc, Siméon Slotsky vient remercier Soie de tout ce qu'elle a fait pour lui. Il fond en larmes et lui demande une photo signée, qu'il donnera, dit-il, à sa maman afin qu'elle puisse l'accrocher à son mur, là-bas dans East Side, et se souvenir toujours de la gonzesse qui a sauvé son fils. Puis Siméon Slotsky s'en va à ses affaires, et, autant que je sache, il devient un citoyen honnête et utile. Mais quarante-huit heures plus tard, Soie porte au doigt l'émeraude d'Israël Ib.

Cet Israël Ib n'est pas un type de Broadway, et même très peu de gens ont entendu parler de lui avant qu'il n'envoie à Soie cette émeraude. Israël Ib est en effet, à ce qu'il paraît, un type rangé et laborieux, uniquement occupé, avant le soir où il fait la connaissance de Soie, de faire marcher sa boîte et de gagner beaucoup de fric.

C'est à ce moment-là un type d'une quarantaine d'années, petit, gras, avec un bedon proéminent, et, sur ce bedon, un éternel gilet blanc barré d'un cordon noir au bout duquel pend un binocle à monture d'or. Il possède un pif monumental, et, sous quelque angle qu'on le regarde, il est commun comme un carré de choux, mais tout le monde le considère comme un type qui fera son chemin dans la banque.

Soie ne cesse de dire des blagues sur Israël Ib, car, comme bien on pense, elle ne s'intéresse pas beaucoup à un type qui marque aussi mal, mais tous les matins elle arrive chez Mindy avec toutes sortes de colifichets tels que bracelets, bagues, ou broches, et, finalement, Joe le Bijoutier lui parle très sérieusement et lui déclare qu'un type qui a le moyen de lui faire cadeau de marchandises comme celles-là n'est pas un sujet de plaisanterie.

Il est hors de doute qu'Israël Ib a le béguin pour elle, et, personnellement, je considère comme une calamité qu'un type aussi habile en affaires se fourre dans une pareille situation. Mais alors je me dis que des types mille fois plus malins qu'Israël Ib se sont laissé pincer de la même façon, et que, par conséquent, ça doit toujours être comme ça.

Le résultat de tout ça c'est que Soie commence à faire un peu attention à Israël Ib, et on ne tarde pas à apprendre qu'elle quitte les

Folies, s'en va habiter un vaste appartement dans Park Avenue, se promène dans une grosse voiture, avec un type en livrée pour la conduire, et qu'elle possède assez de manteaux de fourrure pour toute une tribu d'Esquimaux, y compris un paletot de chinchilla qui a coûté trente gros billets à Israël Ib.

En outre, on apprend que l'immeuble où elle habite est sa propriété et quelques citoyens n'en reviennent pas, car ils n'auraient jamais cru qu'une gonzesse qui vient de quitter Broadway ait assez de jugeote pour posséder quoi que ce soit à son nom, sauf peut-être une citation à comparaître pour infraction aux règlements de la circulation. Mais le Professeur D. dit que cela ne le surprend pas, parce qu'il lui a fait lire un bouquin intitulé *De l'importance de la propriété*.

Nous ne voyons presque plus jamais Soie à présent, mais, de temps en temps, nous entendons dire qu'elle est encore devenue propriétaire de quelques immeubles de rapport, et les citoyens de chez Mindy en sont enchantés parce que, disent-ils, c'est la preuve que le mal qu'ils se sont donné pour faire l'éducation de Soie n'a pas été du temps perdu. Pour finir, nous apprenons que Soie est partie pour l'Europe, et, pendant environ deux ans, elle habite à Paris et en d'autres endroits, et certains assurent que si elle reste en Europe c'est parce qu'elle a découvert tout à coup qu'Israël Ib est marié. Mais, quant à moi, j'imagine que Soie l'a toujours su, car ce n'est certainement pas un mystère. En effet Israël Ib est tout ce qu'il y a de plus marié et sa femme est une grande et grosse vieille gonzesse dont la famille possède des tas de pognon.

La vérité est sans doute que Soie en a assez et plus qu'assez de contempler Israël Ib et qu'elle reste à l'étranger pour ne pas être obligée de contempler sa vilaine bobine plus de deux ou trois fois par an, car il est impossible à Israël Ib de trouver plus souvent des prétextes pour aller la voir. Puis, un hiver, nous entendons dire que Soie va rentrer chez elle et y rester. C'est l'hiver de 1929, alors que tout marche si mal.

Peu de temps avant Noël, un matin vers onze heures, Soie débarque du paquebot, et elle s'attend probablement à rencontrer Israël Ib sur le quai, mais Israël Ib n'y est pas, et il n'y a personne pour lui dire pourquoi Israël Ib n'est pas là.

Les types de la douane retiennent, paraît-il, quelques-uns des bagages de Soie, car elle a rapporté assez de marchandises de toutes sortes pour ouvrir un magasin de nouveautés. Elle voudrait voir Israël Ib pour arranger cette affaire. Elle prend donc un taxi et dit au chauffeur de la conduire au piège à gogos d'Israël Ib, dans l'intention de s'y arrêter une minute, de donner à Israël Ib ses instructions, et, peut-être, de lui passer une bonne engueulade pour ne pas être venu à sa rencontre.

Or, jusqu'à présent, Soie n'est jamais allée à la banque d'Israël Ib, qui se trouve au fin fond d'East Side, là où résident nombre de citoyens à longues barbes qui ne parlent guère anglais, et où flotte toujours comme une odeur de harengs, et, à mesure qu'elle approche du coin où est situé le piège à gogos d'Israël Ib, ce quartier l'étonne et l'écœure.

Ce qui l'étonne également c'est de trouver devant la banque une foule énorme composée de nombreuses barbes, de vieilles gonzesses avec un châle sur la tête, et de gosses de toutes les tailles. Toute cette foule paraît très agitée, tout le monde fait entendre des gémissements et des lamentations, surtout une vieille gonzesse qui se tient sur le seuil d'une petite boutique, à deux portes de la banque.

La vieille gonzesse fait, en vérité, plus de bruit à elle toute seule que tout le reste de la foule ensemble, de temps en temps, elle élève la voix, et, sans cesser de pleurer, se met à vociférer dans une langue barbare des paroles qui semblent pleines d'hostilité.

Le taxi de Soie n'arrive pas à passer à travers la foule et un flic s'approche pour dire au chauffeur qu'il vaudrait mieux faire un détour. Soie demande alors au flic pourquoi tous ces gens font un tel vacarme dans la rue au lieu de rester chez eux bien au chaud, car le temps est plus froid que le cœur d'une blonde, et il y a pas mal de glace un peu partout.

« Mais, dit le flic, vous ne connaissez donc pas la nouvelle ? Cette boîte a fait faillite ce matin, et le type qui la dirige, un nommé Israël Ib, est à la prison des Tombeaux, et tous ces gens sont furieux parce que beaucoup d'entre eux ont leur pognon dans cette banque. Et même, ajoute le flic, quelques-uns, comme cette vieille gonzesse là-bas qui pousse des hurlements devant cette boutique, ont dans cette boîte les économies de toute leur vie, et il paraît qu'ils sont ruinés. C'est vraiment triste, conclut-il, car ce sont de très très pauvres gens. »

Il en a les larmes aux yeux et il flanque un coup de son bâton sur le crâne d'un vieux type à barbe, parce que le vieux gémit si fort que le flic n'arrive pas à se faire entendre.

Tout cela est naturellement tout nouveau et bien étonnant pour Soie, et quoiqu'elle soit furieuse de ne pouvoir trouver Israël Ib pour lui faire retirer ses bagages à la douane, elle dit au chauffeur du taxi de sortir immédiatement de ce quartier et de la conduire à son appartement de Park Avenue, qu'elle a fait préparer pour sa rentrée. Puis elle envoie chercher l'édition de midi des journaux du soir et elle y lit un compte rendu détaillé des canailleries d'Israël Ib, qui a laissé sa boîte faire faillite au nez de ces pauvres diables.

On a, paraît-il, fourré Israël Ib à la prison des Tombeaux car on soupçonne quelque chose d'illégal dans cette faillite, mais, naturellement, personne ne croit qu'on l'y gardera longtemps, parce qu'il est banquier. Et même le bruit court déjà que les types qui l'ont mis en prison pourraient bien se trouver plus tard fort embêtés, car il est considéré comme un manque total de courtoisie envers un banquier de le mettre à la prison des Tombeaux, où le confort n'est pas de premier ordre.

L'un des journaux consacre un article à la chère épouse d'Israël Ib, qui s'est esquivée dès qu'elle a eu vent de la faillite et de l'incarcération d'Israël Ib à la prison des Tombeaux. Elle déclare, ajoute cet article, qu'il se débrouillera comme il pourra, mais qu'elle ne donnera pas un sou de son fric, et elle laisse entendre de façon transparente que les mauvaises affaires d'Israël Ib sont dues au fait qu'il a gaspillé la galette de la banque pour une poule. L'article dit encore qu'elle retourne dans sa famille, et, à en juger par le ton dudit article, on dirait que le journaliste qui l'a écrit considère que c'est là, du moins, une fameuse chance pour Israël Ib.

Or les insinuations de la chère épouse d'Israël Ib, au sujet de l'argent de la banque qu'il aurait dépensé pour une gonzesse, sont reproduites comme des faits positifs par les journaux du lendemain matin, et, sans doute, si Soie lisait ces journaux du matin, elle considérerait comme plus sage de ne pas retourner à la banque d'Israël Ib, car son nom est mentionné en toutes lettres et les journaux donnent d'elle de grandes photos du temps où elle était aux Folies.

Mais, le lendemain matin à neuf heures, voilà Soie dans un taxi devant la Banque des Ponts, avec une idée formidable qui lui trotte, paraît-il, par la tête, bien qu'elle ne fasse connaître cette idée que plus tard.

Il y a déjà devant la banque une foule assez dense, car il est toujours difficile de faire comprendre aux gens d'East Side, porteurs de barbes et de châles, ce que c'est qu'une banque qui a fait la culbute. Il y en a qui rôdent pendant des jours autour d'une boîte en faillite, leur carnet de banque à la main, et il faut même parfois toute une semaine pour convaincre ces gens-là que leur fric est irrémédiablement perdu et qu'ils n'ont qu'à rentrer chez eux et à recommencer à faire des économies.

Il y a toujours beaucoup de gémissements et de lamentations, mais tout de même un peu moins que la veille, et, de temps en temps, la vieille gonzesse sort brusquement de la petite boutique et se tient devant sa porte en brandissant le poing dans la direction de la banque fermée, tout en vociférant dans une langue inconnue. Il y a là un type bas sur pattes, crasseux, avec une barbe en broussaille et un vieux chapeau melon enfoncé jusqu'aux oreilles. Il tient à la main un journal du matin tout ouvert, tandis qu'autour de lui un groupe d'autres types l'écoute lire ce que raconte le journal au sujet de l'affaire.

Un seul flic maintenant se promène de long en large, le même à qui Soie a parlé la veille. Quand elle descend du taxi il a l'air de la reconnaître et il s'approche d'elle, tandis que beaucoup de gens cessent de gémir et de se lamenter pour la zyeuter, car ce n'est pas tous les jours qu'on voit une gonzesse comme ça dans le quartier.

Le flic n'a pas plutôt dit bonjour à Soie que le type au journal s'arrête de lire. Il jette un regard sur elle, puis sur la photo reproduite sur la page qu'il a sous les yeux. Puis il montre la photo en désignant Soie et se met à jacasser comme une pie avec les types qui l'entourent. À ce moment la vieille gonzesse sort de sa boutique pour brandir encore une fois le poing vers le piège à gogos d'Israël Ib, et, en entendant la jacasserie, elle s'approche du groupe qui entoure le type au journal.

Elle écoute le baragouin pendant un instant, tout en jetant un coup d'œil au journal par-dessus l'épaule du type, puis elle regarde Soie attentivement, et, tout à coup, elle tourne les talons et se précipite vers sa boutique.

Maintenant toutes les barbes et tous les châles commencent à affluer autour du flic et de Soie, et il est aisé de voir à leur attitude qu'ils sont furieux, et c'est contre Soie qu'ils le sont, parce que, naturellement, ils se disent que c'est elle la gonzesse dont la photo est dans le journal, et que, par conséquent, c'est elle la gonzesse responsable de la faillite d'Israël Ib.

Mais, bien entendu, le flic ne se rend pas compte que c'est à Soie qu'ils en ont, et il pense que c'est simplement par curiosité qu'ils s'approchent, comme le font souvent les gens quand ils voient un flic causer avec quelqu'un. C'est un flic assez jeune, et, comme de juste, il ne tient pas à avoir un auditoire pendant qu'il est en train de causer avec une gonzesse comme Soie, même si la majorité de l'auditoire ne comprend pas un mot d'anglais, si bien que, comme la foule s'approche de plus en plus, il se dispose à épousseter quelques crânes avec son bâton.

Juste à ce moment-là, une moitié de brique le frappe au-dessous de l'oreille droite et il vacille sur ses jambes, tandis qu'au même instant toutes les barbes et tous les châles se mettent à houspiller Soie. Tout d'abord, il n'y avait là qu'une centaine de barbes et de châles, mais il en arrive de tous les côtés, et tous hurlent et vocifèrent tout en travaillant contre Soie des poings et des ongles.

Deux ou trois fois elle s'abat, et un grouillement de barbes et de châles piétine son corps étendu à terre. Elle saigne d'un peu partout, et il est bien probable que, dans leur acharnement, ils vont finir par la tuer, quand, tout à coup, la vieille gonzesse sort de la petite boutique située auprès de la banque, arrive, un manche à balai à la main, et se met à taper sur les caboches des châles et des barbes.

C'est même une véritable mélodie que la vieille gonzesse exécute sur les caboches avec son manche à balai. De temps en temps elle assomme un châle ou une barbe, et elle ne tarde pas à se faire à travers la foule un passage jusqu'à Soie, qu'elle enlève et qu'elle transporte dans sa boutique juste au moment où arrive un renfort de flics avec une ambulance.

Le jeune flic est toujours étourdi par la brique qu'il a reçue, et il raconte qu'il entend les oiseaux chanter dans les arbres, bien que, cela va sans dire, il n'y ait pas, en cette saison, d'oiseaux dans le voisinage, ni d'arbres non plus. Une douzaine environ de châles et de barbes restent là assis sur le trottoir à se frotter le crâne, tandis que d'autres disparaissent çà et là dans les maisons au milieu d'une débandade générale.

L'ambulance emmène donc Soie, ainsi que quelques châles et quelques barbes, jusqu'à l'hôpital où, deux heures plus tard, le Professeur D. et Doc Daro vont rendre visite à Soie qu'ils trouvent au lit avec des pansements un peu partout, mais des blessures sans gravité. Bien entendu, le Professeur D. et Doc Daro désirent savoir ce qu'elle pouvait bien aller faire aux alentours du piège à gogos d'Israël Ib.

« La nuit dernière, dit Soie, je n'ai pas pu fermer l'œil en pensant que ces pauvres diables allaient être dans la misère parce que j'avais accepté le fric d'Israël Ib. Et pourtant, ajoute-t-elle, quand je l'ai reçu je ne savais pas que c'était de l'argent mal acquis. J'ignorais qu'Israël volait ces pauvres gens. Mais quand je les ai vus devant la boîte hier matin, je me suis rappelé ce qui est arrivé à ma pauvre maman quand sa banque a fait la culbute. Je la revoyais devant la banque en faillite, et moi à côté d'elle, et elle qui pleurait, et j'avais le cœur bien gros. Alors je me suis mise à réfléchir, dit Soie, que ce serait une bonne action de ma part d'être la première à annoncer à ces pauvres diables qui ont mis leur fric dans la banque d'Israël Ib qu'ils allaient être remboursés.

— Attends un peu, dit Doc Daro. Qu'est-ce que tu entends par rembourser ?

— Eh bien ! répond Soie, j'en ai parlé hier soir à Juge Goldstein, mon homme d'affaires, qui est un brave type et même assez honnête, et il m'a dit que je possédais en valeurs au porteur, immeubles, bijoux et autres, environ trois millions cent dollars et quelques sous. Juge Goldstein m'a assuré qu'une telle somme suffirait largement à rembourser tous ceux qui ont déposé de l'argent à la banque d'Israël Ib. J'ai donc à cette fin remis à Juge Goldstein tout ce que je possédais, bien qu'il m'ait affirmé que je pouvais m'opposer à toute tentative pour me déposséder de mon bien si je voulais le garder.

« Ainsi, continue Soie, j'étais si heureuse de penser que ces pauvres gens allaient rentrer en possession de leur galette que je n'ai pas pu attendre que ce soit Juge Goldstein qui le leur annonce. J'ai voulu le leur dire moi-même, mais avant que j'aie pu prononcer une parole, les voilà qui se jettent sur moi et qui se mettent à me frapper, et, sans cette vieille gonzesse au manche à balai, vous seriez sans doute obligés de faire une collecte pour payer mon enterrement, car il ne me reste certainement pas de quoi le payer moi-même. »

Voilà donc à peu près toute l'histoire, sauf que la Banque des Ponts a remboursé cent pour cent, qu'Israël Ib en est toujours propriétaire et fait d'excellentes affaires, enfin que sa bien-aimée femme est revenue avec lui et qu'ils se sont raccommodés tous les deux.

Quant à Soie, elle est retournée à Broadway, et, la dernière fois que je l'ai vue, elle était amoureuse d'un type très comme il faut, qui travaille dans un hôtel, et, bien qu'il ne me semble pas avoir beaucoup de cervelle, il a pour lui sa jeunesse, et Soie me déclare que la plus grande veine qu'elle ait eue dans sa vie, c'est que la banque d'Israël Ib ait fait faillite.

Mais n'importe qui peut vous dire que la plus grande veine qu'ait eue Soie c'est que la vieille gonzesse d'East Side reconnaisse en elle, d'après la photo qu'elle a sur le mur de sa petite boutique auprès de la banque d'Israël Ib, la poule qui a naguère sauvé de la prison son fils, Siméon Slotsky.

Nouvelle extraite de *Nocturnes dans Broadway*.
Traduit de l'anglais par R. N. Raimbault et Ch.-P. Vorce.

Saul Bellow

New York :
une impossibilité mondialement célèbre

Comment les Américains envisagent-ils New York ? Mais demande-t-on aux Écossais ce qu'ils pensent du monstre du Loch Ness... C'est notre phénomène légendaire, notre grande chose, notre impossibilité mondialement célèbre. Si d'aucuns aimeraient n'y voir qu'une rumeur persistante, New York est pourtant, à l'aune humaine, on ne peut plus réelle, surréelle même, elle qui concentre et amplifie ce qui est à peine suggéré dans les autres grandes villes américaines. On y a le sentiment d'être au cœur des choses. C'est assurément vrai, et bizarre assurément.

Là, comme dans toute métropole, les gens se conduisent volontiers de manière symbolique et s'efforcent d'exprimer l'esprit du lieu. Un diplomate de passage écrit une lettre de remerciements à l'inconnu qui a déposé son portefeuille intact au bureau des objets trouvés. À deux pas de Times Square, pleure un aveugle en sang : il s'est fait agresser et on lui a volé son chien guide. « Ça n'arrive qu'à New York », grommelle un policier. S'y libèrent en effet les pulsions refoulées dans des endroits plus calmes. Chaque coin de rue est « école de la vie ».

New York est bouleversante, insupportable, agitée, ingouvernable, démoniaque. Nul ne saurait porter sur elle de jugement définitif. Walt Whitman lui-même ne pourrait aujourd'hui l'appréhender émotionnellement dans son intégralité sans risquer le naufrage. Qui veut contempler le phénomène est bien avisé de dominer toute contemplation. Et qui souhaite en *éprouver* la profondeur a intérêt à se montrer prudent. J'ai vécu quinze ans à, et avec New York. Aujourd'hui j'habite Chicago.

Dans les autres villes et les autres régions, la fierté locale est en régression. Disparue la vieille et naïve confiance en soi. Depuis les événements des dix dernières années, le Texas ne se vante plus, le Chicago du maire Daley ne pavoise plus. À la fin du siècle dernier, Chicago était une capitale régionale qui rêva en 1893[1] de devenir une métropole mondiale. Intellectuels, architectes, poètes, musiciens montaient alors de l'Indiana, descendaient du Wisconsin, revenaient vers l'est depuis le Nebraska. Mais à la fin des années vingt la vie culturelle du Middle West se mourait : les trains quittaient Chicago chargés de poètes aussi bien que de viande de porc, et la ville ne tarda pas à sombrer dans le provincialisme.

En quête d'une vie plus ample et plus profonde, plusieurs générations de jeunes Américains abandonnèrent Main Street aux hommes d'affaires et aux péquenauds pour gagner Paris ou Greenwich Village. Après tout, le grand projet de l'Amérique ne consistait pas à encourager les peintres, les philosophes et les romanciers. Mener la vie d'artiste ou d'intellectuel exigeait que l'on quittât Detroit, Minneapolis ou Kansas City pour trouver « ailleurs » les états oniriques et l'atmosphère particulière propices à l'art.

La vie de bohème à Greenwich Village était dans les années vingt très élégante, voire patricienne, car elle attirait les riches outre les écrivains, les peintres et les gauchistes. Le vieux Village connaissait un succès retentissant et, par quelques qualités rares et précieuses, New York fut vraiment, un temps, le centre du pays. Auteurs de vers libres, tenants de l'amour libre et élégants pochards, benêts et excentriques nantis, artistes et contestataires y charmaient la jeune généra-

1. Exposition Universelle (*N.d.T.*).

tion et l'encourageaient à résister à la laideur et au philistinisme de la province natale.

Tout cela n'est bien sûr qu'un souvenir. New York est aujourd'hui le centre financier de la culture américaine, le centre des loisirs ou de la frivolité, de l'effervescence, de l'angoisse. Mais elle n'a pas de vie intellectuelle indépendante et originale. Elle n'offre ni équilibre ni espace mental aux artistes. On n'y discute plus d'idées. Je viens de revoir un vieil intellectuel du Village : non content d'arborer une barbe grisonnante et d'énormes lunettes, il est couvert d'insignes protestataires comme un poisson d'écailles — c'est maintenant un ancien intellectuel.

Pour le meilleur ou pour le pire, la vie intellectuelle du pays s'est réfugiée dans les universités. Si les attitudes et les idées bohèmes se sont répandues d'un bout à l'autre du continent, c'est à New York que s'effectue l'essentiel de la transformation et de la distribution des produits culturels consommés par le public américain, et cela sous l'égide des « intellectuels » de la publicité. Ces hommes et ces femmes qui ont fait des études universitaires, et n'ont jamais vécu en poètes, peintres, compositeurs ou penseurs, savent en revanche organiser efficacement l'écriture, l'art, la pensée et la science dans les maisons d'édition, les musées, les fondations, les magazines, les journaux (essentiellement le *New York Times),* l'industrie de la mode, la télévision et la publicité — toutes institutions désormais conçues pour rapporter de l'argent, beaucoup d'argent.

M. Jason Epstein de Random House, autorité s'il en est, nous dit dans la *New York Review of Books* que New York peut être une ville merveilleuse... si l'on gagne cinquante mille dollars par an. Il aurait pu ajouter que la poule aux œufs d'or qui fournit d'aussi coquets revenus n'est autre que la « contre-culture » chère à M. Theodore Roszak, « la culture adverse » du professeur Lionel Trilling ; que le commerce d'idées subversives (parfois très anciennes, mais les gens sont trop occupés pour lire eux-mêmes Baudelaire, Proudhon ou Marx) est profitable ; et que cette critique, ou même la haine déclarée de la société, n'est aucunement un obstacle à la réussite dans cette scintillante cité.

Mais je n'imagine personne débarquer aujourd'hui de Boise,

Idaho, pour chercher impatiemment à New York d'autres écrivains qu'anime un amour pur de la poésie ou qui, nouveaux Athéniens, attendent sur les marches de la bibliothèque publique pour discuter de l'Existence ou de la Justice. Les intellectuels de la publicité ne s'intéressent guère à ce genre de questions. Ils lisent peu et ne se retrouvent pas pour parler littérature. Le Tout-New York culturel fonde sa prospérité sur l'ancienne présence de ces grandes choses en entretenant l'illusion qu'elles sont encore présentes. New York est une grande marchande d'échos. Le passé se traduit profitablement au Village en locations et autres opérations immobilières, en repas au restaurant, en nuits d'hôtel. New York se nourrit également d'une impression d'insuffisance nationale, du sentiment de tous ceux qui s'imaginent désespérément engloutis dans un vide américain sans couleur, sans théâtre, sans réalité contemporaine vivante, où les gens sont incapables de parler de la vie avec une autorité mondialement reconnue.

Nous n'avons pas de lieux saints en Amérique, aussi devons-nous nous contenter du profane. Demandez donc à Rockford, Illinois, ce qui se passe dans le coin. « Rien, vous répondra-t-on la plupart du temps. Tout se passe à San Francisco, Las Vegas et New York. » « Qu'avez-vous vu ? Vous êtes bien sûr allé au théâtre », vous entendez-vous dire quand vous rentrez à Chicago d'un voyage à New York. Mais que voit-on aujourd'hui au théâtre à New York ? Des organes sexuels. Peut-être s'agit-il ainsi de célébrer notre émancipation du puritanisme et de marquer notre rédemption de la servitude sexuelle. Mais *Oh ! Calcutta !* est en fait du théâtre dans le théâtre, car New York est elle-même la scène du pays, qui nous présente d'étranges spectacles. Les provinciaux — tous les autres Américains — sont décidément d'inlassables badauds...

Extrait de *Tout compte fait.*
Traduit de l'anglais par Philippe Delamare.

CHARLES DANTZIG

Une gaieté mortelle

Personne ne fut plus heureux que Cédric pendant cette semaine à New York. Il m'avait pourtant dit : « Si nous y allions ? » sans plus d'enthousiasme, au point que, préparant ma valise, je m'étais promis que des invitations formulées d'un ton aussi morne, je n'y répondrais plus. (D'agacement, je grillai un collant.) Sa morne-rie dans l'avion, j'y étais habituée. « L'avion est l'endroit où je m'en-nuie le plus au monde avec le théâtre quand la pièce est mauvaise », disait-il. Avec cela, il chassait ses brouillards très vite. Son regard filait rieusement de côté, il penchait la tête, comme sous l'effet d'un coup de vent, et devenait l'homme le plus gai du monde. Le chef de cabine n'y fut pas pour rien. L'avion n'avait pas encore décollé qu'elle s'ap-procha de nous, dit :

— *Hello ! My name is Mercedes Jing, I shall be attending to you during this flight,*

et nous tendit la main. Il n'y a plus que les Américaines pour porter des ongles aussi longs et les vernir, me dis-je, tandis que Cédric, ravi, me tendait la main et me disait :

— *Hello ! My name is Cédric and I shall be your lover as long as you wish.*

Il pouvait être adorable. Il l'était. Cette gaieté, vraiment, cette gaieté, c'était la crème et le sucre. Comme le film était bête, il proposa

d'enlever nos écouteurs et de le doubler. Et comme moi j'étais empê-
trée, incapable de trouver une réplique, il joua tous les rôles, mettant
dans la bouche de l'infirmier une phrase pompeuse que venait de
prononcer le premier ministre et dans celle de l'héroïne des recettes
de cuisine avec l'accent de Bordeaux. Cela ne dura pas trois minutes :
il n'aimait pas ce qui dure.

À l'aéroport, le chauffeur nous attendait avec une pancarte. Je l'aimais parce qu'il était riche. Pour sa manière de l'être, bien sûr, sans
complexe, ce qui était de l'héroïsme en France et en 1994, et d'autant
plus qu'il n'y ajoutait pas d'insolence par réaction, il était riche naturellement, je dirais même gentiment, mais je l'aimais aussi pour sa
richesse en tant que telle. Sa très grande richesse. Moi qui venais
d'une famille de médecins, c'est-à-dire d'une espèce sociale qui a
beaucoup dégringolé, et qui subissais l'humiliante condition de sala-
riée, même à seize mille francs par mois, j'avais découvert une autre
sorte d'être humain en le découvrant. Un être humain plus différent
de moi qu'un énarque, qu'un ouvrier, qu'un S.D.F., mais si, nous
étions entrés dans un temps où il avait fallu trouver un autre nom
aux clochards pour ne pas offenser les cadres qui les rejoignaient,
dans mon entreprise on parlait d'un qui tendait la main à la sortie
des voies sur berge, licenciement à quarante-quatre ans plus un juge
de divorce qui l'avait ruiné. Je n'avais jamais vu personne de pareil.
Cette douceur, cette clarté de la peau de Cédric. Cela n'était pas
terrestre. Et l'*aisance* de ses gestes, la légèreté de sa démarche. Oui,
c'était une question de légèreté. Il y avait autour de son corps un
ballon d'air qui l'isolait, même du sol. Il faisait tomber les petits
inconvénients de la vie. Rien à voir avec une longue habitude, une
civilisation : comme on le sait ce n'était pas du vieil argent, Cédric,
son père était un parvenu gras que d'ailleurs il aimait beaucoup. Et
d'ailleurs il était très amusant. Son énergie me le faisait préférer de
beaucoup à un Louis X..., par exemple, ami de Cédric, troisième
génération de très riches, raffiné, et aigre, aigre, aigri par sa chance,
il en était devenu un raté de luxe. La limousine descendait la route
de Newark. Comme toutes les routes d'aéroports, elle est mesquine.

— C'est fait exprès, me dit Cédric. C'est pour éviter qu'on ne soit
tué sur le coup par la beauté de la ville où l'on se rend. D'ailleurs

cette route-ci te prévient par à-coups... que c'est emmerdant, ces vitres
fumées ! Dans un pays où l'argent est à la mode... Les riches voudraient se cacher ? Ou peut-être on les cache, ils sont si mal habillés ?

Il baissa la vitre, je me penchai (l'odeur de sa joue) : au loin, tout
d'un coup, apparut Manhattan. Puis un virage : l'usine flottante disparut. Autre virage, elle réapparut, plus près. C'était bien plus étonnant
que de l'avion. Cédric avait réservé des places côté gauche, d'où l'on
peut voir la ville à l'arrivée. Autre effet de la richesse. On sait les
petites choses que les autres ignorent. Les grandes, elles sont à tout
le monde, où est l'intérêt ? Manhattan grossissait par gros plans suc-
cessifs, après chaque tournant, comme des photos qu'on nous aurait
plaquées devant le visage. Je vais vous absorber, petits hommes !
annonçait la bête primitive. Soudain, un tunnel. Un tunnel étroit,
recouvert de carreaux de cuisine, qui ne faisait pas sérieux, pas tunnel
de grande ville, ce lombric avançait sous la terre, nous surgissons.
Nous étions sur la crête du dinosaure.

La *limo* remonta une avenue, rainure entre les gigantesques poils
de la bête, et nous déposa à l'endroit de la pelade nommée Central
Park. L'appartement du père de Cédric, avec ses huit fenêtres donnant sur le parc, avait été refait par le plus grand décorateur de la
ville, c'était du style anglais épaissi dans la salle à manger, dans les
chambres du style pute hollywoodienne, et du style néo-abstraction-
zen-plancher brut dans le séjour, où un tableau de six mètres sur trois
représentait un drapeau américain en rose et jaune. Sur le toit-terrasse, Cédric me renseigna sur les catégories moyenâgeuses du quartier. Il prétendait que, si « dans la vie » que fût une ville, elle tendait
à créer des regroupements par spécialités et que, de même qu'au
moyen âge il existait des quartiers de charrons et des carrés d'ébé-
nistes, cette partie-ci de l'Upper East Side était familiale, une école,
des promeneuses salariées de chiens, tandis que deux *blocs* plus bas
on était show-biz et deux *blocs* plus haut intello, poil au dos. Dit-il.
Puis m'embrassa. Et hop ! à l'intérieur, et un repas de caviar-vodka à
trois heures de l'après-midi. Il était assez hop !, si je puis dire. Toujours une surprise gaie pour interrompre ce qui risquait de devenir
monotone. Sous la douche, je pensai que si la vanité du mâle le

conduit souvent à se prendre pour Pygmalion, un joli mot pour « pédant », Cédric s'interrompait vite. Hélas, car ce qui conduit également le mâle c'est la paresse de la femme. Quelqu'un qui lit, étudie, analyse, s'embête pour deux ! Sans compter qu'il nous attendrit de les regarder se vautrer sur le dos en frétillant des oreilles, ces bons chiens. Cela nous donne même un agréable sentiment de supériorité. Ce comportement est celui des gros chiens, et Cédric était un fox. Déjà il venait me prendre par les hanches, déposant un baiser sur ma nuque, et me disait de me dépêcher, nous sortions.

Plus de limousine, mais un taxi.

— On ne peut se garer nulle part, dit-il, comme dans n'importe quelle grande ville d'ailleurs. Ce qui permet à leurs habitants de se plaindre et d'éblouir les péquenauds. Ceux de Manhattan sont si contents d'y habiter qu'ils y mettent une exclamation. *Man ha ! tn.* Ils ont raison, du reste.

Il trouvait que Paris *n'avait pas été aussi ennuyeux depuis la seconde Restauration.* Le vendredi, il me téléphonait : « Demain, Milan ? » Ou Londres, ou Madrid, Guizeh s'il y avait un pont. Le taxi rebondit sur une bosse de goudron. Cahot qui fit remonter de ma mémoire le souvenir de ce week-end à Marrakech où nous avions pris un taxi pour aller dîner dans un ancien palais de la médina. Mes parents étaient exaspérés parce que nous ne vivions pas ensemble. D'autre part, ils le méprisaient.

La voiture nous déposa au bout de l'île, à Battery Park. Des dizaines de personnes marchaient fermement en direction d'une espèce de bouche de métro. Qu'est-ce que c'était que ce truc moche ?

C'était l'embarcadère du ferry pour Staten Island, et nous assistâmes au plus cajoleur des spectacles : le crépuscule sur les tours de la ville. Il l'a facile, le crépuscule. Ce vieux fainéant arrive en bâillant, jette le mouchoir jaune qu'il avait dans la poche, et s'en va, traînant les pieds, admiré de tous. L'aube est une brave petite travailleuse en route vers l'étal du primeur où elle est vendeuse, et, toute fraîche qu'elle soit, on devine en elle l'arrivée de la fatigue. Midi est une brute. À côté de ces *moments*, le reste du temps n'est qu'heures sans personnalité, comme l'atteste leur appellation par des numéros,

10 h 48, 3 h 17, 5 h 12. Il existe tout de même un autre moment. Dans certains endroits, il est encore plus délicieux que le crépuscule. Ce moment est la première heure de la nuit, et ces endroits sont les très grandes villes. Pas toutes. Pas Londres, par exemple, qui passé sept heures du soir est noire comme une figue. Mais Manhattan ! Après nous être promenés une demi-heure dans cette île (« résidentielle, *classes moyennes* »), nous repartîmes et, dans le ferry cette fois vide, nous assistâmes à l'installation de la nuit, qui allumait les fenêtres des tours en grilles de mots croisés et décorait d'ampoules de cirque le pont de Brooklyn : regardez si j'ai l'air amusante, quelque chose va se passer.

Quelque chose se passa. Cinq endroits différents, des taxis dévalant et tournant à quarante-cinq degrés dans cette ville sans courbes. Angles horizontaux, angles verticaux, angles partout, sauf aux New-Yorkais. Les amis de Cédric étaient des gentils. Et des bougeurs. Un restaurant dans le Village. Un bar dans la quarante-sixième. À décor de chauves-souris empaillées. Un autre dans le bas de Broadway. Cubain. Une boîte. Dans une église désaffectée. Promenade à Central Park, le jour qui se lève, un clochard endormi sous des cartons dépliés, les premiers joggeurs à walkman, les premiers rolleurs à muscles montrés, petit déjeuner sur le toit-terrasse, le doux épuisement particulier à ces fins de nuit-là et qui fait éprouver une grande affection pour l'humanité. Je regardai Cédric. Sa tête carrée sous une brosse de cheveux blonds dépeignés. Mon fox. À cet instant il en avait la pupille dilatée, ce qui lui donnait un regard vague, ou pensif, ou fatigué.

— À quoi tu penses ?

— À moi. Non : à moi ! Mais non : à toi.

Il sourit, me caressa le dessous du menton, de ce geste bien à lui, m'embrassa le bout du nez. Je m'en voulus d'avoir posé une question aussi idiote, mais cette question est chez moi une passion : on peut donc avoir des passions idiotes. Ça n'est pas dit dans Racine. Il me chuchota des choses adorables qui ne regardent que lui et moi.

Ainsi de suite pendant cinq jours. Je ne crois pas utile de faire le détail de nos sorties, de nos excès, de nos rires. Des visites d'enfantillage... mais non, je nous diminue. L'enfantillage, c'étaient celles que je faisais avec T... quand je sortais avec lui. Il était si sérieux ! Nous devions toujours visiter les tours de Londres. Est-ce qu'à Paris nous montons à la tour Eiffel ? lui demandais-je. Cédric me téléphonait aussi pour des promenades étonnantes, comme ce jour où il m'avait entraînée au Père-Lachaise. Devant la tombe de Hahnemann, j'avais pouffé de rire. L'inventeur de l'homéopathie a l'un des plus énormes caveaux du cimetière. Le vendredi soir, la bonne frappa à la porte de la salle de bains.

Je fus incapable de répondre aux policiers. Sortie de ma stupéfaction, j'étais tombée d'une si haute falaise que je ne peux pas mesurer l'avancée de temps qu'elle dura, je leur criai qu'ils se trompaient, qu'on l'avait assassiné. Central Park... Ils répondirent doucement qu'il n'y avait aucun doute. Me conduisirent à la morgue. Je ne remarquai aucune marque tragique, parce qu'il s'était tiré la balle dans la bouche et qu'elle était restée dans le crâne. Il avait un étrange sourire de dauphin. J'approchai mes lèvres, embrassai cette joue qui avait été si douce. Déjà le caoutchouc de la mort. Un dernier endroit me parut, comment dire ? encore vivant. Je passai la main dans ses cheveux.

Son père eut un chagrin de bête. J'ignore si les bêtes ont du chagrin, en tout cas il bramait comme un cerf. La dignité ! dit-il d'un ton sarcastique. Il fit procéder à une enquête.

Elle fut longue. Si gentil qu'il fût avec moi, je me mettais à disparaître. Une veuve finit par être délaissée, alors, une *ex* ! Six mois plus tard, il m'invita à dîner. Il n'y avait rien. Pas de maladie mortelle, pas d'énorme dette, pas de vice dissimulé, pas d'honneur flétri. Et sans lettre d'explication, que comprendre ? Il nous avait laissés là avec un sentiment de faute. Un caillou dans la chaussure. (Je dis « chaussure » pour « âme ».) Ce n'était pas son genre. Il n'était pas mal élevé. Je vois le ridicule qu'il peut y avoir à placer ces deux mots en face du mot « mort », pourtant c'était un fait, et qui me paraissait important. Lui, laisser quelqu'un sans réponse ? Et : peut-on changer de genre au moment de mourir ? Je n'en savais rien. Depuis six mois, j'avais scruté notre passé, cherchant des signes. Ah, j'en avais trouvé. Ses regards vagues ou pensifs. Ce retour de boîte où il m'avait dit : « À moi ! » Mais enfin si c'était un « à moi » qui signifiait « au secours », cet « au secours » signifiait : « au secours, on me pose une question idiote ! », et quant à ses regards, je n'arrivais pas à les relier à une tristesse. Je fis part de mes conclusions à son père. À mon sens, il avait écrit une lettre, et cette lettre, il me paraissait douteux qu'un passant l'eût volée, s'était envolée dans le parc pour finir dans une poubelle. À partir de là, son acte : ou il n'était pas heureux, ou il l'était. Malheureux ? je ne pouvais pas le croire. Sans y mettre de vanité. J'étais prête à tout assumer. Tout plutôt que l'ignorance, plutôt que de vivre jusqu'à la fin de mes jours avec ce caillou, cette ombre. Au reste, j'avais des preuves. La chair. Elle est incomplète : j'y ajoutais les *attentions*, les moments d'abandon, la confiance. Et je me posais la question suivante : peut-on se tuer parce que tout est bien ? Sans autre raison, n'est-ce pas, sans même la crainte que tant de bonheur passera. Tout est bien. Je suis dans la plénitude. Ma vie est sereine, je suis une mer au matin. Les dieux me favorisent. Arrêtons là. Je me tue dans l'enthousiasme. Enthousiasme veut dire *transport divin*, achevons ce transport vers les dieux. Il vous faut croire qu'il a été heureux, me dit son père ; moi !... Il prenait le poids du doute. Revenue chez moi, je repris du début. Avait-il vraiment été heureux ? Cette gaieté permanente... Un homme heureux a-t-il la tête à être gai ? Le bonheur envahit, c'est une occupation. La gaieté est une distraction. Et après ? Après je ne savais rien. Il me fallait rester avec cette mort irrésolue. Et je ne connus rien de plus triste. Qu'on ait été grignoté par un cancer, écrasé sous un train, que même on se soit tué mais en laissant un mot, la mort a toujours une cause ; si l'on part sans expliquer, que faisons-nous rétrospectivement de nos vies ? Des vies de papillons ? Âmes mortes muettes, êtes-vous les papillons de nuit qui se cognent aux murs de nos chambres ? Et quelles vies nous faites-vous ? Serions-nous aussi des papillons ? L'homme est fugace. Vous ajoutez à la fugacité. J'aperçus son père, un jour, devant le caveau, noir comme un éléphant de mer. Je n'osai pas m'avancer. Débattre cailloux, disserter papillons ?

Construction d'un gratte-ciel en 1906

HENRY MILLER

La Merveille de ce merveilleux building

Et maintenant Joey, avant de sauter dans le bateau, je veux
te donner quelques renseignements plus précis sur l'Empire State
Building, quelques faits et quelques chiffres qui te feront dresser les
cheveux sur la tête. Voici : au-dessus du 13ᵉ étage, plus de vertige,
parce que la vitesse des canards volant vers l'Équateur est en raison
inverse du son de projectiles traversant l'espace à la vitesse de 865 000
947 milles à la seconde. Les fenêtres sont impénétrables à la pluie,
les murs au feu. Lingerie et articles d'hygiène au 227ᵉ étage. Depuis
la construction du building, 8 765 492 583 personnes sont montées
au mât d'amarrage, toutes pourvues de parachutes et de fausses dents.
C'est le building le plus élevé du monde « sans compter » la hampe
du drapeau qui, trois cent soixante-cinq jours et nuits durant, flotte à
tout vent, « sans compter » pluie, grêle, brouillard, neige, paniques
ou non-paniques à la Bourse. Les gardiens, qui constituent un corps
de troupe un peu plus important que les armées régulières européennes, sont munis de chaussettes introuables et de suspensoirs
blindés. On leur a fait passer des tests d'intelligence, et même mal
payés ils sont extrêmement polis. Tout le personnel, à l'exception des
équipes de nuit, est vaporisé tous les soirs pour éviter l'apparition
d'épidémies telles que typhoïde, fièvre jaune, dysenterie et autres

maladies contagieuses. C'est le building le plus merveilleux du monde, à l'exception des buildings encore plus merveilleux qui sont en cours de construction et surpasseront tout ce qui existe ou a existé, y compris ceux à venir, et sur quoi nous ne pouvons vous fournir de chiffres précis, les états ne nous étant pas encore parvenus. Cependant, on prévoit l'avalanche.

Ce qu'il y a de plus merveilleux dans la merveille de ce merveilleux building, c'est le rayon des cadeaux au 267ᵉ étage, où l'on change d'ascenseur pour monter au 318ᵉ étage qui forme la base du mât d'amarrage, lequel s'élève à son tour à la hauteur vertigineuse de 563 étages. On trouve à ce rayon tous les accessoires et bibelots connus de l'homme moderne, y compris une ménagerie de figurines entièrement faites de gomme à mâcher : Wrigley's Chewing Gum. L'homme dont le génie inventif a permis de rassembler ces figurines était *chiclero* dans la jungle du Yucatan. Après une longue et honorable carrière, il a été débarqué sans préavis par les magnats de la gomme à mâcher. On peut prendre contact avec ledit génie tous les jours au Barbizon Plaza, où la politesse est de rigueur. C'est là que, délivré des féodaux de la gomme à mâcher, il a installé ses pénates. Entre autres cadeaux dignes de remarque, noter les cartes postales qui offrent des vues de face, de revers et de côté de tous les buildings de New York, quelles que soient leur importance ou leur destination. Également vues prises de la terrasse, et plaques stéréoscopiques. Deux mots d'avertissement au visiteur de passage : *ne pas toucher aux objets !*

Malgré ses dimensions prodigieuses, ce gratte-ciel géant a été construit en moins de six mois grâce au service de liaison aérien inter-usines assuré par la Guilde des Charpentiers et Menuisiers. Vous apprendrez sans doute avec intérêt que, suivant les termes du contrat, le building devait être terminé le 12 février à midi. Grâce cependant à l'admirable coopération dont nous venons de parler, le building était entièrement achevé, et toutes les fenêtres lavées, à 9 heures du matin le 12 février. Le contrat n'exigeait pas que les fenêtres fussent lavées : ce fut une contribution gratuite du Syndicat des Laveurs de Fenêtres. Nous désirons dissiper immédiatement toutes fausses rumeurs qu'ont pu faire courir des syndicats adverses quant à la qualité de la lumière donnée par ces fenêtres. La lumière est absolument pure, filtrée, et l'administration de la tour garantit une visibilité sans défaut, jamais inférieure à 75 milles dans les conditions barométriques normales. Pareille garantie ne peut être offerte au public que grâce aux installations dernier modèle de thermostats fabriqués spécialement pour l'Empire State. Outre la visibilité sans défaut, les thermostats assurent également une pression égale sur les tympans lorsqu'on tombe du sommet du mât d'amarrage au sous-sol inférieur qui se situe, d'après les calculs, à un demi-mille au-dessous du niveau de la mer. C'est un dispositif absolument unique dans l'histoire des gratte-ciel, et qui se révélera bénéfique à tous ceux qui souffrent de phtisie et de dyspnée, dite aussi parfois catarrhe interne.

Un spectacle fantastique aura peut-être impressionné l'observateur de passage qui mange un sandwich de faux filet au pied de la tour. Les canaris qui gazouillent si mélodieusement dans leurs cages de platine ne sont pas là pour distraire le visiteur pendant qu'il déjeune, comme on pourrait l'imaginer, mais pour combattre la tendance à s'endormir qui saisit lorsqu'on regarde par les fenêtres. Ces canaris, à la différence des autres canaris, ne gazouillent pas pour passer le temps. Au contraire, ils gazouillent pour rétablir le sentiment du temps qui est mis en danger chaque fois que l'organisme humain est soumis à l'irréalité d'altitudes auxquelles ses habitudes de piéton le rendent mal adapté. Les canaris ont été adroitement dressés par une équipe d'experts endocrinologistes travaillant conjointement avec les meilleurs psychanalystes de l'État de New York. Ils gazouillent juste assez fort pour franchir le seuil subliminaire des centres nerveux acoustiques, ce qui ramène le visiteur de passage à un rythme syncopé de vie journalière, d'où il peut regarder le monde familier sans craindre l'agoraphobie, l'hydrophobie, ni aucune perversion ou trouble polymorphe. Les canaris sont remis en liberté tous les soirs à neuf heures précises pour être examinés par des spécialistes diplômés des cordes vocales. Ce stupéfiant service est en partie dû à la mémoire de Gatti-Cazzazza qui, prévoyant cet impérieux besoin, donna l'ordre à son homme de confiance d'ajouter dans son testament un codicille à ses dernières volontés. Le visiteur remarquera que sous chaque cage a été placée, en ronde bosse d'or massif, la tête de ce grand bienfaiteur.

En prévision du déclin possible de la ville de New York, en tant que centre industriel et financier, les propriétaires de l'Empire State, désormais connu sous la désignation Empire State Corporation, Inc., cèdent à l'État de New York tous les droits et prérogatives concernant le mode d'emploi du gratte-ciel. Ladite administration n'épargnera rien pour entretenir dans un état permanent de satisfaction les employés en chômage dudit grand et glorieux État. Les salles du rez-de-chaussée, auxquelles une teinte sombre avait été donnée par déférence pour la crise nationale, seront repeintes de couleurs vives, et ornées de fresques conçues spécialement par des artistes de réputation internationale pour éloigner la mélancolie ou la tristesse. Ces fresques représenteront la vie joyeuse et turbulente de New York au temps où les usines faisaient des heures supplémentaires et où l'entre-côte valait six dollars la livre. Profitant de l'expérience de la Grèce et de Babylone, de l'Égypte et de la Chine, l'État de New York a l'intention de garder ses monuments en excellent état de conservation, en appliquant avec grande bienveillance et une parfaite intuition thérapeutique la sagesse pragmatique de ses grands inventeurs et pionniers, les Ghouls et les Briselames.

Ce bâtiment gigantesque, rempli dans toutes ses parties, deviendra, une fois vieux, le refuge des pauvres et des nécessiteux, havre des misérables ouvriers dont la sueur et le travail, ou *sans* la sueur et le travail de qui ces choses n'auraient pu, *sui generis*, se faire *de facto* et *ad hoc*. Il a été estimé qu'étant donné la dépopulation de la ville et la disparition de l'ouvrier nomade on ne pourrait trouver dans les parages de site plus sain que l'Empire State. Les vilaines constructions d'avant l'époque des gratte-ciel seront rasées pour offrir une vue sans obstacle de la statue de la Liberté. Ladite statue sera décapée et vernie et, du cou au sommet, incrustée de pierres précieuses qui brilleront dans la nuit, éliminant ainsi le coût de l'appareillage électrique. Absolument aucune dépense ne sera épargnée pour faire de l'Empire State un durable monument à la gloire du progrès et de l'invention.

Extrait d'*Aller-retour New York*.
Traduit de l'anglais par Dominique Aury.

CLAUDE ROY

New York revisitée

Avril 1991

PRENDRE
SON TEMPS   *Roissy, lundi 8 avril 1991*

La première fois que j'ai été aux États-Unis, peu de temps après la Libération, c'était à bord d'un cargo. La traversée avait pris cinq ou six jours. Bernard Lyot, l'astronome, Paul-Émile Victor, l'homme du pôle, Raymond Latarjet, le cancérologue, avaient bricolé un sextant avec une glace de poche d'Éliane Victor, du chewing-gum comme mastic et des boîtes d'allumettes. À midi ils faisaient le point et allaient confronter leur résultat avec celui de l'officier navigateur : ils tombaient juste neuf fois sur dix. Nous prenions notre temps. Lyot venait de mettre au point un instrument pour observer les éruptions solaires, le *coronographe* qui porte son nom. Éliane, tous les deux jours, faisait une scène de jalousie à Paul-Émile : il avait eu une liaison d'hiver, dix ans auparavant, dans un igloo boréal, avec une jeune fille Eskimo. Imprudent, il en avait parlé dans un livre. (N'avouez jamais !)
Un matin nous avons vu le front de mer de Manhattan monter sur

l'horizon. J'avais le cœur battant. Comme devait l'avoir un jeune Grec du 1ᵉʳ siècle arrivant à Rome.

J'ai découvert longtemps après la disparition de Bernard Lyot un texte de lui où il disait, ce qui m'a touché : « *Claude Roy a une lunette d'approche dans le cœur.* »

Lyot est mort depuis des années. Paul-Émile Victor vit en Polynésie. Raymond Latarjet travaille vif et bien. Il a subi six opérations. Nous prenions notre temps. Le temps a déjà pris un des nôtres.

L'avion de Washington devait décoller à 13 h 15. Nous décollerons avec trois heures et demie de retard. Notre voisin, un homme d'affaires à en juger par ses lectures, tempête. Il n'aime pas perdre son temps. « Si j'avais su... » dit-il. S'il avait su, il aurait pris un cargo ?

DEUX PLACES
DANS L'ESPACE

À bord du vol AF Paris-Washington,
lundi 8 avril 1991

J'avais un ami qui regardait le ciel
surveillant le soleil sans se brûler les yeux
Il est mort maintenant et je suis encore là

Mais qui est donc ce je *qui dormit de la vie des fougères ?*
Mais qui est donc cet il *qui est là où je vais*
dans la nuit saupoudrée de poussières de comètes
au grand repos d'un ciel de basalte et de houille ?
Ce n'était pas ce je *qui doute d'être moi*
ce n'était pas cet il *qui doute d'être lui*
mais croient parfois avoir un nom et une histoire
engloutie aussitôt dans les trous noirs du ciel
L'instant sans lendemain que l'on appelle un homme
donne pourtant un nom
à cet infime point de l'espace et du temps
et Bernard Lyot mon ami surveilleur de soleils

connaît l'honneur dans l'après-vie du non-connaître
qu'on ait baptisé de son nom deux grand-places du ciel
Pour aller au cratère Lyot de la Lune
ou au cratère Lyot de la planète Mars
notez bien les adresses 485 88 E et 50 N 331
Vous prenez la première galaxie à l'est
et après c'est tout droit

NEW YORK
RETROUVÉE   *New York, mercredi 10 avril 1991*

Pour ne pas assombrir le plaisir des retrouvailles, je me répète le si juste jugement de Le Corbusier : « *Cent fois j'ai pensé : New York est une catastrophe, et cinquante fois : mais quelle belle catastrophe !* » J'ai toujours vu le côté « catastrophe » de New York, la ferraille rouillée, les poids lourds puants, les dépôts de marchandises sales et lépreux, les maisons de brique avec leurs escaliers de fer extérieurs, les misères « ethniques » de quartier en quartier, de Little Italy à Spanish Harlem, du nord-ouest de la ville au Lower East Side, et les crimes à la une du *Daily News*. Même dans les photos en noir et blanc de Weegee, les assassinats sont plus rouges de coups de couteaux et de sang que partout ailleurs. (La criminalité à New York est un thème qui doit remonter au premier Hollandais, celui qui, à Manhattan, a reçu dans le cœur une flèche tirée par un Indien révolté.) Et l'aspect rouillé, déglingué et souvent à demi abandonné de New York, s'étend bien au-delà des quartiers ghettos et des banlieues crasseuses.

Plutôt que l'avion (qui survole et nous vole du paysage) nous avons pris le train de Washington à New York. À partir de Philadelphie, on découvre une succession quasi ininterrompue de villages décatis, de hangars sordides, d'usines abandonnées, de misérables maisonnettes en bois dont la peinture s'écaille et tombe, de gravats. Après un bref séjour au cœur du luxe de Washington, dans ce Georgetown de vitrines étincelantes, d'acajou bien ciré, de voitures rutilantes, de confort *smooth* (à peine rompu par le cliquetis des pièces de monnaie dans le gobelet de carton qu'agitent les mendiants), cette Amérique-là fait froid. En débarquant, après Grand Central, la façon qu'a le taxi sur la Sixième Avenue de sauter dans les creux qui cabossent une chaussée mal entretenue n'est pas un accueil bien réconfortant.

Il y a bien des chantiers de travaux publics sur la Sixième Avenue, mais Israël et Gill, qui habitent le quartier, disent qu'ils sont perpétuellement ouverts et que les travaux n'avancent pas.

Israël et Gill donnent le sentiment de « ne pas bouger » sans être embaumés. Le jeune homme qui est le personnage central de sa pièce *Le Premier*, que j'avais eu tant de plaisir à traduire et Loleh d'amusement à jouer, au fond, c'est Israël lui-même. *Le Premier* est une pièce autobiographique. Léger comme un adolescent en baskets, grave comme un antique sage juif qui connaît la vie dans ses hauts et (surtout) ses bas, ironique comme un vieux New-Yorkais qui connaît la ville dans les coins, Israël est heureux quand ses pièces ont du succès. Mais il est encore plus heureux que Gill ait gagné le dernier marathon de New York dans la catégorie *Femmes*.

LA PLUS VIEILLE
JEUNE VILLE   *New York, jeudi 11 avril 1991*

New York, ville de 1890 et ville de 2001. La plus vieille jeune ville du monde. Belle ? On parle bien de la beauté du diable, de la beauté des volcans, de la beauté des méchantes broussaillantes forêts vierges, de la beauté des entassements d'étoiles dans la pagaille des galaxies.

On croise dans la rue, en dix minutes, cinq cents New-Yorkais moyens courant à leur travail ; mille ménagères ordinaires allant faire leurs courses, une voiture de pompiers avec sa terrifiante sirène, douze jeunes gens au crâne rasé, en robe jaune de moines bouddhistes, remontant du Village vers Times Square pour y répandre la parole du Bouddha, vingt-cinq Juifs hassidiques à longues boucles qui distribuent des tracts pour protester contre la pratique de l'autopsie des morts en Israël. Je passe entre l'épicerie et la teinturerie, sous la devanture de la Société spirite des Portoricains de New York qui, n'ayant pas assez d'argent pour téléphoner *overseas* à la famille restée au pays natal, se réunissent, chaque mercredi, pour faire tourner les tables et entrer au moins en communication avec leurs morts.

Et partout le déchet, le papier gras, le détritus, l'ordure.

Les prophètes de bonheur et les prophètes de malheur nous annonçaient jadis des scènes de la vie future, alternativement roses ou noires : le soleil du printemps tous les jours de l'année, ou une société de robots aux cerveaux lobectomisés par les *mass media*. On nous promettait l'invasion bénéfique des réfrigérateurs, des atomiseurs et des euphorisateurs pour tous, ou l'invasion maléfique des dépersonnalisateurs, des bombes atomiques et des rats ou des fourmis à visage humain. Il y a quelque chose que personne n'avait prévu : c'est qu'un des grands problèmes de l'avenir urbain, ça allait être les ordures, et comment s'en débarrasser — ou les bandes d'adolescents des rues, et comment s'en préserver —, ou l'air pourri, comment ne pas en crever ?

Sorti des grandes avenues luxueuses, les boîtes à ordures ouvrent constamment sur les trottoirs leur couvercle d'huîtres de cauchemar, leur gueule béante empoisonnée. À peine vidées, elles vomissent de nouveau leur trop-plein sur le trottoir, l'air de ricaner.

New York, la plus vieille ville nouvelle du monde. Les avenues d'acier mat, de bronze ou de béton ultra-lisse qui enchâssent du verre chantant comme le diamant. Park Avenue, la Cinquième Avenue, propres comme des dollars d'argent. Le rectangle doré du building des Nations unies, debout au bord de l'eau comme une table de la loi. Les cités verticales dans la cité étendue à plat sur l'île, belles quand c'est Mies van der Rohe qui les a érigées, ou bien ridicules râpes à fromage vaguement orientales, comme la Galerie d'Art Moderne de Columbus Circle, pavillon oublié, dirait-on, par une Exposition universelle de l'Arabie mythique des turqueries, des charmeurs de serpents, et du grand bazar d'Asie. Mais à côté, les rues du Village, qui se souviennent de l'Angleterre, les marteaux de cuivre sur les portes vernies, les cuisines en sous-sol et les petites grilles, les rues où on est sûr que les chevaux du laitier vont raconter avec l'accent irlandais des histoires loufoques, et que les valets de chambre japonais préparent le thé de Ceylan dans des théières chinoises, rues distinguées où George Washington a dîné avant la Déclaration d'Indépendance : Greenwich Village, les Hauts de Brooklyn.

Ville énormément énorme, mais avant tout énormément rouillée, ferrailleuse, cabossée, bosselée. Une ville dont on a envie de dire, comme de ces femmes dont on dit : « On voit qu'elles ont été très belles », qu'elle a été terriblement *moderne*. Terriblement moderne en 1880, en 1910, en 1920, en 1930, en 1940. Dans les rues de New York, je pense constamment aux vieux livres, aujourd'hui jaunis, passés, aux romans d'anticipation de l'enfance de nos parents, la *Guerre future* du Colonel Danrit, *Paris en l'An 2000* de Robida, ou aux images gravées sur bois des œuvres de Jules Verne et de ses imitateurs. La plus grande partie de New York, c'est une avant-garde démodée, du fer piqueté de taches de rouille, des docks tout en métal dont la conception était « tellement audacieuse » en 1905, des quartiers ultra-modernes, il y a quarante ans, frontons de style d'un Victor-Emmanuel yankee, Galeries des Machines inaugurées par le président Loubet et par Sarah Bernhardt, immeubles néo-victoriens et néo-Windsor, ponts admirables, d'une audace insensée et qui ne paraissent pas leur âge, sauf dans les détails « mis pour faire joli », ornements charmants, un peu désuets. C'est vrai qu'on démolit tout le temps, qu'on éventre hardi les *buildings* à peine amortis, qu'on abat gaiement le *block* où on visitait des amis il y a cinq ans, dans un appartement qui avait l'air tellement *moderne*. Mais on n'arrive jamais à venir vraiment à bout de l'immense étendue de cette ville, vieille neuve-nouvelle ville, défraîchie, miteuse, qui fut *up to date* à des dates qui se perdent dans la mémoire, sauf celle des vieux vieillards, fabuleuse *ville d'occasion,* couleurs de ciment moisi, de fer mangé d'humidité, de brique brouillée de suie, cité Couleur de vieux. (L'ancien, ça c'est une autre histoire : une maisonnette « historique » coincée entre deux immeubles, un vieux cimetière juif dans une cour de la 11ᵉ Rue, Washington Square où le fantôme de Henry James, sa canne dans le dos, se penche par-dessus l'épaule des joueurs d'échecs sous les arbres...)

New York, vendredi 12 avril 1991

Quand je reprends pied à New York, le tourbillon strident des
sirènes de police et d'ambulances, les petits geysers de vapeur blanche
qui giclent de la chaussée (c'est le chauffage central urbain), les taxis
jaune canari avec leur label en damier noir et blanc, le vent de mer
qui même en août arrive parfois à faufiler son vif et frais de la Battery
au Bronx, les escaliers de fer en zigzag rouillés accrochés à la façade
de brique des maisons, et le méli-mélo des *blocks*, des rues à la va-
comme-je-te-pousse et des avenues brillantes comme des chaussures
jaunes qui viennent de sortir des mains d'un cireur des toilettes
publiques de Times Square, quand je reviens à *La* Ville, j'ai le cœur
qui se met à battre à un rythme que je ne retrouve dans aucune des
villes que j'aime, ni à Londres, ni à Venise, ni à Prague, ni à Rome.
Si la breloque qui bat la chamade dans ce qui me reste de côtes du
côté gauche cavalcade comme ça en sortant de Grand Central, est-ce
que c'est ma jeunesse qui m'envahit comme la fraîcheur d'une bouffée de jadis ? Est-ce que c'est un moment de l'Histoire qui brille
encore à travers la brume des années grises, et m'empêchera toujours,
en disant parfois des États-Unis tout le mal qu'ils méritent, d'oublier
que j'ai eu autrefois et que j'ai encore parfois, avec ce pays et cette
ville, une histoire d'amour ? Est-ce que c'est la sorcellerie de cette
horrible et superbe cité ? L'Amérique, j'ai fait d'abord sa connaissance dans la boue, les ruines et les combats d'Allemagne, d'Aix-la-
Chapelle à l'Elbe — et ce n'était pas une mauvaise connaissance :
cette armée moins militaire et moins armée que les autres armées,
ces drôles de soldats qui se battaient en courage et souplesse, et je
n'ai pas fini de m'émerveiller avec reconnaissance qu'on les ait fait
venir du fin fond de bleds perdus entre le Pacifique et l'Atlantique,
de pays où on ne sait même pas en général, tellement c'est loin et
vague, qu'il y a quelque part l'Europe, qu'on ait embarqué pour l'Europe des centaines de milliers de bonshommes qui n'étaient pas,
comme les Anglais, les Français ou les Russes, à une ou deux heures

d'avion de Berlin, et qui s'étaient pourtant attelés au travail pour mettre Hitler à genoux et les nazis en déroute.

(À Silverton, dans le Colorado, où tous les jours de la belle saison l'industrie locale c'est de mettre en scène l'attaque du train par les hors-la-loi et les duels au pistolet du vieux Far West, je bavarde en 1970 avec le cuisinier du petit hôtel. Il se repose après le coup de feu pacifique du déjeuner. Quand nous avons découvert que nous avions été en même temps avec la 1re Armée U.S. à Paderborn, en 1945, la bière que nous avons bue ensemble était fraîche comme le beau matin de la capitulation allemande.)

En ce temps-là, dans ces années de l'immédiate après-guerre, il y avait dans l'air de New York une électricité de victoire et des bourrasques d'avenir. Aujourd'hui, New York a des finances toujours au bord du krach, un bébé sur vingt dans le Bronx naît séropositif, et Manhattan est en passe d'avoir autant de *homeless* et de mendiants que Calcutta. Ils agitent devant nous quelques *cents* dans un gobelet de carton, comme les fous des cauchemars médiévaux secouent pendant la peste les grelots de la folie.

Extrait du *Rivage des jours.*

MAURICE CHEVALIER

New York début

Le train vient de partir à travers une mer de visages dont quelques-uns sont de vieilles connaissances. Il s'y rencontre de tout, là-dedans ! Du souriant sincère. Du souriant aigri. Du souriant ennemi et vous souhaitant les pires aventures... Mais du souriant et encore du souriant !

Dans notre compartiment, entourés d'intimes, Yvonne et moi devons encore donner de la copie à quelques journalistes qui ont comme mission de nous suivre jusqu'en mer, pour descendre à Plymouth lorsque les voyageurs anglais viendront nous rejoindre.

Il faut qu'on fasse bien savoir aux cinquante millions de Français les dernières impressions du grand homme, dans le train, à son arrivée sur l'« Île de France ». Je suis en eau, je transpire de tous mes pores ! Je commence seulement à être sec pour l'arrivée au Havre. Là, une autre foule nous attend, nous agrippe, nous bouscule entre le train et le bateau. En voilà une vie ! Avec ça que, par-dessus le marché, je me sens fiévreux, vaseux ! J'ai chanté mes derniers jours à l'Apollo avec quarante de fièvre, il m'en reste certainement quelque chose, car je ne suis pas du tout dans mon assiette. Mais la grande aventure est en route ; il n'y a plus moyen de flancher. Il faut jouer les cartes jusqu'au bout. On nous fait visiter notre merveilleux « Île de France », des chaudières au superpont. On m'a donné le plus bel appartement du bateau. Salle à manger, salon, chambre deux lits, salle de bains. Tout cela enseveli sous les fleurs, les corbeilles, les gerbes, les petits bouquets. Et des cartes, des vœux, des souhaits. Je pense à mes récents départs en tournée : seul à la gare, ou peut-être avec un copain venu me dire au revoir ; les arrivées minables à Perpignan ou ailleurs ! Et tout d'un coup, une folie de popularité pareille ! De si nombreux cœurs français en proie à l'émotion... Parce que je vais en Amérique faire du cinéma. Attends un peu ! Faire du cinéma ? Essayer de faire du cinéma. Rien de certain, d'assuré. Essai... option : c'est tout ! Si ça ne gaze pas, on me reprend toutes mes corbeilles, mes gerbes, mes bouquets. Si je ne réussis pas, je peux courir pour revenir dans cet appartement princier. Une cabine de simple passager, et rien de plus. Ça sera bien assez bon pour le toquard que je serai redevenu.

Je comprends très bien tout cela, mais les dés sont jetés. On n'a plus qu'à regarder comment ils retomberont et se faire une raison.

J'ai embrassé mes amis et le bateau s'éloigne du Havre. On quitte la terre de France. Je pense à Georges Carpentier quand il est parti pour l'Amérique combattre Dempsey. J'aime mieux mon truc que le sien. Les chutes sont plus morales et moins brutales. Allez ! Il faut s'arracher aux pensées déprimantes.

En smoking, pour aller dîner dans la superbe salle à manger. À la table du Commandant. Avec un tas de gens, les plus importants parmi les voyageurs. Et, en avant pour la conversation sophistiquée. Ah ! voilà un mot que je vais entendre souvent à partir de maintenant : sophistication... sophistiqué. Il paraît que nous, les Latins, les Parisiens, nous sommes tous sophistiqués. Il a fallu qu'on m'explique ce que cela voulait dire. Je l'ignorais totalement. Mais surtout, à l'avenir, il faut que je ne déçoive personne. Il faut que je balance de la sophistication à pleine mesure. Ça ne me ressemble pas du tout, mais je suis déjà empaqueté dans un tas de trucs qui ne me ressemblent pas non plus et je n'ai plus la possibilité de stopper la randonnée magique et dangereuse.

Sur le bateau, le quatrième soir, on donne un concert pour les

marins et leurs familles. Bien entendu, j'y chante. Ensuite, on met
aux enchères une de mes photos pour augmenter le bénéfice chari-
table. Elles montent très doucement, très péniblement, les enchères !
Les voyageurs américains ne semblent pas excités par ma personnalité. Ou, tout au moins, pas au point de désirer ma photo, si elle est
trop coûteuse.

Antoine, le coiffeur parisien, est du voyage. Devant la sensation
pénible de l'enchère qui se bloque, il se met tout d'un coup à se
dresser et à crier avec une petite voix : « Dix mille francs ». Comme
on en était à cinq cents francs, cela fait grosse impression. Je lui
demande, entre cuir et chair, s'il ne devient pas fou ! Il est pâle et
m'assure qu'il a voulu faire voir à tout le monde qu'on ne se rendait
pas compte du personnage que je représente. Il me donne envie de
rire et de fait, cela a ému l'assistance. Le portrait monte à quinze
mille francs. Et en 1928, cette somme était rondouillarde. Je me suis
toujours rappelé ce geste d'Antoine. Type excentrique et délicieux.
Un as dans sa partie.

Oh ! j'allais oublier. Sur le bateau, dès le premier jour, j'avais fait
la connaissance d'un journaliste américain, Mark Hellinger, qui
venait de faire un séjour à Paris où il avait accompagné Al Jolson, la
grande vedette qui faisait son voyage de noces avec sa jeune épouse,
Ruby Keeler.

Ils étaient venus, un soir, me voir chanter à l'Apollo. C'est tout ce
que je savais. Mais au bout du quatrième jour de voyage, Mark Hellinger me prend à part sur le pont et me dit qu'il est terriblement navré
— *very sorry* — mais qu'après m'avoir vu chanter à Paris, il avait télé-
graphié à New York que mon arrivée là-bas causerait de grandes désil-
lusions. Que je ne valais pas grand-chose. Que je n'avais du succès à
Paris que parce que les autres artistes de music-hall étaient si lamentables, affreux, minables.

— Et alors ? fais-je, ne sachant exactement quel maintien
prendre...

— *Mind you*, continua-t-il, je n'ai pas changé d'avis, mais maintenant que je vous connais, vous m'êtes devenu, comme homme, très
sympathique et je suis *terribly sorry* d'avoir écrit tout cela contre vous
car cela va vous faire un grand tort en Amérique. Je suis très lu et on

a absolument confiance en mon jugement ! J'ai écrit qu'à comparer avec Al Jolson, vous faites un peu figure anémique. *Sorry, dear Maurice, awfully sorry, but what can I do ?...*

— N'en jetez plus mon vieux *dear* Mark ! N'en jetez plus. Si vous avez raison, je ne resterai pas deux mois en Amérique. Si vous avez tort, vous me devrez des excuses publiques et une bise sur le front dès que ma réussite sera confirmée par New York !

— *You're just a fine fellow, Maurice. You're a sport. I wish you all the best !*

On était devenu les meilleurs amis du monde. Au fond, je lui donnais raison. Je ne connaissais pas Jolson, mais j'avais entendu de ses disques et il me semblait tellement supérieur que je voyais entre lui et moi la même horrible différence qui s'était manifestée entre notre Georges Carpentier et Jack Dempsey, le jour de leur rencontre. Georges et moi : la technique, la grâce, la gentillesse. Mais Dempsey et Jolson : la châtaigne, le punch, le knock-out... la voix magnifique... l'assommoir !

Ah ! on verra bien. On va essayer. Je ne pouvais tout de même pas refuser une chance pareille. Qu'est-ce qui peut m'arriver ? Que je me casse le nez ? Et puis ? Je reviens en France. Il n'y sortira pas un génie en trois mois, non ? Je retrouverai ma place, au bout du compte ! Même premier en France, même deuxième, même dixième, c'est toujours plus que je n'espérais lorsque mon idéal était d'arriver simplement à écosser mes dix francs par jour. J'ai tout à gagner, rien à perdre. Faut tâcher de faire front ! Ça ne se guillotine pas, un cabot qui gadiche. Ça se remballe et ça se renvoie au Pays. Je ne serai pas le premier à se casser les pattes en U.S.A. Et celui-là ? Et celle-ci ? Et ceux-là ? Et un tas de noms me reviennent en mémoire. Ah ! ça ne les a pas troublés, affolés, ceux-là. Tu parles ! Ils sont revenus en hurlant leur succès, leur triomphe éclatant en Amérique. Au bout de quelque temps, ils ont repris leur boulot en France et ni vu ni connu. Les initiés seuls savent que s'ils ne sont pas retournés là-bas, c'est qu'on ne le leur a pas proposé ; et si on ne le leur a pas proposé, c'est que... C'est aussi simple que cela !

On arrive demain matin et, dès l'aube, un remorqueur viendra,

ayant à son bord les journalistes et quelques personnalités de Paramount Corporation, venues pour me souhaiter la bienvenue.

J'ai près de trente-neuf de fièvre. Je ne dors pas d'énervement. J'ai
une trouille terrible de ne pas tenir physiquement le coup. J'ai
chaud... J'ai froid !...

Une prise d'assaut ! Voilà exactement l'impression que ça m'a fait,
l'arrivée des journalistes et des photographes. Ils sont au moins cinquante, ou plus peut-être. Ils me prennent par les jambes, par les
bras. Où est Madame ? Tout le monde sur le pont. Ils sont rangés
comme pour une fusillade avec leurs appareils. Ça n'arrête pas de
décliquer, dans tous les angles. Sourires, poignées de main. Chapeau
et bras en l'air. Hello New-York !

Yvonne, assise sur des cordages. Elle doit relever un peu la jupe.
Il faut montrer les gambilles. *Come on... smile !... Please Maurice !* Ils
m'appellent déjà Maurice ! Ils ne sont pas fiers ! *Give us that big smile !*
Ça dure au moins une heure et après ça, il faut aller se taper les
interviews. Dans l'appartement, en bas, confortables, une douzaine
au moins qui vous posent question sur question. On n'arrête pas de
me faire raconter ma vie. Quelles sont mes opinions politiques ? J'en
ai pas. Je ne sais pas ce que c'est. Jamais lu un article qui y avait trait.
Est-ce que je pense que la France paiera ses dettes à l'Amérique ? Je
ne savais même pas qu'on leur devait quoi que ce fût. Ça les fait
rigoler. Pendant tout ce temps-là, les représentants de Paramount
font bien les choses. Champagne et liqueurs coulent à flots. Ils en
profitent. À bord, il n'y a pas de prohibition. Et, en avant, que je t'en
dégloutine ! ! À chaque question, une nouvelle goulée. Ils ont l'air de
me prendre à la bonne. Moi et ma fièvre, je commence à me sentir
vague. Sais pas si c'est la température ou tout ce que je picole. Je me
sens léger, léger,... Il paraît que je leur ai fait bonne impression, aux
journalistes. C'est un gars de Paramount qui me dit ça dans le creux
de l'oreille. Ils disent que j'ai l'air d'un « *regular guy* ». Alors, ça va !
Dépêchons-nous tous d'aller sur le pont avant. On arrive ; on voit les
buildings. Je suis encore sonné de mon épreuve journalistique. Tout
ça a l'air irréel, formidable. Ah ! dis donc... Nos petites maisons en
France ! Encore sur la vision du Havre et ça immédiatement après.
Ben, mon vieux ! ! Où es-tu, Ménilmontant ? Rue Julien-Lacroix ? T'as

compté, là ? Soixante-dix étages. Cordon s'il vous plaît ? Est-ce qu'ils ont un concierge là-dedans. Est-ce qu'on dit son nom en rentrant ? Qu'est-ce qu'il lui faut comme mémoire au pipelet ! Oh cette foule sur le *pier*. C'est pas déjà pour moi, j'espère ? Non ! Amis des voyageurs. Familles. Ah parfait ! Faut d'abord qu'ils fassent ma connaissance.

On descend. Quelques Français, depuis plusieurs années en Amérique, nous accueillent. Robert Florey, Jean de Limur. Ils travaillent à Paramount comme metteurs en scène. Ah, on nous emmène dans un endroit gigantesque où tous les bagages sont descendus du bateau, rangés par lettre alphabétique. Ou par numéros. Je ne m'en souviens plus. Enfin, y a de l'ordre. On sait où il faut aller, où il faut attendre. Douane... sérieux... pas à la rigolade ! Ça y est, à la fin. Un employé se charge de faire parvenir tout cela à notre hôtel et on grimpe dans une superbe auto pour aller à l'appartement qui nous est réservé dans un grand hôtel donnant sur Central Park.

La traversée de la ville ne nous suffoque pas. Une fois le premier coup de buildings reçu, le deuxième, cinquième, centième vous trouve accoutumé. Par exemple, quel trafic ! Qu'est-ce que ça grouille ! Qu'est-ce que ça bagote dans les rues, les avenues ! Ah, voici Broadway. Times Square. Quel monde ! On dirait des fourmis. Théâtres, music-halls, cabarets ont leurs façades recouvertes d'affiches monumentales, c'est surtout le soir qu'il faut voir tout cela. Avec les lumières ! *The big white way*. On va se taper ça, *tonight* même... Je ne pense plus à ma fièvre. Je vis une espèce de songe. Je me laisse conduire, mener. On sent que les ordres ont été donnés de nous traiter au mieux. Ils font bien les choses ! C'est ce que je suis obligé de me dire en entrant dans l'appartement qui nous a été réservé, bourré de fleurs encore. Enfin, on nous laisse un peu nous reposer, Yvonne et moi, arranger nos affaires, car on n'a pas emmené de domestiques avec nous. Prudents, en cas de retour rapide... Doucement avec les frais !

Entendu ! On sera en tenue à sept heures. On ira faire un tour en voiture dans Broadway et nous irons applaudir, avec monsieur et madame Lasky, les Marx Brothers, qui ont une première ce soir.

Yvonne est déjà sur les genoux et moi aussi. On profite de ces quelques heures de tranquillité pour s'organiser, se détendre un petit peu.

Formidable, réellement, indubitablement formidable que Broadway *at night* ! Orgie de lumières, de signes, de titres, de slogans. Féerie moderne de publicité. Vous ne pouvez pas ne pas avoir les yeux agrichés par tous ces appels à la rétine. Oh, ça, alors. C'est le bouquet ! Je ne suis ici que d'aujourd'hui même, dans une ville où je suis à peu près inconnu, et déjà, dans le ciel, avec des lettres grandes comme la tour Eiffel : C... H... E... V... R... Ah, pardon, c'est Chevrolet ! J'ai cru qu'ils avaient déjà mélangé mon nom aux étoiles. On ne doute plus de rien, comprenez-vous, dans des situations pareilles !
Dîner au Ritz. Juste Lasky et Madame, et nous. Ils sont adorables de gentillesse, les Lasky. Je suis un peu comme un nouveau cheval qu'il aurait acheté au marché européen pour en enrichir l'écurie de sa firme. Il me couve. Mais il est sympa, mon nouveau boss ! On nous regarde un peu au Ritz, pas trop ! On fait un peu péquenot, un peu *foreigner*. Je ne connaissais pas du tout les Marx Brothers, même pas de nom. Nous les voyons dans une superbe opérette, splendidement montée : Boys, danseuses, artistes... et tout ! En deux temps trois mouvements, ils mettent la salle en délire de rigolade. J'en prends déjà un bon coup. Suffoqué ! Jamais vu des comiques pareils ! et puis, ça va vite... ! Pas de temps de perdu pour laisser reposer le public. Un rire à peine sur sa fin qu'un plus gros rire repart. De vraies machines à éclater. Je me souviens d'un effet comique d'Harpo. Ça se passe dans une soirée mondaine... Invités en habit. Officiers chamarrés. Femmes du monde. Cent personnes au moins en scène. Harpo Marx entre en chapeau haut de forme et couvert d'une immense cape qui le recouvre jusqu'aux pieds. Il salue cérémonieusement tout le monde. Deux domestiques viennent. Lui prennent son chapeau et lui tirent sa cape. Il est absolument à poil dessous, juste un tout petit cache-sexe. Surprise comique formidable, vu l'ambiance de la mise en scène. Je n'ai jamais entendu rire, en France, comme on rit ici. Et ça n'arrête pas de la soirée. Ils sont extraordinaires, ces Marx Brothers. Rien, chez nous, qui leur soit comparable.
On finit la soirée dans un cabaret où on nous fait entendre une

grassouillette jeune femme qui chante des chansons grivoises en minaudant très spirituellement : Helen Kane. Elle va devenir populaire rapidement. Ses disques vont se vendre par centaines de mille et puis elle disparaîtra soudainement, le tout, en même pas cinq années. Elle était pourtant bien charmante, Helen Kane, bien à mon goût !

Allons dormir par là-dessus. On l'a bien gagné. Demain tantôt, j'irai voir pour la première fois un film parlant... Pour la première fois aussi, je verrai le fameux Al Jolson puisque c'est lui qui est la vedette de « Singing Fool ». J'ai hâte de le voir. Il est un peu comme le champion du music-hall américain. Une espèce de Dempsey de la chanson. Le Paulus de son époque. Tous les chanteurs américains lui ont emprunté quelque chose.

Moi aussi, j'ai pris quelque chose, sur le crâne ! en le voyant le lendemain, au Winter Garden, dans une salle entièrement en transe, bondée ! Un type râblé, brun, face de boxeur, vif, dynamique, robuste et en plus de tout cela, une voix mâle, chaude, splendide. Un vrai as !

Que suis-je venu faire dans ce pays ? Je me donne l'impression d'un paquet de guimauve en comparaison de ce que j'ai déjà vu, ici, en deux jours. S'il ne dépendait que de moi, je ne commencerais même pas. Je les mettrais plutôt à la nage... direction Le Havre !

On me fait voir d'autres spectacles. Je vais applaudir W.C. Fields dans une revue. Je lui rappelle, dans sa loge, qu'il est venu, en 1908, aux Folies-Bergère de Paris avec son numéro de jongleur, et que je faisais mon tour de chant dans ce même spectacle. Je suis abasourdi. Il me dit que, non seulement il se souvient de moi, mais qu'il a suivi toute ma carrière dans les journaux qui parlaient de Paris. Ça me rabiboche un peu. Peut-être, tout de même, me trouveront-ils intéressant, par ici ? Je ne viens en Amérique pour dégringoler personne. Je viens pour... pour... enfin parce qu'on m'a demandé de venir. Et que c'est mon métier d'essayer. Voilà tout !

La direction de Paramount a organisé au Waldorf Astoria une soirée où sont invités tous les grands noms de New York : artistes, journalistes, directeurs. On va me présenter à tout ce monde et, au dessert, il faudra que je grimpe sur une scène pour chanter quelques chansons. Un peu comme pour distribuer un solide échantillon de ma marchandise à tous ces connaisseurs en articles d'importation artistiques. Tant mieux. Je vais savoir tout de suite si je leur plais ou non. J'aime autant en avoir vite le cœur net. On a déjà assez fait de bruit autour de mon nom et de ma venue en Amérique. Qu'on en finisse ! Oui ou non ! ça me plaît ! Je répète avec un très bon pianiste, le jour même du dîner. En répétant, je joue un peu, mime un peu mes chansons. Le pianiste semble trouver cela amusant. Il rigole. Ça paraît lui aller. Je n'ose rien lui demander. Mais ça me donne un peu de courage pour le soir.

Il y a bien deux cents personnes à cette soirée. Je n'en finis pas de serrer des mains et de saluer. Je ne comprends pas le vingtième des noms. Il paraît que les plus importants de New York sont présents : Richard Dix est là. Lui, je le reconnais pour l'avoir vu à l'écran. Pas beaucoup de belles mômes. Plutôt des femmes un tout petit peu sur le retour. Épouses de ces messieurs. Mais eux ? Tout à fait représentatifs, sympathiques, riant fort, avenants. L'air bons gars, en somme !

Robert Florey reste près de moi. Avant de partir pour Hollywood, il doit faire avec moi une espèce de *News reel* pour envoyer rapidement à Paris. Il doit me cinématographier dans tous les endroits spectaculaires de New York, il faudra aussi que je fasse un petit speech en français, qu'il joindra au *News reel* comme pour dire bonjour, à peine arrivé, aux Parisiens. Je serai le premier artiste français à apparaître sur l'écran du Paramount de Paris avec le cinéma parlant.

Florey et moi, sommes déjà devenus amis. On le restera par la suite. En attendant, je suis éberlué du nombre de cocktails qu'il engouffre. Je ne mens pas... au moins une dizaine coup sur coup. Et des cocktails tassés ! Pas de la limonade, du monte aux méninges, du dévastateur ! Ça se fait couramment ici, après le travail. Moi, très méfiant, j'en ai pris un seul... car je n'oublie pas que je dois chanter après le dîner et j'ai toujours un reste de trouille de me fiche dedans pendant mes couplets. Je me fais une petite plaisanterie à moi-même en me disant que si j'avais, en français, une défaillance de mémoire, ils ne seraient pas beaucoup, ce soir, à s'en apercevoir... On dîne... Longues tables en fer à cheval autour de la scène que l'on voit vide, nous dominent.

Je n'ai pas d'appétit, quoique tout semble bien cuisiné. Après le café, Lasky se lève. Les discours commencent. Lasky me présente comme une espèce de *french* Harry Lauder. Harry Lauder est un très grand artiste écossais qui a connu, en Amérique, un succès considérable. Comme beaucoup d'Écossais, il a la réputation d'être très près de ses sous. En m'entendant comparer à lui, les maîtres d'hôtel qui me servent sont pris de tremblements au sujet de leur pourboire ! À son tour, le consul de France me fait, en anglais, un speech de bienvenue. Il a un accent français si prononcé que je me prends à songer que s'il peut s'en tirer comme consul de France avec un accent pareil, il n'y a alors vraiment aucune raison que ça ne marche pas aussi bien pour moi en Amérique.

Louis Aubert, grand producteur français de cette époque, qui, d'ailleurs, ne m'avait jamais proposé de faire un film en France, se lève pour dire tout son espoir dans mon succès en Amérique : que je représente l'incarnation des faubourgs de Paris... que l'on ne doit pas me changer... m'abîmer... qu'il faut que je reste pur. Enfin, il m'abandonne aux Américains, mais il a si peur !

Pour terminer, Richard Dix se lève. Il a, on dirait, bu un peu trop. Il me fait un discours dans lequel, à l'encontre de tout ce qui a été dit ce soir, il me conseille de ne pas prendre à la lettre tous les compliments affectueux que la direction de Paramount peut me faire, mais bien au contraire, de me méfier d'eux tous et de ne leur donner aucune confiance. Il y a un froid. Vite, je me lève. Je remercie le plus simplement et le plus rapidement possible et je cours presque au sacrifice, je veux dire sur la scène où le pianiste a déjà pris place. Qu'on en finisse !

Les gens se calent, allument les cigares, me regardent avec plus de curiosité que de sympathie. On en a déjà trop dit sur moi. Ils ont peur d'avoir été bluffés.

D'instinct, une splendide idée vient à mon secours. J'explique, en anglais, chaque chanson avant de la chanter en français et ma façon de baragouiner les amuse en leur faisant tout de même savoir ce dont il va être question.

Et j'ai toujours pensé, depuis, que j'avais dû, en Amérique, le commencement de mon succès à cette bienheureuse inspiration, car dès les premières minutes, la réussite ne fait plus aucun doute. J'apporte aux U.S.A. des chansons qu'ils ne connaissaient pas, et une manière de chanter qu'ils n'ont jamais soupçonnée. Nouveauté ! Ils ont, avec Al Jolson, Harry Richman, Georgie Jessel, de très bons chanteurs populaires à superbe voix et à extraordinaire dynamisme. Mais ma petite manière à moi, toute simplette, toute naturelle, ils ne l'ont pas. Je le sens, ce soir-là. Je rentre dans du beurre ! !

Extrait de *Ma route et mes chansons, Londres-Hollywood-Paris.*

La Cathédrale Saint-Patrick et le Rockefeller Center en 1955

Jay McInerney

Le Service de vérification des faits

Lundi arrive comme prévu. Tu passes les dix premières heures à dormir. Dieu seul sait ce qui a pu advenir de dimanche.

À la station de métro, tu attends un quart d'heure sur le quai l'arrivée d'une rame. Elle arrive enfin, poussive, couverte de graffiti. Tu t'y installes et tu déploies ton *New York Post*. Le *Post* est l'une de tes drogues favorites et tu n'as pas lieu d'en être fier. Tu t'en veux de financer ce genre de torchon à raison de trente *cents* par jour. Mais tu chéris en secret les abeilles meurtrières, les flics héroïques, les satyres, les gagnants du Loto, les blousons noirs, les malades mentaux, Liz Taylor, les vivants cauchemars, les extraterrestres, les torches humaines, les petits voyous, les régimes miracle et les bébés dans le coma qui s'étalent à sa une. Aujourd'hui le bébé dans le coma est en page deux : LAISSEZ-LE VIVRE ! implore la grande sœur du bébé, sous une photo d'une gamine de quatre ou cinq ans, à l'air ahuri. La petite fille a survécu à l'accident de voiture qui a plongé sa mère enceinte dans le coma, il y a une semaine... Une semaine que tous les lecteurs du *Post* se demandent avec angoisse si le bébé dans le coma verra jamais le jour de la salle de travail.

Le métro oblique en oscillant vers la 14ᵉ Rue ; il s'arrête deux fois, pour souffler, et pour le bénéfice des claustrophobes, en plein tunnel.

Tu es plongé dans les dernières mésaventures amoureuses de Liz Taylor, quand une main crasseuse s'appesantit sur ton épaule. Sans même lever les yeux, tu sais que tu as devant toi un rebut de la société, un dingue en liberté. Tu es parfaitement disposé à verser ton obole aux handicapés physiques, mais ce genre de zombie te flanque la pétoche.

Quand il te tape à nouveau sur l'épaule, tu relèves les yeux. Ses frusques et sa coupe de cheveux sont à peu près passables, comme s'il venait tout juste de s'affranchir des conventions sociales ; mais il a aussi les yeux en digue-digue et la bouche tordue de tics.

« Mon anniversaire, dit-il, tombe le 13 janvier : j'aurai vingt-neuf ans. » S'il avait l'intention de te trucider avec un objet contondant, il ne te l'annoncerait pas sur un autre ton.

« Formidable ! » dis-tu avant de te replonger dans ton journal.

Quand tu relèves la tête, le type a déjà traversé la moitié du wagon. Et scrute d'un air vivement intéressé une publicité vantant les mérites d'une école de gestion. Tandis que tu l'observes, il s'assoit dans le giron d'une vieille dame. Elle essaie de s'en dégager, mais elle est bel et bien coincée.

« Excusez-moi, monsieur, mais vous êtes assis sur moi, dit-elle. Monsieur, monsieur, je vous en prie. » Tous les voyageurs, ou presque, les regardent du coin de l'œil, à la dérobée. Le type, lui, se croise les bras et se vautre un peu plus sur sa victime.

« Monsieur, je vous en prie, allez-vous-en ! »

Tu ne peux en croire tes yeux. Il y a bien une demi-douzaine de types, en pleine forme physique, et à cinquante centimètres. Tu aurais bien bondi toi-même, mais tu espérais qu'un voisin de la victime allait bouger avant toi. La femme se met à sangloter tout doucement. À chaque seconde qui s'écoule, il te devient de plus en plus difficile de te manifester sans laisser savoir aux autres que tu aurais pu réagir plus tôt. Le type va bien finir par se lever et la laisser tranquille. Tu imagines la manchette du *Post* : UNE VIEILLE DAME ÉCRASÉE PAR UN CINGLÉ SOUS L'ŒIL DE TROIS LARVES.

« Monsieur, je vous en prie. »

Tu te lèves. Au même moment, le type se lève lui aussi. Il époussette tranquillement son manteau, avant de gagner l'autre extrémité du wagon. Tu te sens plutôt idiot, planté là. La femme se tamponne les yeux avec un Kleenex. Tu aimerais t'assurer qu'elle va bien, mais, désormais, tu ne lui serais d'aucun secours. Tu te rassois docilement.

Il est onze heures moins dix quand tu descends à Times Square. Clignant des yeux, tu ressors à l'air libre, côté 7ᵉ Avenue. Le jour est aveuglant. Tu mets tes lunettes de soleil. Tu descends la 42ᵉ Rue, quartier de l'abattage, où la viande fraîche se promène sur pied. Jour après jour, le même rabatteur sert le même boniment aux passants : « Des filles, des filles, des filles... Approchez, approchez, messieurs : un coup d'œil ne coûte rien. Approchez, approchez. » Toujours la même chanson, débitée sur le même air. Trucula Bonbon, Karla Konstrictor et son fameux serpent, Live Show sensationnel — des filles, des filles, des filles.

En patientant aux feux de la 42ᵉ Rue, tu remarques, parmi les affiches où rancissent d'anciennes nouvelles fraîches, une affichette titrant : AVIS DE RECHERCHE. La photo montre une fille au sourire chevalin. Et tu lis : *Mary O'Brien MacCann, étudiante à l'Université de New York. Yeux bleus, cheveux châtains. Aperçue pour la dernière fois aux alentours de Washington Square. Porte un chemisier blanc et un blazer bleu.* Ton cœur se serre. Tu songes aux autres, aux proches éperdus de douleur qui ont rédigé ce texte à la main et l'ont placardé là, et qui ne sauront probablement jamais ce qui a bien pu lui arriver. Le feu vient de changer.

Tu t'arrêtes à l'angle pour avaler un beignet arrosé d'un café. Il est dix heures cinquante-huit. Il y a belle lurette que tu as épuisé le classique prétexte de la panne de métro. Peut-être pourrais-tu raconter à Clara que tu t'es arrêté pour jeter un coup d'œil — qui ne coûte rien — sur Karla Konstrictor, et que tu t'es fait mordre par son serpent.

Sitôt dans le hall, ta gorge se dessèche, ton plexus se serre à l'idée de ce qui t'attend. Voilà exactement ce que tu éprouvais en allant à l'école, le lundi matin, entre l'angoisse de ne pas avoir terminé tes devoirs et celle de ne pas savoir où t'asseoir à la cantine. Ce n'était vraiment pas facile d'être le petit nouveau chaque année, devant les visages fermés des maîtres, dans l'odeur éventée de désinfectant qui empuantissait les couloirs. Ton chef de service, Clara Tillinghast, ressemble d'une certaine façon à l'un de ces instituteurs tyranniques, de ces gardes-chiourme sans âge, persuadés que les petits garçons sont intrinsèquement pervers et les petites filles désespérément frivoles, que l'oisiveté est la mère de tous les vices et que l'enseignement se réduit à faire entrer de force un certain nombre de notions, comme autant de coins, dans de vraies têtes de bois. Mlle Clara Tillinghast, alias Clara-la-Terreur, dirige le service de vérification des faits comme une classe de maternelle. Et on ne peut pas dire que tu te sois distingué en collectionnant les bons points. Ta tête ne tient donc plus qu'à un fil, déjà passablement élimé. Si la Terreur avait les pleins pouvoirs, il y a longtemps que tu aurais été remercié. Mais le Magazine a, entre autres principes, celui de ne jamais reconnaître ses erreurs. À ce qu'on dit, nul n'a jamais été remercié : ni le critique dramatique, abruti par les narcoleptiques, qui, confondant les premières de deux pièces d'avant-garde, écrivit un papier dans lequel la saga d'une famille sudiste se mêlait à une farce sur la guerre du Viêtnam ; ni la plagiaire primée, qui pompa textuellement un article dans un numéro de *Punch* vieux de vingt ans pour se l'approprier. La maison est à peu près aussi fermée que les grandes écoles où se recrutent la plupart de ses collaborateurs, ou une de ces familles collet-monté du gratin de Nouvelle-Angleterre, qui étouffent jusqu'à leurs brebis galeuses. Néanmoins, tu n'appartiendrais, quant à toi, en ce milieu, qu'à une branche collatérale de cette grande et prestigieuse famille. Et s'il existait quelque succursale des affaires familiales dans une lointaine colonie ravagée par la malaria, il y a beau temps que tu y aurais été expédié, et sans quinine pour viatique. Tu as cessé de tenir à jour le registre de tes fautes. Mais la Terreur, elle, en conserve dans ses dossiers la liste exhaustive qu'elle sort de temps en temps afin de t'en lire des extraits. Clara a le cerveau en forme de souricière et le cœur tendre comme un œuf dur trop cuit.

Lucio, le liftier, te dit bonjour. Originaire de Sicile, il y a dix-sept ans qu'il se contente de cette sinécure. Avec une semaine de formation, il pourrait sûrement prendre ta place : auquel cas, il ne te resterait plus qu'à manœuvrer cet ascenseur toute la sainte journée. Tu te retrouves en un éclair au vingt-neuvième. Dis salut à Lucio et bonjour à Sally, la réceptionniste, peut-être la seule des employés affligée d'un accent peuple. Et pour cause : elle n'habite pas Manhattan. Dans l'ensemble, l'élocution des gens d'ici pourrait laisser croire qu'ils ont été sevrés au *Twinings English Breakfast.* La Terreur, en particulier, ne lésine pas sur les voyelles largement ouvertes et les consonnes ultra-explosives, depuis qu'elle a fait ses classes à Vassar. Elle n'aime pas qu'on lui rappelle qu'elle est née dans le Nevada. Quant aux écrivains, attachés au Magazine à titre de collaborateurs, ils forment bien entendu une classe à part, puisqu'on compte dans le nombre des étrangers et autres types infréquentables. Mais ils se contentent d'entrer et de sortir de leur placard, au trentième étage, à des heures indues. Ou de glisser leur copie sous les portes, le soir, en se réfugiant dans le premier bureau vide pour éviter de croiser quelqu'un dans le couloir. À ce qu'on raconte, il y a même là-haut un phénomène, le Fantôme, qui fourbirait depuis sept ans le même article.

Les bureaux de la rédaction occupent deux étages. Le service des ventes et la publicité sont cantonnés aux étages inférieurs, cette division soulignant la stricte indépendance de l'art à l'égard du commerce, de rigueur dans cette institution. Au vingt-cinquième, la population arbore des complets-veston, s'exprime dans un tout autre langage et évolue sur des sols moquettés, entre des murs agrémentés de lithographies. Tu n'es censé adresser la parole à aucun de ses représentants. Dans les hauteurs où tu évolues, l'air est trop raréfié pour favoriser la promiscuité. Et si l'on observe avec hauteur un certain dandysme, ce serait plutôt celui du tweed râpé. Des chaussures cirées, des pantalons au pli trop marqué y sembleraient suspects, voire même *italiens.* L'agencement des lieux pourrait convenir à une colonie de rongeurs prétentieux : les bureaux individuels sont de véritables terriers et les couloirs, tout justes assez larges pour qu'on puisse s'y croiser.

Tu suis le lino qui te mène au service de vérification des faits. De l'autre côté du couloir se trouve le bureau de Clara, dont la porte reste presque toujours ouverte : si bien que nul ne peut entrer ou sortir du royaume des faits sans croiser son œil de lynx. En fait, Clara hésite entre son envie d'avoir la paix — privilège inhérent aux devoirs de sa charge, etc. — et celle de surveiller son domaine.

Ce matin, sa porte est grande ouverte, et tu ne peux rien faire, sinon le signe de croix, avant de passer devant. En pénétrant dans le service, tu jettes un coup d'œil par-dessus ton épaule. Et tu constates qu'elle n'est pas dans son bureau. Tes collègues, en revanche, sont tous là, hormis Phoebe Hubbard, qui est à la Bibliothèque nationale, où elle réunit une documentation sur l'élevage du homard.

« Bonjour, camarades prolétaires », lances-tu à la cantonade, en te glissant à ta place. Le service de vérification des faits est le plus vaste en superficie de tout le Magazine. En dépit des apparences, ce lieu n'est pas exclusivement occupé par des nains. Il y a six bureaux — dont un réservé aux collaborateurs occasionnels — et des milliers d'ouvrages de référence, couvrant les murs. Sols tapissés de lino marron, tables recouvertes de lino gris. Une rigoureuse hiérarchie se reflète dans la distribution des bureaux, le plus éloigné du bureau de Clara et le plus proche de la fenêtre étant celui du vérificateur en chef, et ainsi de suite, jusqu'au tien, accolé à la bibliothèque près de la porte. Mais, dans l'ensemble, un esprit de franche et démocratique camaraderie règne dans le service. La fanatique loyauté au Magazine de mise à tous les étages est ici battue en brèche par le sentiment de la loyauté au service : c'est nous contre eux. Si jamais une erreur se glissait dans le Magazine, ce serait l'un de vous, et non son auteur, qui se verrait crucifié. Non remercié, mais vertement tancé, et peut-être rétrogradé au service des coursiers sinon même au pool des dactylos.

Rittenhouse, qui traque l'erreur et gère les faits depuis plus de quatorze ans, te dit bonjour en hochant la tête. À voir son air inquiet, tu présumes que Clara s'est enquise de toi, en agitant certaines menaces.

« La Terreur est là ? » lui demandes-tu. Il hoche la tête en rougissant comme une pivoine. Rittenhouse sait apprécier un brin d'irrévérence, mais ne peut s'empêcher de s'en sentir coupable.

« Elle est assez contrariée. C'est du moins ce qu'il me semble », rectifie-t-il avec une prudence toute professionnelle. Voici un homme qui a passé la moitié de sa vie à lire la prose des grands écrivains et des grands journalistes de son époque, à seule fin de démêler les faits avérés des opinions, toujours sujettes à caution, ignorant ces dernières pour traquer les faits allégués à travers des volumes poussiéreux, des mètres et des mètres de microfilms, ou par câbles transcontinentaux avant d'en confirmer la véracité ou d'en stigmatiser la fausseté. C'est donc un détective hors pair, mais par déformation professionnelle, il ne s'exprime jamais qu'avec circonspection et parcimonie, comme si quelque Terreur miniature montait la garde devant son larynx, prête à fondre sur toute assertion erronée.

Ton plus proche voisin, Yasu Wade, est plongé dans la vérification d'un article scientifique. C'est là une faveur insigne. D'ordinaire, Clara se réserve de relire ce genre d'articles, dont il est généralement fort urgent et, pour elle-même, fort satisfaisant, de vérifier les données. « Bon, d'accord, dit Wade à son interlocuteur téléphonique, mais que devient le neutrino dans tout ça ? » Wade a grandi sur des bases aéronavales, avant de monter à New York, via Bennington. Il affecte une prononciation vaguement nasillarde des plus châtiées, et compliquée d'un zézaiement, en feignant même à l'occasion de confondre les *l* et les *r*, notamment à chaque fois qu'il peut évoquer « les élections présidentielles ». Son père, commandant dans l'armée de l'air et originaire de Houston, a épousé une Japonaise, à Tokyo, pendant l'occupation américaine au Japon. Yasu Wade est l'improbable résultat de cette union ; il s'est lui-même baptisé le *Jaune Nonpareil*. Son irrévérence, qui ne connaît ni bornes ni tabou, récolte toujours les rires, là où la tienne ne rencontre que réprobation offusquée. Wade est le favori de Clara, si l'on excepte Rittenhouse, tellement adapté à son environnement qu'il en est devenu invisible.

« Passablement en retard, te lance Wade en raccrochant son téléphone. C'est inacceptable. Les faits ne sauraient attendre. Le retard n'est en somme qu'une des variétés de l'erreur, au regard du méridien de Greenwich. Or, selon le méridien de Greenwich, il est à présent quinze heures quinze. Soit, pour nos fuseaux horaires, eux-mêmes en retard sur ledit méridien, et selon les horaires que bon nombre d'entre nous observent en ces lieux, onze heures quinze. L'ouverture des bureaux étant fixée à dix heures, j'ai le regret de noter un retard d'une heure et quart à votre passif. »

En fait, tu disposes d'un peu plus de latitude que ne le prétend Wade : la Terreur aime à souligner ses prérogatives en se manifestant entre dix heures et quart et dix heures et demie. Tant qu'on est à son poste à dix heures trente, on n'a rien à craindre. Malheureusement, c'est là une heure limite, que, d'une façon ou d'une autre, tu te débrouilles pour outrepasser une fois par semaine.

« Je suppose qu'elle est noire de rage ?

— Noire, je ne dirais pas, préférant de loin voir ce terme employé comme en usent nos amis britanniques, dans le sens familier d'*ivre* : confer, le consul de Malcolm Lowry, noir de s'être copieusement noirci au mescal dans la bonne ville de Quauhnahuac, si j'en ai bien souvenance.

— Vous pouvez me l'épeler ?

— Certainement. Mais pour en revenir à votre première question — oui, Clara m'a l'air passablement excédée. Pas très contente de vous. Ou contente, peut-être, de vous voir confirmer ses pires craintes. À mon avis, la curée est proche. À votre place…, fait-il en tournant les yeux vers la porte avant de hausser les sourcils, à votre place, je me retournerais. »

Encadrée dans l'embrasure de la porte, Clara tire une mine de six pans de long, qui ne déparerait pas toute la série de photos réalisées par Walker Evans durant les années noires. Cerbère du service, vestale du bien-dire et du bien-écrire, l'œil perçant et la narine frémissante, elle te jette un regard glacial, avant de ressortir. Sans doute préfère-t-elle te laisser macérer un moment.

Tu extrais de ton tiroir un inhalateur Vicks, comme pour aérer ton cerveau vitrifié par la poudre.

« Toujours ce vilain problème de sinus, à ce que je vois », te lance Wade avec ce regard entendu. Tout en se flattant d'être à la coule, il est trop délicat pour vouloir s'encanailler. Quant aux préférences sexuelles qu'il affiche, tu les soupçonnes d'être largement théoriques. Il préférera toujours un ragot croustillant à un bon coup, et t'informe régulièrement de qui couche avec qui. (La semaine dernière, c'était David Bowie avec le prince Rainier.)

Tu essaies de t'atteler à l'article sur les dernières élections en France. Ton boulot consiste à t'assurer qu'il ne comporte ni fautes d'orthographe ni données erronées. En l'occurrence, les données sont si confuses qu'elles laissent largement matière à interprétation. L'auteur, ex-critique gastronomique, s'adonne à son goût immodéré pour les adjectifs, en négligeant les substantifs. Il taxe un ministre à l'âge avancé de « bourgeonnant » et un socialiste d'avenir de « légèrement hâlé ». Il est clair que Clara t'a donné cette corde pour te

pendre. Elle sait que l'article en question est un désastre. Sans doute
sait-elle aussi que la prétention de parler couramment le français affi-
chée sur ton C.V. est exagérée, et que tu es trop fier pour en convenir
à présent. La simple vérification de toutes ces données exige de passer
maints coups de fil en France : or, tu t'es déjà amplement ridiculisé
la semaine dernière à chanter sur tous les tons : — *je ne comprends pas*
— à divers secrétaires d'État et à leurs sous-fifres. Sans compter les
raisons personnelles que tu peux avoir de ne point désirer appeler
Paris, parler français ou même te remémorer ce foutu pays. Toutes
raisons liées à l'existence de ta femme.

En somme, tu ne vois pas comment vérifier toutes les données de
cet article, ni comment confesser de bonne grâce ton incapacité. Il te
reste à prier pour que certaines des données soient exactes, et que
Clara ne relise pas les épreuves avec sa minutie coutumière.

Pourquoi t'en veut-elle ? Après tout, c'est elle qui t'a embauché.
Comment les choses ont-elles pu dégénérer à ce point ? Ce n'est tout
de même pas ta faute si elle est encore vieille fille. Depuis ton propre
Pearl Harbor conjugal, tu as compris que le seul fait de dormir seul
légitime une certaine aigreur et bon nombre de bizarreries. L'envie
t'est parfois venue de lui dire : « Hé ! je sais ce que c'est. » Et tu l'as
vue dans ce petit bar de Columbus Avenue, cramponnée à son verre,
espérant désespérément être abordée par le premier venu. « Pourquoi ne pas reconnaître que vous souffrez ? » as-tu envie de lui rétor-
quer, sitôt qu'elle commence à te persécuter. Mais avant que tu aies
compris de quoi il retournait, il était déjà trop tard. Elle voulait ta
peau.

Tout a peut-être commencé avec l'affaire John Donlevy. Tu venais
tout juste d'arriver dans la maison, quand Clara prit une semaine de
vacances. Histoire de ne pas perdre la main, après avoir décroché son
second prix Pulitzer, Donlevy s'était fendu d'un article de critique
littéraire. Celle-ci étant considérée comme quantité négligeable dans
le service, Clara s'en remit à ton jugement. Non content, dans ton
innocence, de signaler les rares citations inexactes, tu allas jusqu'à
suggérer certaines corrections stylistiques et à noter quelles réserves
t'inspirait telle ou telle interprétation de l'ouvrage. Sur quoi, tu remis
les épreuves et regagnas ton domicile, content de toi. Par suite d'une

erreur du secrétariat de rédaction, ton jeu d'épreuves fut expédié à Donlevy, en lieu et place de celui de la responsable de la rubrique. Celle-ci, une jeune femme fraîchement émoulue de Yale, où elle s'occupait de la revue estudiantine, et angoissée par la perspective de se retrouver aux prises avec le célèbre Donlevy en personne, fut horrifiée d'apprendre ce quiproquo. Elle te convoqua dans son bureau ; ta présomption inouïe te valut une verte semonce. Oser retoucher la prose de John Donlevy... Impardonnable ! Impensable ! Toi, un malheureux petit correcteur de rien du tout ! Si tu étais allé à Yale, on t'y aurait sûrement appris à te mieux conduire. Elle s'efforçait de trouver le meilleur moyen d'exposer la chose à Donlevy quand celui-ci l'appela pour dire qu'il appréciait tes suggestions et tiendrait compte de plusieurs de tes corrections. C'est la standardiste qui, ayant surpris la conversation, te relata ce rebondissement. La responsable de la rubrique ne t'adressa jamais plus la parole. Le retour de Clara te valut un nouveau sermon du même tonneau, couronné de la conclusion qu'elle et tout le service avaient eu à pâtir de ta calamiteuse initiative. Quand le journal parut, tu pus constater avec satisfaction que Donlevy avait tiré parti de tes meilleures suggestions. Mais cet heureux dénouement mit un terme à la chaleureuse sympathie que te manifestait jusqu'alors Clara.

S'il faut rendre justice à Clara, conviens que ces derniers temps, tu ne t'es pas acquitté au mieux de ta tâche. Affaire de tempérament. En dépit de tous tes efforts pour lui trouver un quelconque intérêt, ce travail n'a rien de passionnant. Les ordinateurs ne sont-ils pas censés délivrer l'homme de telles corvées ?

En fait, le royaume des faits n'est pas le tien : tu ne t'y sens pas appelé. Tu préférerais de loin celui de la fiction. Et tu as prudemment manifesté à diverses reprises le souhait d'y entrer ; mais aucune ouverture ne s'est présentée. Et cela dure depuis des années. Au service de vérification des faits, on a tendance à mépriser la littérature, cette prose qui singe la réalité alors qu'il lui manque jusqu'à l'ossature des faits. Dans l'ensemble, on y considère que la fiction, sans être positivement morte, est bien dépassée. Mais toi, tu préféreras toujours une nouvelle de Saul Bellow à un article en six livraisons sur la convention républicaine. Tout ce qui ressortit au domaine de la fiction

passe par le service, et comme personne d'autre n'en veut, tu te
charges de procéder aux vérifications nécessaires — de t'assurer que,
si une nouvelle située à San Francisco met en scène un psychotique
dénommé Phil Doaks, il n'y a pas à San Francisco de Phil Doaks sus-
ceptible de se retourner contre le Magazine. Opération exactement
inverse, en somme, de celle qu'on exige de toi ailleurs. Il s'agit d'ex-
clure tout risque de ressemblance fortuite avec des gens et des événements réels. Opération hâtive, qui te donne l'occasion de lire une
prose correcte. Au début, Clara semblait ravie que tu te charges d'une
corvée dont personne ne voulait ; mais, à présent, elle te reproche d'y
passer trop de temps. Au royaume des faits, tu n'es qu'un oisif. Par ailleurs, les gens du service littéraire ne sont jamais ravis d'apprendre, par
exemple, qu'on n'a jamais vu des drosophiles dorées éclore dans les
parages d'une rivière de l'Orégon, décor d'une nouvelle dont le
héros pêche à la mouche. Tu te retrouves, bon gré mal gré, dans le
rôle du pédant intolérable. « Alors qu'est-ce qui peut bien éclore dans
ce foutu Orégon ? te demande le responsable du littéraire. — Des
mouches à saumon, par exemple », dis-tu quand tu voudrais lui dire :
« Je ne fais que mon boulot, et il ne me plaît pas plus qu'à vous. »

   Megan Avery vient jusqu'à ton bureau. Ramasse le couplet brodé
au point de croix que t'a offert Wade pour ton dernier anniversaire,
et qui proclame :

> *Les faits sont une affaire de point de vue*
> *Les faits m'échappent, ils sont bien trop têtus.*

TALKING HEADS

   Quand Wade t'a fait ce cadeau, tu t'es demandé s'il fallait le remercier d'y avoir consacré tant de temps et de peine, ou t'offenser du
jugement qu'on pouvait y voir, quant à tes capacités professionnelles.
« Comment ça va ? » s'enquiert Megan. Tu lui réponds que tu n'as
pas lieu de te plaindre. « C'est bien vrai ? » Avec Megan, la franchise
te semblerait subitement possible. Megan est exactement le genre de
personne qui pourrait donner des cours d'hygiène mentale. Pourquoi
ne t'es-tu jamais confié à elle ? Elle est plus âgée et plus mûre que
toi. En fait, tu ne saurais lui donner un âge. Elle est de ces êtres sans

âge. Avec un physique... frappant ou attirant, dirais-tu. Mais une nature si pratique, un tempérament si sérieux que tu aurais peine à voir en elle un être sexué. Quoiqu'elle ait été mariée, elle incarne à tes yeux la femme capable de mener sa barque toute seule, et même de tirer ses amis de la panade, à l'occasion. Tu as pour elle de l'admiration. Après tout, tu ne connais pas des foules de gens sensés. Peut-être pourriez-vous déjeuner ensemble, un de ces jours.

« Vraiment, ça va très bien.

— Pas besoin d'un coup de main, pour l'article sur la France ? Je ne suis pas débordée, en ce moment.

— Merci. Je pense pouvoir m'en tirer. »

À cet instant, la Terreur s'encadre dans l'embrasure de la porte.

« Nous avons décidé d'avancer d'une semaine le papier sur la France. En d'autres termes, je le veux sur mon bureau, avant que vous ne partiez ce soir. Nous bouclons demain après-midi. » Et d'ajouter, après avoir marqué un temps : « Vous pensez y arriver ? »

Il n'y a pas l'ombre d'une chance que tu y réussisses, et tu la soupçonnes de le savoir.

« Je pourrais le donner directement au secrétariat de rédaction ce soir, pour vous éviter cette peine.

— Sur mon bureau, répète-t-elle. Et dites-moi tout de suite si vous avez besoin de renfort. »

Tu secoues la tête en signe de dénégation. Si jamais elle voit tes épreuves, en l'état où elles sont actuellement, tu es foutu. Tu n'as pas suivi la procédure prescrite. Tu as corrigé directement au stylo, sans te servir du crayon bleu obligatoire, griffonné des numéros de téléphone dans les marges et décoré de taches de café les colonnes de texte. Tu as fait exactement tout ce que réprouve le manuel de vérification des faits. Il faut te procurer de toute urgence un autre jeu d'épreuves, intact, pour reporter tes corrections. La Terreur ne badine pas avec la procédure.

La seule perspective du labeur qui t'attend réveille l'effroyable migraine avec laquelle tu t'es levé. Te voilà déjà épuisé. Positivement éreinté. Il te faudrait huit bons jours de sommeil pour te requinquer. Une petite cargaison de poudre tonique te permettrait peut-être de te tirer de cette épreuve. Mais pas question de t'y attaquer sans viatique. Tu devrais protester contre un tel changement de programme, décrété à la toute dernière minute. Personne ne t'a demandé si ta copie était prête à aller au marbre. Même si tu parlais couramment français, tu en aurais encore pour plusieurs jours de travail. Si tu ne redoutais pas que la Terreur ou le Druide n'examine tes épreuves, tu irais récriminer auprès de l'un ou de l'autre.

Bref, si tu étais japonais, ce serait l'occasion ou jamais de te faire hara-kiri. De calligraphier un dernier haïku déplorant la fragilité des fleurs de cerisier et la fugacité de la jeunesse, de draper de soie blanche la lame de ton sabre, et de te la planter dans le bas-ventre, avant de t'en labourer les entrailles. Le rituel même n'a plus de secret pour toi, depuis que tu as procédé à la minutieuse relecture d'un article sur le Japon. Seule te fait défaut la résolution du samouraï. Toi, tu es le genre de type à toujours espérer un miracle de dernière minute. Inutile d'escompter qu'un improbable tremblement de terre vienne ravager Manhattan dans la nuit ; en revanche, subsiste toujours l'espoir d'une guerre nucléaire. Faute de quoi, tu ne vois pas ce qui pourrait retarder la sortie du journal.

Sur le coup de midi, le Druide passe à pas de loup devant le bureau pour aller déjeuner. Comme tu es justement en train de fixer le couloir d'un œil vague, tu croises son regard de myope. Il te concède un sobre hochement de tête. Être quasiment fantomatique, le Druide est l'éminence grise — et fort grise — de la maison. Aussi faut-il scruter attentivement les parages pour réussir à l'apercevoir. Sans avoir jamais vu de tes yeux de gratte-papier de l'ère victorienne, tu gagerais volontiers que le Druide en est la parfaite incarnation. Il a élevé au rang de principe et imprimé au Magazine la réserve qui le caractérise. Quatrième héritier de sa dynastie, voilà une vingtaine d'années qu'il dirige la maison. Tout le personnel s'échine à deviner ses moindres pensées. Rien ne part au marbre qui n'ait été personnellement relu et approuvé par lui. Arbitre suprême, il tranche de tout sans en rendre compte à quiconque. Profondément chagriné, au fond, de ne pouvoir se passer de personnel, il ne se départira pourtant jamais de sa légendaire courtoisie. Officiellement, il n'a pas de dauphin. Car dauphin implique succession : or le Druide ne peut imaginer que le

Magazine lui survive. Telle est sûrement l'idéologie en vigueur au Kremlin. Peut-être soupçonne-t-il qu'il n'est pas immortel : aussi, dans le domaine de la fiction, toute prose traitant de la mort sera-t-elle rejetée, comme sera pratiquement caviardée toute allusion à la myopie. Il n'est point de détail assez infime pour échapper à l'œil du maître.

Tu n'as jamais eu de contact direct avec le Druide, hormis le jour où il t'a téléphoné, alarmé de l'usage que faisait de la langue nationale le Président des États-Unis. Tu revoyais un discours dans lequel le Président stigmatisait toute mesure excessivement *rigoureuse*. Le Druide estimait que le mot exact, celui que le Président avait en tête, était *rigoriste*. Et il te pria d'appeler la Maison-Blanche afin de faire avaliser une rectification en ce sens. Tu as donc appelé docilement la Maison-Blanche, passant plusieurs heures à expliquer l'importance de ce subtil distinguo à tes divers interlocuteurs. Tous ceux qui ne t'ont pas pris tout bonnement pour un farceur ont refusé de se commettre. Les autres t'ont injurié. Pendant ce temps-là, on mettait sous presse. Le Druide te rappela à trois reprises pour t'encourager à tenir bon. En fin de compte, alors que le marbre réclamait à cor et à cri les dernières pages, on trouva un compromis, à l'insu du Président comme de son équipe. Tandis que la deuxième édition du *Webster* distingue le sens respectif de chacun des deux termes, la troisième, plus à la page, en fait des synonymes. Le Druide te passa un dernier coup de fil pour t'expliquer la chose et cautionner, non sans émoi, la citation originale. On roula le dernier cahier. Et sans en être autrement troublé, le gouvernement continua de gouverner le pays.

Vers une heure, tu descends prendre un sandwich. Megan te demande de lui rapporter un soda. Tu franchis la porte à tambour, en caressant la tentante idée de ne jamais la repasser. Et en caressant aussi la tentante idée d'aller te terrer dans le premier bar venu. Aveuglé par le grand jour que réverbère le trottoir, tu pêches tes lunettes dans ta poche. Des yeux fragiles : voilà ce que tu racontes aux gens.

Tu te traînes jusqu'aux délicatessen, tu arrêtes ton choix sur un sandwich de filet d'oie fumée au pain de seigle et un milk-shake.

Derrière le comptoir, le serveur chauve sifflote avec entrain en tranchant la viande.

« Et voilà, bien maigre. Et maintenant, un soupçon de moutarde, comme à la maison, exactement comme vous le préparait maman...

— Qu'est-ce que vous en savez ?

— Oh ! moi, ce que j'en dis, c'est histoire de passer le temps, mon pote », réplique-t-il en emballant le tout.

Et il n'en faut pas plus, avec la viande froide étalée derrière la vitrine du comptoir, pour te couper l'appétit.

Sur le trottoir, en patientant aux feux, tu te fais accoster par un type, adossé à la porte d'une banque.

« Hé ! mec, vise un peu. Une Cartier, une vraie, Quarante dollars : Cartier, la montre en avance sur son temps. Tout ce qu'il y a de plus authentique. Quarante dollars seulement. »

Le type est planté à côté d'un mannequin de cire aux bras couverts de montres. Il t'en tend une. « Vise un peu. » Tendre la main, c'est t'engager. Mais tu ne veux pas le rembarrer. Tu prends la montre et tu l'examines sur toutes les coutures.

« Qu'est-ce qui prouve qu'elle est bien authentique ?

— Qu'est-ce qui prouve que n'importe quoi est bien authentique ? C'est signé Cartier, non ? Du moment qu'elle a l'air vrai, elle est vraie. Te bile pas. Quarante dollars. T'as rien à perdre. »

Effectivement, elle a bien l'air authentique. Boîtier rectangulaire extra-plat, jolis chiffres romains, remontoir agrémenté d'un saphir. Au toucher, tu jurerais que le bracelet est en cuir de bonne qualité. Mais si c'est une vraie Cartier, elle est sûrement volée. Et si elle n'est pas volée, elle ne risque pas d'être vraie.

« Allez, je te la fais à trente-cinq dollars. Prix coûtant, je gagne rien.

— C'est tout ce que ça vaut ?

— J'ai pas de frais généraux. »

Il y a des années que tu ne portes plus de montre. Si tu savais l'heure à tout moment, peut-être pourrais-tu commencer à discipliner le flux mouvant de ton existence. Tu n'as jamais été le genre de type à porter une montre à quartz. En revanche, une petite Cartier ferait bien dans ta panoplie. Même si elle ne l'est pas, elle a l'air authentique ; et accessoirement, elle donne l'heure. Alors, après tout...

« Trente dollars, fait le type.

— Bon, j'achète.

— À ce prix-là, c'est plus du commerce, c'est du vol. »

Tu remontes ta nouvelle montre et tu l'admires à ton poignet. Une heure vingt-cinq.

À peine de retour au bureau, tu te rends compte que tu as oublié le soda de Megan. Tu t'excuses, en lui proposant de retourner en acheter un. Elle te dit de laisser tomber. En ton absence, elle a pris deux messages pour toi : l'un de M. Chose, service des Machins ; l'autre de ton frère Michael. Tu ne tiens à parler ni à l'un ni à l'autre.

Deux heures à ta montre. À Paris, il est huit heures et chacun est rentré chez soi. Toi, tu passes ton après-midi à tenter de sauver les meubles. Tu consultes fébrilement des ouvrages de référence, tu appelles le consulat de France à New York. Tes paupières sont lourdes, mais tu gardes les yeux ouverts, comme un animal empaillé. Et tu t'acharnes.

Ta nouvelle montre expire à trois heures quinze. Tu la secoues, avant de te décider à la remonter. Le remontoir te reste entre les doigts.

Le chef de la rubrique de politique étrangère t'appelle pour te demander où tu en es. Tu prétends être assez avancé. Il s'excuse pour ce changement de délai inopiné. Il ne comptait pas publier ce papier avant un mois au plus tôt. Pour d'obscures raisons, le Druide a décidé de le faire passer en priorité : « Je voulais seulement vous mettre en garde : ne tenez rien pour acquis.

— Merci du renseignement. Je suis payé pour ça.

— Non, je veux dire : dans le cas précis. Il y a une bonne douzaine d'années que ce type n'a pas quitté Paris, et il passe le plus clair de son temps au restaurant. Il ne vérifie jamais aucune de ses informations. »

Doux Jésus !

Extrait du *Journal d'un oiseau de nuit*.
Traduit de l'anglais par Sylvie Durastanti.

CLAUDE BLANCHARD

Manhattan 1930

à Élie-J. Bois

Il y a mille façons de découvrir la proue amincie de Manhattan et son jeu d'orgue aux tuyaux de pierre rose, grise ou verte, surmontés de temples grecs, de cathédrales gothiques et de chapeaux Henri II garnis de plumets de vapeur. Tous les jours, toutes les heures, cette vision classique, préparée dans l'esprit du voyageur, par le nouveau lyrisme de la photographie, change selon la lumière ou la brume. Tantôt elle est grise, plate, transparente, découpée dans de la mousseline, tantôt, au contraire, elle s'anime, se creuse d'ombres profondes parmi lesquelles le soleil accroche une façade, la transforme en un long lingot d'or où flambent les vitres innombrables.

Ma première rencontre avec ce fameux paysage me le montra tout différent. Au matin, le bateau avançait dans un épais brouillard en jouant de la sirène, à laquelle répondaient les « ouap ! ouap ! » des remorqueurs et tous les cris, les meuglements de la faune fluviale et maritime qui encombre les deux rivières de chaque côté de Manhattan. On ne voyait rien, mais l'émotion que j'éprouvais d'approcher de la terre n'en était que plus grande.

Tout à coup, une rumeur vint à la rencontre du navire, d'abord lointaine, puis, de minute en minute, plus aiguë, plus universelle, faite de millions de bruits confondus, pendant que se précisait, à une hauteur que le brouillard amplifiait encore, le faîte d'un building, dont la seule apparition vague, détachée de la terre et flottant à même les nuages, suffisait pour donner à la ville proche des proportions qu'on ne peut concevoir qu'en rêve.

Les « tugs », petits remorqueurs dont le nez est muni de moustaches de cordages, s'approchèrent de la coque de la *France* pour la faire pivoter sur place et la faire entrer dans une de ces dents de peigne que sont les quais de New York. Un de ces petits bateaux montrait par la fenêtre de sa passerelle le premier Américain que je rencontrais dans son pays : un ouvrier confortablement ganté, et qui tirait nonchalamment sur sa pipe.

Ainsi, je n'avais que deux images isolées : l'homme et, là-haut, le toit de la maison géante, qui formaient toutes deux un surprenant contraste.

Puis la porte des bâtiments de la douane, ouverte en bas de la passerelle, me donna l'illusion que je me glissais par le trou d'un noir souterrain dans la fourmilière new-yorkaise.

Enfin, le taxi m'emporta, avec furie, dans une avenue sale et encombrée, entre les colonnes qui soutiennent le plafond où l'*elevated* enflait son rugissement à la hauteur du premier étage. J'étais surpris du désordre qui m'entourait, de cette crasse, de ces maisons ouvrières, où je ne distinguais aucun gratte-ciel. Quand on aborde une ville étrangère, on y éprouve toujours quelque déception, la mienne a été, pendant plusieurs jours, de ne point trouver à New York la grandeur magistrale que j'attendais.

*

Il faut longtemps, en effet, avant de pouvoir mesurer d'un regard habitué aux proportions nouvelles, l'étendue et l'élan prodigieux de New York. Il faut l'avoir vu sous bien des angles, avoir senti sa fièvre se communiquer à votre épine dorsale, s'être perdu dans ses foules si diverses avant d'en saisir l'importance et le rythme. Personne, sans habitude, ne peut apprécier en imagination la dimension de Broadway, long de 38 kilomètres, et qui épouse, sur son parcours, toutes les formes de la vie civilisée, depuis le canyon crépusculaire qu'il est à son début, dans le quartier des banques, jusqu'à la froide province dans laquelle il se perd au loin, après avoir traversé la foire insensée des cinémas et les buildings de Times Square. De même, on ne comprendra pas ce que peut être une construction de 307 mètres, comme le Chrysler Building, dont 260 mètres sont habités.

La première de ces dimensions, l'horizontale de Broadway, j'ai tenté de la mesurer un jour, en partant du commencement, dans les gazons de Battery Park. Je marchais dans la foule, regardant en l'air ce fantastique essor minéral qui découpait dans le ciel un étroit ruban nuageux. De temps en temps, je jetais un regard vers l'endroit où cette artère se fond dans un horizon incertain. Je pensais qu'avec un peu de courage j'en verrais bien la fin. Nenni ! Le trottoir me brûla les semelles bien avant que d'avoir atteint Union Square.

Quant à l'étalon de mesure verticale qu'est le Chrysler, je ne me doutais pas non plus de l'impression qu'il me réservait. Souvent, j'étais passé au pied de cette construction qui permet, maintenant, aux Américains de dormir sans penser à la tour Eiffel et je ne m'étais pas rendu compte du tout, tant ce building est resserré entre des maisons de moindre importance, que sur les boutiques et les porches d'acier gravé qui font sa base, s'élance, raccourci par la perspective, l'entassement de soixante-dix-sept étages surmontés d'une baïonnette d'aluminium.

Les gratte-ciel ne sont beaux que vus de loin, quand leur tour apparaît, plongée dans le ciel bleu, lointaine, isolée dans l'espace, au-dessus de la cité dont le bruit lui parvient à peine et sur laquelle ils promènent, une fois par jour, le grand coup de faux circulaire de leur ombre qui s'allonge, au coucher du soleil, pour aller faucher les plus lointains quartiers. La perspective ascendante ne leur va pas.

Je suis donc monté au Chrysler Building alors que son toit était encore prisonnier des échafaudages. Du hall, où les reflets de l'électricité trempent dans le bois précieux, la malachite, le bronze, l'acier et le caoutchouc-marbre, je suis entré dans un des vingt ou trente canons à air comprimé de la « *transportation verticale* ».

La main gantée du « liftman », en uniforme fleur de pêcher, qui parcourt tous les jours quatre-vingts kilomètres vers le ciel, a appuyé sur le levier de cuivre au commandement des castagnettes agitées par le chef de départ, en costume de général guatémaltèque. Les portes se sont refermées puis le tableau lumineux s'est mis à ajouter deux étages au total, toutes les trente secondes. Après le dernier palier, j'ai suivi les talons d'un manager qui m'entraîna, d'échelle en échelle, à travers quatorze étages d'échafauds, le long du toit. D'en haut, sur une étroite plate-forme (située par conséquent au quatre-vingt-onzième) qui entourait la base de la flèche, j'ai compris ce que c'était que New York.

Les sceptiques vont répétant : « Après tout, cela n'a rien de méritoire, ce n'est pas de l'art, ce sont seulement des éléments de construction métallique posés les uns sur les autres, et après ? Pourquoi pas deux cents étages ? Est-ce que la civilisation aura fait, pour ça, un pas de plus ? »

Tout cela est vrai. Mais quand on sent, sous la plante de ses pieds, la tête de ce régiment vertical de dactylographes et de messieurs à visière de celluloïd, planté tout droit sur la toile de fond vaporeuse d'une ville colossale qui s'estompe aux confins du vertige, on pense tout de même, passez-moi l'expression, que ça a de la « gueule ».

*

Paris est simple et lisible, au premier abord il exprime une lente et raisonnable évolution.

New York est fou. Il n'est pas, à certains égards, de cité moins moderne, moins bien conçue pour la commodité de la vie humaine. Il n'en est pas de plus sale au monde. Surcomprimée, pleine à craquer, elle se débat au milieu de problèmes d'urbanisme insolubles, qui la poussent à toutes les tentatives architecturales, à toutes les improvisations audacieuses.

On explique souvent la construction en hauteur des gratte-ciel par l'étroitesse de l'île sur laquelle ils sont construits ; je pense aussi qu'ils sont un moyen de fuir, vers le seul espace libre, le désordre et l'affolement qui sévit à leur pied. Lutte de la foule humaine contre la foule mécanique des transports, efforts faits en tous sens afin de trouver dans le sous-sol des morceaux de rocher encore vierges pour y loger des choses ou des gens. Dans la hâte, on plante les gratte-ciel n'importe où. On les voit surgir entre des maisons de 1850, sur des fondations qui mettent à nu la fourmilière dérangée, laquelle respire par des trous pratiqués dans les chaussées et qui crachent de la vapeur et des relents.

Ainsi je me souviens d'avoir vu les travaux du nouveau building, qui aura cent étages, découvrir les voies souterraines du Grand Central, dont les express continuent de passer sous les grues.

Cette ville gigantesque, dont les tentacules se glissent dans tous les sens et veulent conquérir l'espace, ne peut jamais arriver à fixer sa propre image, car elle est faite pour parer aux nécessités du moment présent et le lendemain la verra changer. Quand je pense que ses buildings, son orgueil, sont construits pour trente-cinq ans !

Mais ce désordre, où l'on sent la hâte de vivre, où l'organisme brûle plus de calories à ne rien faire qu'en aucune autre ville en y travaillant, fait naître, dans l'esprit, peu à peu, une sorte d'ivresse morbide, le besoin d'user, de gâcher les forces autant que l'argent.

Paroxysme de la misère, de la richesse, de la saleté, du luxe, de la beauté et de la laideur, New York peut, à la fois, inspirer l'amour et le dégoût. Il est comme certaines blessures dont on meurt dans la béatitude.

Extrait de *L'Amérique et les Américains.*

Le Pont de Brooklyn en 1964

JANE SMILEY

Alice Marie Ellis, divorcée,
sans enfant, bibliothécaire
à la New York Public Library

« J'avais la clef. J'étais venue arroser les plantes de Susan, mais j'ai toujours eu une clef de son appartement. Nous en avions tous un jeu, et nous n'étions pas les seuls. »

En face d'Alice, l'inspecteur de police Honey nota rapidement quelques mots dans un carnet. Lorsqu'il déplaça sa main, Alice lut, à l'envers : clefs dans la nature ? Elle continua : « Un jour dans le métro, j'ai entendu un homme avec une valise dire à quelqu'un : "Richie connaît un endroit où crécher. Il a la clef." Je ne connaissais aucun Richie, mais je n'ai pas été autrement surprise lorsque le type du métro s'est pointé dans l'appartement de Susan un jour ou deux plus tard. Il était plutôt sympa. À vrai dire, il était venu à New York pour faire un stage de gestion à RCA mais personne d'entre nous ne l'avait jamais vu, et il était bel et bien en possession de la clef. »

L'inspecteur Honey la regarda attentivement, mais n'inscrivit rien. Depuis qu'elle vivait à New York, c'était la première fois qu'Alice parlait à un flic new-yorkais. Quoique rassurée par son large visage affable, elle se demanda s'il touchait des pots-de-vin. Elle toussa dans sa main, qui tremblait, et poursuivit comme si elle s'adressait à un psychiatre. « Denny et Susan ont mis longtemps à comprendre où cela les entraînait, et lorsqu'ils en ont pris conscience, tout le monde avait une clef. Par la suite, ils ont parlé de changer les serrures, mais cela représentait beaucoup d'argent et de désagrément, et de toute façon, Denny craignait de paraître inamical. » L'inspecteur Honey fit une grimace et hocha la tête. « Moi aussi, je trouvais ça stupide, dit Alice.

— Donc, vous arrosiez les plantes, Miss Ellis ?

— Mrs. Ellis. C'était à moi de le faire. J'avais promis à Susan de passer tous les trois jours, même s'ils... euh... même s'ils étaient là, parce qu'elle ne leur faisait pas vraiment confiance pour tout arroser. Peut-être avez-vous remarqué qu'elle a de très belles plantes. » Cette pensée lui rappela Denny et Craig. Un frisson la parcourut.

« Et où se trouve Miss Gabriel en ce moment ? demanda l'inspecteur.

— Dans les Adirondacks. Elle devrait être de retour demain soir.

— Dans les Adirondacks, au mois de mai ?

— Elle y va généralement hors saison. Elle loue un chalet ; c'est trop cher en été.

— L'avez-vous déjà accompagnée dans ce chalet ?

— Personne n'y est jamais allé. Il n'y a même pas le téléphone, et il faut grimper à pied une côte de cinq kilomètres pour l'atteindre. De toute façon, elle n'a jamais invité qui que ce soit. Je crois qu'elle aime prendre le large.

— Prendre le large ? »

Alice s'assit plus droite. « Oui, se retrouver seule. Vous comprenez, Susan n'a jamais une minute à elle, elle passe ses journées à s'occuper de clients, et... » Elle se tut.

L'inspecteur Honey tapota la pointe de son stylo sur son carnet, puis continua comme si de rien n'était : « Vous étiez donc ici mercredi, et vous êtes revenue aujourd'hui ? » Chacune de ses questions était une simple suggestion émise avec un tel naturel qu'Alice fut convaincue qu'il la suspectait et se sentit faiblir. « Je suis passée mardi, en réalité, mais je n'ai pas pu revenir avant aujourd'hui. » Elle s'éclaircit la voix. « J'ai quitté mon travail vers dix heures, dix heures un quart. J'ai marché dans Broadway, et j'ai acheté un journal dans la

69ᶜ. Le vendeur me connaît. C'est à dix rues de chez moi ; j'ai dû mettre environ vingt minutes. Je n'ai rencontré personne. Je suis entrée seule dans l'immeuble, car il n'y a pas de portier, et j'ai pris l'ascenseur pour monter au cinquième étage. Je suis venue ici presque plus souvent que chez moi, et je connais l'endroit comme ma poche. Il n'y avait rien de spécial. Rien n'avait changé de place. » Honey plaça sa main en travers de la feuille et écrivit à l'abri de sa paume. « J'ai ouvert la porte. Tout était impeccable. » Avec la même lumière qui pénétrait à flot dans la pièce, frappant les hampes des cactées, les lierres, les lourdes feuilles vernissées des avocatiers, les masses argentées des cyclamens, les coléus roses. Les rideaux ouverts, le bleu des verrières dans la lumière du soleil. Alice avala sa salive, mais elle avait quelque chose dans la gorge qui ne voulait ni monter ni descendre.

« Étiez-vous déjà entrée dans la pièce lorsque vous les avez aperçus ? demanda Honey.

— Ils étaient assis dans les fauteuils. Je ne m'attendais absolument pas à les voir. Je croyais qu'ils avaient un concert du côté de Boston. »

Honey poussa imperceptiblement vers elle sa tasse de café. « Dans la position où les a trouvés l'agent Dolan ? »

Alice acquiesça d'un signe de tête. « J'ai dit "Hello !" Simplement comme ça. "Hello !" J'étais contente de les voir. » Son salut joyeux avait résonné de manière presque palpable dans la pièce, si bien qu'Alice n'avait cessé de l'entendre pendant tout le temps où elle était restée à regarder. Curieusement, le plus fascinant n'était pas le spectacle de leurs visages meurtris, mais le pied de Craig à moitié déchaussé, qu'on eût dit cassé ou déformé. Elle avait mis longtemps avant de comprendre qu'il était probablement en train d'ôter ses boots au moment où le coup de feu avait été tiré. Honey revint une page ou deux en arrière dans son carnet. Alice dit : « Je n'ai touché à rien.

— L'appel a été reçu à onze heures vingt-huit. C'est-à-dire il y a environ une heure, Miss Ellis.

— Ah oui ?

— Qu'avez-vous fait après avoir découvert les victimes ?

— Je crois que je suis restée sur place pendant un long moment, mais j'ignore combien de temps exactement. Puis j'ai fait le tour de l'appartement.

— Vous affirmez pourtant n'avoir touché à rien ?

— J'ai gardé mes mains dans mes poches. Je ne voulais pas effleurer quoi que ce soit. Je n'osais même pas respirer.

— D'où avez-vous téléphoné ?

— De Broadway, mais j'ai dû marcher un bon moment avant de trouver une cabine en état de marche.

— Vous êtes donc restée seule dans l'appartement pendant environ une demi-heure ?

— Je crois, oui. »

Honey traça des signes dans son carnet et aspira une longue bouffée d'air réprobatrice qui sembla vider tout l'oxygène du petit bureau. Alice ajouta : « Peut-être ne comprenez-vous pas à quel point j'étais bouleversée. Je n'ai jamais vu de mort. Tous mes grands-parents sont encore en vie. Nous n'avons même pas eu un chien qui soit mort.

— Vous n'avez rien remarqué d'anormal ? Vous êtes restée pendant un long moment. Tâchez de rassembler vos souvenirs aussi précisément que possible. Peut-être vous rappellerez-vous un détail qui vous a échappé. Les lieux d'un crime, Mrs. Ellis, peuvent être extrêmement révélateurs, mais la présence, même bien intentionnée, d'une personne inexpérimentée ou peu observatrice peut occulter en grande partie ce qu'ils ont à révéler. »

Prêchi-prêcha, pensa Alice, mais se sentant réprimandée, elle rougit. « J'aurais dû faire demi-tour et m'en aller ? »

Honey répondit par un haussement d'épaules. « Je vous en prie, concentrez-vous le plus possible, insista-t-il.

— J'étais complètement retournée.

— Mais qu'avez-vous vu ? »

Alice réfléchit pendant deux minutes, mais ne sut quoi dire. Quand elle se remémorait les lieux du crime, centimètre carré par centimètre carré, elle était incapable de dire si ce qu'elle voyait n'était pas seulement ce qu'elle savait déjà être dans l'appartement de Susan. « Rien ne me vient à l'esprit. »

L'inspecteur Honey se racla la gorge. Allait-il l'emmener au poste ? Les filles de quincaillier de Rochester, Minnesota, finissaient-elles derrière les barreaux pour s'être retrouvées face à face avec deux victimes d'un meurtre ? Ce n'était pas ce que vous apprenait la lecture de Kafka, ou du *New York Times*.

« Peut-être pourrions-nous parler de vous, Mrs. Ellis.

— L'odeur était très forte. J'étais bouleversée et physiquement cho-quée. Je tremblais de la tête aux pieds.

— Vous n'êtes pas new-yorkaise d'origine, n'est-ce pas ? »

Alice le dévisagea pendant une minute. Était-ce le moment d'exiger un avocat, de citer ses droits, de se lever et de refuser d'en dire davan-tage ? Mais à peine ouvrit-elle la bouche qu'elle était déjà en train de se nommer, Alice Marie Ellis, divorcée, sans enfant, trente et un ans, bibliothécaire à la New York Public Library, département principal, domiciliée 557, 84ᵉ Rue Ouest, née à Rochester, Minnesota, mère infirmière, père dans les outils et les tuyaux, ex-mari poète et profes-seur à l'université. Réside à New York, depuis six ans, dont cinq à l'adresse actuelle. Aucune infraction à la loi, aucun délit, pas de voiture.

L'inspecteur Honey sourit pour la première fois, spontanément. C'était un homme de haute et vigoureuse stature, qui dégageait l'assu-rance habituelle des hommes grands et forts. Alice avait du mal à le regarder. Les hypothèses qu'elle échafaudait semblaient rejaillir vers elle, comme un éclat de soleil sur l'aile d'une voiture. Il dit : « Je resterai en contact avec vous, Mrs. Ellis », et se leva.

Alice l'imita, et l'instant d'après, elle se retrouva dehors, devant le commissariat. Il faisait un temps magnifique, clair et chaud malgré la brise. Au quatrième étage de l'immeuble en face, des stores à l'ita-lienne de couleur jaune se gonflaient et claquaient au vent, comme si on était au bord de la mer et non en plein cœur de Manhattan. Elle avait ressenti exactement la même impression ce matin vers dix heures en sortant de chez elle, elle s'était immobilisée et avait levé les yeux vers la pierre grise, les ombres nettes, le ciel bleu, heureuse à la pensée du retour de Susan le lendemain. « Mmmm, comme il fait beau ! » s'était-elle exclamée, et un passant avait souri et opiné du bonnet. C'était la sixième belle journée consécutive.

Alice resta plantée là, au beau milieu du flot qui entrait dans le commissariat, ne sachant quoi penser, savourant, même après ces courts instants passés dans le bureau de la police, sa liberté d'aller et de venir, et pourtant incapable de s'éloigner de l'agitation rassurante du bâtiment. À sa droite, masse feuillue ondulant au-delà du tunnel des buildings, Central Park lui faisait signe : le zoo, le Met, le Musée d'histoire naturelle, les vendeurs de hot dogs et de falafels, les loueurs de vélos, les patineurs, glissements, balancements. Elle demeura un long moment immobile, emplie de nostalgie, puis fit un pas en avant, tourna sur la gauche en direction de Broadway.

En raison de la médiocre renommée de Denny et de Craig, les badauds étaient peu nombreux, et lorsque Alice demanda à l'un d'eux ce qui était arrivé, il répondit seulement : « Deux types ont été assassinés. Au dernier étage.
— Quelqu'un sait-il de qui il s'agit ?
— Non. Juste deux mecs. »
Néanmoins, il y avait une femme, élégamment vêtue et armée d'un appareil photo, qui aurait pu être envoyée par *Rolling Stone*. Alice feignit d'être une passante comme une autre, et ne dit rien. Comme elle s'attardait, d'autres gens arrivèrent, abritèrent leurs yeux de leur main, la tête levée vers les fenêtres vides du dernier étage. Pas de rideaux. Quelqu'un derrière elle dit : « Denny Minehart et Craig Shellady, paraît-il. Ils faisaient partie de ce groupe, les Deep Six.
— Ça me dit quelque chose.
— Un album au hit-parade il y a cinq ans, vous vous souvenez de *Dinah's Eyes* ? » Il fredonna quelques notes.
« Oui, plus ou moins. »
Alice se dirigea mine de rien vers la photographe, avec en tête une question qu'elle ne poserait sans doute pas. Elle avait partagé les espoirs déçus de Denny et de Craig pendant si longtemps qu'elle ne supporterait pas d'avoir la confirmation que, même après ce drame, *Rolling Stone* se fichait d'eux comme d'une guigne. Mais ils annonçaient toujours les décès, toujours. Denny et Craig pouvaient en être sûrs.
C'était à cause de *Dinah's Eyes* que Denny et Craig étaient venus à New York, et le reste de la troupe avait suivi, pour diverses raisons, mais surtout parce qu'il semblait normal, même pour Jim Ellis et pour

elle, de les accompagner uniquement par amitié. Une avance substan-
tielle, « de quoi vivre confortablement », versée par la compagnie de
disques, la certitude qu'ils avaient enfin réussi, et c'était il y a six ans,
pas cinq. Une photo dans *Rolling Stone*, pas la couverture ni le cahier
central, mais une photo demi-page par l'une des meilleures photographes du magazine, et un article de deux pages, avec Deep Six en
gros caractères, des lettres bleues exagérément allongées qui plon-
geaient dans le corps du texte. Le tout était encadré et accroché au
mur, entre les deux fenêtres que tout le monde, y compris Alice,
regardait en ce moment même. C'était le meilleur emplacement, avait
insisté Craig, pour éviter que le soleil ne décolore ni ne jaunisse le
papier. La lumière du soleil était mortelle pour le papier journal,
disait-il, et bien qu'il eût hésité à l'accrocher sur le mur de façade,
exposé aux soudains changements de température et au reste, cela
ferait l'affaire pour l'instant. Craig n'habitait pas réellement chez
Denny et Susan, mais c'était pareil, car il y entreposait tous ses instruments, ses meilleures photographies, et son album de coupures de
presse. C'était depuis cet appartement et non de son studio dans Amsterdam Avenue qu'il avait espéré s'élever comme un grand oiseau
dans le firmament de l'immortalité du rock. Denny s'en accommo-
dait, ayant plus ou moins vécu avec Craig pendant plus de vingt ans.

Alice s'approcha si près de la photographe qu'elle faillit lui marcher sur les pieds. Elle aurait pu dire à l'homme qui l'accompagnait
(un journaliste ?) : « C'est moi qui les ai trouvés, vous savez. J'ai ouvert
la porte et j'ai senti l'odeur, et ils étaient là, dans les fauteuils orange
de Susan, et leurs têtes étaient si bizarres, boursouflées et rouges.
Savez-vous le temps qu'il faut pour comprendre que vous êtes en train
de contempler un mort, le temps que met votre esprit à assimiler
cette idée, envisageant une hypothèse après l'autre, c'est une blague,
un mauvais tour, un rêve, le commencement de la folie, une erreur
d'appartement, vous savez, pendant une minute j'ai pensé qu'ils
avaient été renversés par une voiture et qu'ils étaient venus se
remettre ici ou je ne sais quoi. Tout était trop calme, trop ordonné
pour être vrai. J'ai erré dans l'appartement pendant une demi-heure
avant de prévenir la police, et c'est moi qu'ils suspectent désormais. »
Mais la photographe ôta habilement le téléobjectif de son appareil et

s'éloigna avec son compagnon en direction de Riverside Drive. Et au coin de Riverside, apparut brusquement Ray Reschley, l'ingénieur du son. Ray aperçut Alice et leva la main pour la saluer. Puis, comprenant peut-être en la voyant seule dans la foule que personne ne connaissait encore ses liens avec les victimes, il laissa tomber sa main et l'évita consciencieusement, jeta un coup d'œil autour de lui, et marmonna finalement entre ses dents : « Chez moi, pour dîner. » Alice hocha la tête. Presque immédiatement un jeune homme plutôt mal fagoté, un carnet de notes à la main, se dirigea vers Ray, et Alice se dit qu'il s'agissait sans doute d'un journaliste. L'oreille « absolue » de Ray lui avait valu une certaine notoriété comme ingénieur du son, et il avait suffisamment de propositions pour pouvoir travailler toute l'année à New York sans jamais partir en tournée, sauf exception. Comme Alice, comme Susan, comme Noah Mast, le bassiste, Ray était venu à New York à l'origine uniquement parce que la société de disques y avait fait venir Denny et Craig et qu'il pensait pouvoir y trouver du travail, lui aussi.

Ray se redressa, joignit les mains, et se mit en devoir d'accorder une interview. Les gens se rassemblèrent autour de lui. Ray gonfla un peu la poitrine, embrassa l'assistance du regard, sourit comme s'il savait quelque chose, et dit : « Pas de commentaire. » À la fois amusée par Ray et écœurée par toute la scène, Alice se détourna de la foule, de l'immeuble de Susan et de tout le problème, et partit en direction de Riverside, vers la 84e Rue, sans avoir la moindre idée de ce qu'elle allait y faire.

« Tu es donc au courant. C'est incroyable, non ? » Pieds nus, en short noir et T-shirt noir, Rya Mast ouvrit la porte de l'appartement de Ray. Elle se recula avec un geste théâtral pour laisser entrer Alice. À l'autre bout de la pièce, Noah son mari cria : « C'est Alice qui les a découverts, Rya.

— Noah ne me dit jamais rien. Cela a dû être horrible pour toi. Je n'ose même pas t'en parler. Viens boire un verre, ça te remettra.

— Elle les a découverts ce matin, Rya.

— Ça te fera du bien quand même. Ray est sorti chercher de quoi dîner chez le Chinois de la 105ᵉ, mais il a laissé un pichet de *pina colada*. Je vais t'en servir un verre. »

Noah leva les yeux au ciel, mais sourit quand elle revint. Alice prit le cocktail mousseux et s'assit, décidée à ne pas lever la tête. Le plafond de la salle de séjour de Ray était un vaste miroir fumé.

« Nous sommes sous le choc », dit Rya, dont les cheveux blonds étaient torsadés sur le sommet de sa tête. Si elle les dénouait, Alice savait qu'ils tomberaient en une seule masse, lisse et brillante. Le seul talent qu'elle eût jamais reconnu à Rya était son chic pour se coiffer ou s'habiller. « Sous le choc, sous le choc. Je ne trouve pas les mots pour l'exprimer.

— Stupéfaits. Sidérés, suggéra Noah.

— Noah est bouleversé lui aussi. Crois-moi. Il plaisante pour le cacher.

— Anéanti. Interloqué.

— Ne fais pas l'imbécile, Noah. C'est horrible. »

Alice avait depuis longtemps acquis à l'égard des Mast une indulgence qui lui permettait de passer outre à l'irritante coquetterie de Rya et aux airs sarcastiques de Noah. Elle les aimait non seulement par habitude, mais aussi pour les innombrables plaisanteries qu'elle avait faites à leurs dépens au fil des années. Aujourd'hui, elle les trouva ennuyeux, malgré tout, et regretta d'être venue. Qui plus est, elle redoutait d'avoir à décrire ce qu'elle avait vu et de devoir écouter leurs commentaires horrifiés. À dire vrai, elle s'était sentie accablée à l'idée de s'extraire de son bain, de chercher un taxi, et d'endurer un dîner entier à tout ressasser, mais elle n'avait pu s'en empêcher. Elle apprendrait peut-être quelque chose d'important, voire même ce qui s'était réellement passé.

« As-tu téléphoné à Susan ? demanda Rya. Je ne peux penser à Susan.

— Elle est dans les Adirondacks, tu le sais bien. » La voix d'Alice, restée muette depuis son entretien avec l'inspecteur Honey, jaillit rauque et tremblante. Elle se racla la gorge. Il lui tardait de voir Ray revenir avec le dîner afin qu'ils puissent trouver une diversion. Noah se remit à rouler ses joints — serrés, identiques, pointus à chaque bout. Alice termina son verre. Rya leva nonchalamment les yeux vers le plafond, puis, sous le miroir fumé mais révélateur, elle déplaça ses jambes pour les mettre en valeur et fit bouffer ses cheveux. Il n'y avait pas de musique. Écouter de la musique était un supplice pour Ray, car aucune fausse note, aucune variation mécanique du son ne lui échappaient. Il préférait réserver son ouïe aux heures de travail, disait-il. Les moments de temps libre signifiaient le silence pour lui, un silence si parfait qu'il était presque sexuel. Sex-u-el. Outre l'oreille « absolue », le sexe, affirmait Ray, était son seul autre intérêt dans la vie. Alice n'aimait pas l'entendre parler ainsi, sachant que c'était une attitude, car Ray aimait faire un tas de choses et avait toujours un projet en cours, mais durant cette année son cercle d'amis avait changé. Depuis, il poursuivait son ennuyeux monologue sur sa passion pour le sexe, le sexe pur, sans complications. Rya se leva comme si le miroir était le regard de Dieu et alla dans la salle de bains, refermant la porte derrière elle. Noah leva les yeux : « Que penses-tu de sa réaction ?

— Comment ?

— Tu ne trouves pas qu'elle réagit bizarrement ?

— Rya ? Non.

— Hmmm. »

Ne sachant comment interpréter cette remarque, Alice demanda : « C'est ce que tu trouves ? »

Noah haussa les épaules. Alice se demandait souvent pourquoi après presque quatre ans de mariage, les Mast s'adressaient encore à leurs amis comme si l'intérêt de ces derniers pour chaque frémissement de leur couple était acquis d'avance. Il appela : « Mon chou ? »

Un « J'arrive tout de suite ! » leur parvint de la salle de bains. Il plaisait à Ray que la salle de bains fût attenante à la salle de séjour, mais dans le silence Alice se surprit en train d'écouter le bruit de la chasse, le flot de l'eau. La tête inclinée, Noah écoutait lui aussi, mais il se ressaisit. « Je suis incapable d'aller au-delà des apparences, tu sais. Je crois que je suis essentiellement un être froid, mais elle est vraiment éprouvée jusqu'au fond de l'âme. »

Alice n'en aurait pas juré pour sa part. Il porta un joint à ses lèvres et frotta une allumette sous le plateau du bureau. Un instant plus tard, il agita le joint en direction d'Alice, qui refusa d'un signe de tête. Elle refusait généralement, puis se sentait godiche comparée aux Mast. En face d'eux, elle doutait toujours de ses vêtements. La jupe imprimée de couleurs vives et le chemisier de coton qui lui avaient paru gais et désinvoltes en quittant son appartement lui semblaient soudain ternes et sans chic sous le miroir de Ray, dans la même pièce que le short de Rya, face au petit étalage de cigarettes de Noah. La clé tourna dans la serrure et la porte s'ouvrit brusquement. C'était Ray chargé d'un énorme sac de provisions. Immédiatement Rya apparut et s'élança vers lui, poussant des petits cris à la vue du porc *mo-shu*, des huîtres aux champignons jaunes, du poulet *gong-bao* aux poivrons rouges et noix de cajou, de la soupe de riz encore bouillante, des beignets de crevette. Ray en avait certainement eu pour vingt-cinq à trente dollars. Et il y avait des beignets *shao-mai* en plus. Rya plongea sa main dans le sac, ses ongles rouges menaçant d'empaler les mets délicats. Alice se leva. Elle avait faim, elle aussi.

Elle se demanda si, comme elle, les autres pensaient constamment à Denny, Craig et Susan. Bien sûr, ils n'avaient pas vu les corps, mais Noah et Ray, au moins, avaient vu Denny et Craig la veille ou l'avant-veille au soir, parfaitement vivants, pareils à eux-mêmes, tout à la fois ennuyeux, familiers et amusants. Spécialement Craig, se rappela Alice, qui parvint à éveiller en elle un mélange exact de frustration et de désir auquel des années d'amitié ne l'avaient pas habituée. Et assassinés ! Assassinés ! Elle en avait encore des frissons, comme si un martèlement continu résonnait tout près de son oreille. Elle disposa une crêpe sur son assiette, la tartina de sauce *hoisin* et prit une cuille-rée de porc à l'œuf.

Ray fit remarquer : « Ces huîtres sont formidables. Craig les aurait...

— Il adorait ce restaurant », dit Noah.

Un profond soupir monta de la table et Ray dit : « Tu te rappelles qu'il refusait catégoriquement de goûter à la cuisine chinoise il y a cinq ans, sous prétexte que tout était haché menu ?

— Un drôle de mec, dit Noah. Je n'arrive pas à y croire. »

Ray plongea sa cuillère dans le plat de haricots. « Moi si. Je le crois sans peine. Réfléchis. Tu vois Craig Shellady vivant jusqu'à un âge canonique ? Tu rigoles ? »

Alice dit : « Ses parents n'avaient-ils pas le même âge quand ils sont morts dans un accident de voiture ? »

Ray ignora sa question. « Denny, oui. Denny avec dix-sept petits-enfants dans un bled à la campagne, scrutateur dans un bureau de vote les jours d'élection, oui, je l'imagine parfaitement. Saignant les érables, construisant de plus en plus d'étagères pour entreposer de plus en plus de tomates en conserve, oui, oui. »

Alice toussa. « Sa mère avait le même âge, je crois. Son père peut-être une quarantaine d'années. Craig avait onze ou douze ans, en tout cas. »

Rya se renfonça dans son siège avec un regard étonné.

« J'ignorais que Craig était orphelin. »

Noah leva les yeux au ciel. « Écoute, il t'a dit des centaines de fois que ses parents étaient morts et qu'il avait vécu toutes ces années avec les Minehart !

— Mais je n'avais pas réalisé qu'il était orphelin ! Comme un enfant dans un orphelinat.

— Il n'a jamais vécu dans un orphelinat. Il avait une quantité de tantes et d'oncles, et les Minehart, et tout le monde s'est occupé de lui.

— Orphelin ! Tu imagines ce que c'est, d'être orphelin ! » Noah l'entoura de son bras et l'embrassa sur la tempe, mais avec l'air de vouloir lui clore le bec.

« De toute façon », dit Ray, ses baguettes délicatement posées sur son assiette, « c'est bizarre. J'ai toujours pensé qu'il était voué au malheur, mais je ne peux pas croire qu'il soit mort.

— Quelqu'un a-t-il prévenu les parents de Denny ? » demanda Noah.

Tous regardèrent Alice qui haussa les épaules. « Je les connais à peine. J'ai communiqué à la police leur nom et leur adresse. » Elle frissonna. Les Minehart aimaient énormément Craig, et Denny était probablement leur enfant préféré. Denny était le plus doux des hommes, le plus digne de confiance. Elle dit : « Il va falloir prévenir un tas de gens. C'est le pire de tout.

— Non, dit Noah. Le pire, c'est Susan. Que comptes-tu faire en ce qui concerne Susan ? »

Alice avait évité de penser à Susan pendant tout l'après-midi. Susan vivait avec Denny depuis des années, presque depuis l'époque où elles s'étaient connues, et, aux yeux d'Alice, ils formaient le seul vrai couple qu'elle ait jamais rencontré. Alice éprouvait à leur sujet l'impression que l'on ressent à vivre à côté d'un monument historique. Elle en était fière, en faisait volontiers étalage, sachant que ça ne la concernait en rien mais rassurée comme s'il s'agissait d'elle. Susan était un modèle de compétence matérielle, la reine des formulaires d'impôts, de l'épluchage des légumes, de l'hospitalité et de la décoration. À cause d'elle, il y avait toujours du monde dans l'appartement, chacun voulant profiter non seulement de l'harmonie qu'elle avait créée, mais aussi de celle qui existait entre Denny et elle. Et ses départs également se passaient sans problème, ses efforts discrets pour s'en aller seule, sans que ni Denny ni elle n'en fassent tout un plat. C'était peut-être ça qu'Alice avait toujours envié, car les séparations entre Jim Ellis et elle s'étaient constamment déroulées dans une atmosphère d'anxiété et terminées en disputes. Pourquoi avait-il si peu écrit, ou pourquoi avait-elle trop écrit ? Et pour finir, bien sûr, ils s'étaient définitivement quittés, une séparation inévitable sans doute, se disait quelquefois Alice. Mais Susan et Denny avaient continué à vivre ensemble, tout au long des années, plus longtemps que tous les amis de leurs amis. Alice reposa sa fourchette. « Je ne sais pas, dit-elle. Et nous ne nous sommes occupés de rien. Où vont-ils être enterrés ? Comment seront-ils transportés ? Y aura-t-il une cérémonie funèbre ? Qui va s'occuper de l'appartement ? Je ne sais même pas à quelle heure Susan a prévu de rentrer demain. Est-ce que je dois rester plantée devant son immeuble à l'attendre ? Elle peut arriver à n'importe quelle heure.

— Et avoir les journalistes au bout du fil, dit Ray. Ils n'ont pas cessé d'appeler. J'ai branché le téléphone sur les abonnés absents pour ce soir, mais lorsque j'appellerai la standardiste, je vous fiche mon billet qu'il y aura une cinquantaine de messages.

— *Rolling Stone* ? demanda Alice.

— Et tous les autres, crois-moi. »

Alice ne dit rien. Noah alluma un autre joint. « Je n'ai jamais pensé une seconde que Craig était condamné. Cinglé, oui, voué à un destin funeste, non. Bien sûr, il a tout essayé, en particulier la cocaïne, et je parie que vous ignorez tous qu'il avait goûté à l'héroïne à son époque californienne. » Alice se souvint du temps où Craig était en Californie. « Mais il cherchait toujours une sensation nouvelle. Ne ratait pas une occasion.

— C'était ça le plus bizarre, dit Alice, qui en prenait conscience pour la première fois. Je pense que si je n'en ai pas cru mes yeux, c'est parce que tout semblait comme d'habitude, normal. C'est exactement le terme. Plus subtil que l'absence de lutte, absolument rien d'anormal, comme s'il ne s'était rien passé. Je n'arrivais pas à croire qu'il ne s'agissait pas d'une blague. Je n'arrivais même pas à être bouleversée, en dépit de l'odeur. Et puis, cet après-midi, je me suis sentie drôle, mais plutôt comme si j'avais la fièvre. J'aurais peut-être dû toucher l'un d'eux.

— Il n'aurait pas dû y avoir d'odeur, dit Ray. Pas si tôt.

— Pourtant, ça sentait.

— Après, combien, mettons huit heures ? C'est ton imagination.

— Je ne vais pas discuter.

— Oh ! Seigneur », fit Rya. La conversation mourut.

« Est-ce que tu as téléphoné à Jim ? » Noah laissa échapper mine de rien la question tandis que Ray feignait d'être occupé à débarrasser la table. Jim Ellis était autant qu'Alice leur ami de longue date.

« Je devrais le faire, non ? » Elle les regarda l'un après l'autre.

« Veux-tu que je m'en charge ? demanda Ray.

— Non, merci. Jim est tellement décidé à se montrer amical que si je ne l'appelais pas, il me croirait anéantie au point de ne plus pouvoir parler.

— Je ne comprends pas comment tu peux supporter ça toute seule, dit Rya d'un ton languissant.

— Mieux vaut être seule que trois. Tu imagines s'il vient avec elle ? Je lui téléphonerai ce soir. Il n'est que six heures là-bas. » Elle contempla tour à tour leurs visages compatissants et ajouta : « Franchement, je n'ai pas envie de lui parler. Cela fait pratiquement deux ans, vous savez.

— Tout ce temps-là ?

— Tout ce temps-là depuis la séparation finale, réelle et définitive.

— C'est incroyable ! » s'exclama Noah, qui éleva un autre joint à la hauteur de son visage, l'examina, avant de le ranger soigneusement avec les autres dans sa poche de poitrine. Le regardant, Alice eut soudain envie de pouffer de rire, peut-être parce qu'après une journée aussi étrange, leur dîner n'avait rien eu d'étrange, mais s'était déroulé comme d'habitude, chacun restant tellement semblable à lui-même. Ils ne lui avaient demandé de préciser aucun détail et la scène, restée non décrite, semblait s'effacer. C'étaient d'autres gens qui étaient morts, pas elle. Le parfum des arbres sur Riverside entrait par la fenêtre de l'appartement de Ray, lui rappelant avec insistance qu'il était bon de ne pas être mort. Elle serra les lèvres pour s'empêcher de rire et dit : « Il faut que je rentre.

— Pas seule », dit Noah.

Rya se leva. « Téléphonons-nous demain matin. Nous devons nous informer de ce qui se passe, surtout en ce qui concerne Susan.

— À l'heure où tu te lèveras », Noah passa son bras autour de ses épaules, « tout le monde sera au courant des événements depuis belle lurette.

— Ce n'est pas vrai ! »

Les lumières des feux arrière et des réverbères s'allongeaient en une double ligne qui se rejoignait au loin, et il sembla à Alice que les rares véhicules sur West End Avenue se déplaçaient avec la lenteur et l'élégance de calèches dans un parc. C'était joli à voir, cette longue descente vers la 89e Rue, mais il n'y avait aucun taxi en vue. Noah et Rya discutaient pour savoir s'il fallait accompagner Alice jusqu'à Broadway. À une vingtaine de mètres, un homme semblait attendre lui aussi. « Il va en arriver un, dit Rya.

— Pas sûr. Deux viennent de descendre Broadway à l'instant.

— Encore une minute ou deux, dit Rya.

— Pourquoi ?

— Je sens qu'il n'y en a pas pour longtemps. »

L'homme s'était rapproché. Alice aurait pu attendre une éternité, le vent d'ouest qui soufflait du fleuve par bourrasques était délicieusement chaud, presque aussi dense qu'un autre corps contre le sien. « Partons d'ici, dit Noah.

— Attendons encore un peu, dit Rya. Plus nous attendrons, plus un taxi arrivera vite.

— C'est ridicule. »

L'homme était presque à leur hauteur à présent. Alice se rapprocha de Noah. L'homme dit : « Vous attendez un taxi ?

— Ouais, dit Noah, d'un ton bourru.

— Moi aussi. Vous allez vers le bas de la ville ?

— À une quinzaine de blocs seulement, répondit Noah du bout des lèvres.

— Moi aussi. On pourrait peut-être partager la même voiture ? »

À la lumière du lampadaire, Alice constata qu'il avait à peu près leur âge et qu'il était vêtu d'une chemise écossaise et d'un jean, exactement comme Noah. Noah lui jeta un coup d'œil et elle haussa les épaules. Noah dit d'une voix volontairement dubitative : « Ce sera peut-être plus facile.

— Ça fait dix minutes que j'attends.

— Pourquoi n'allez-vous pas jusqu'à Broadway ?

— La flemme. Plus agréable ici, de toute façon. »

Noah regarda longuement Alice, puis se tourna à nouveau vers l'homme. « Faites-moi voir votre permis de conduire ou quelque chose de ce genre », dit-il.

Sans hésiter, l'autre homme sortit son portefeuille, l'ouvrit et montra son permis de conduire à Noah. Noah lut à voix haute : « Henry Mullet. Tu t'en souviendras, Rya, Henry Mullet. Nous n'allons pas avec vous. C'est seulement Alice. Alice, ce monsieur se nomme Henry Mullet. » Au moment même, un taxi déboucha de la 106ᵉ Rue. Henry le héla, Rya serra Alice dans ses bras, Noah l'embrassa sur la joue et lui dit de ne pas se laisser abattre et de l'appeler dès qu'elle serait arrivée chez elle, n'importe quand, absolument n'importe quand, ils devaient se serrer les coudes, et soudain elle se retrouva dans le taxi, près d'Henry qui se tortillait pour ranger son portefeuille. Alice dit au chauffeur : « 84ᵉ Rue », et ils démarrèrent immédiatement.

Henry sentait merveilleusement bon, comme s'il avait passé la journée au soleil, à bronzer avec de l'huile de coco. Alice ne put s'empêcher de lui demander, d'un ton aussi impersonnel que possible : « Vous êtes allé à la plage ?

— Tout juste. À Fire Island.

— Il faisait suffisamment chaud pour prendre un bain de soleil ?

— Il y avait du soleil. Comment l'avez-vous deviné ? »

Alice ne répondit pas.

« Comment l'avez-vous deviné ? Je me suis changé chez mes amis.

— C'est embarrassant.

— Dites quand même.

— Vous sentez très bon. »

Henry Mullet eut un large sourire. Roulant à cinquante à l'heure exactement, le taxi franchit tous les feux verts l'un après l'autre.

« Vous vous appelez Alice ? Alice comment ? » demanda Henry.

Alice se promit de dire à Noah qu'il lui avait demandé son nom. « Alice Ellis, répondit-elle.

— Vous plaisantez ?

— Pas du tout. » Henry Mullet sembla sincèrement amusé. Ils traversaient la 90^c Rue. « C'est une des conséquences d'un mariage précoce.

— C'est un joli nom. Il trébuche sur la langue.

— Personne ne pouvait prononcer mon nom de jeune fille, aussi ai-je gardé celui-là. » Ils traversaient la 89^c.

« Où dans la 84^c, m'ame ? demanda le chauffeur.

— Au milieu vers Riverside, mais vous pouvez me déposer au coin.

— Moi aussi. » Au moment où Henry prononçait ces mots, une légère appréhension serra la poitrine d'Alice. Comment avait-elle pu se montrer aussi sotte ? Elle croisa les doigts de la main qu'il ne voyait pas. Mais après tout, il avait entendu Noah lui dire de téléphoner. Et Noah savait son nom. Alice toussota. Le taxi s'arrêta et Henry avait la monnaie ; le temps qu'Alice cherche dans son portefeuille, il jetait le montant de la course dans la boîte du chauffeur, ouvrait la porte, l'aidait à sortir. Alors que le taxi repartait dans un crissement de pneus, il dit : « Marchons au milieu de la rue. J'habite l'immeuble gris avec la marquise, un peu plus loin. » Exactement en face de celui d'Alice. Elle reprit confiance. « Le mien est juste là. C'est amusant, non ?

— Peut-être. » Il lui prit le coude et la fit descendre au milieu de la chaussée. « Plus de lumière, moins de petites affaires de chien. »

Le mot la fit rire. Juste entre leurs deux immeubles, il dit : « J'attendrai ici que vous soyez rentrée.

— Merci.

— Faites-moi signe un jour de votre fenêtre. »

Tout en introduisant ses différentes clés dans les serrures de l'entrée, Alice se retourna et le regarda. Il se tenait gravement au milieu de la rue, le regard fixé sur elle.

Extrait d'*Un appartement à New York*.
Traduit de l'anglais par Anne Damour.

JEAN COCTEAU

Une ville de tulle

New York. — Radio-City. — Broadway, au soir qui tombe. — Le fumier de New York. — Harlem.

L'Ambassador Hotel. De notre fenêtre, Madison Avenue, c'est Venise, le Grand Canal bordé de palais où les rares voitures du dimanche glissent comme des gondoles.

Au premier contact, New York cesse d'être la cité écrasante que je redoute. Les gratte-ciel ont la raideur légère de rideaux de tulle. Un air vif les traverse, les environne et circule entre les façades.

J'ai dû dire aux journalistes que New York était une ville de tulle et qu'on n'y respire aucune poussière morale. Ils comprennent à moitié. Ils traduisent : « *Le poète trouve que New York porte une robe de femme.* » Je n'ai jamais prononcé cette phrase absurde, mais si je l'avais dite, j'irais jusqu'au bout et j'ajouterais : « Puisque votre ville est en proie à la mode du déshabillage, après quatre jours la robe tombe et il reste un Rubens, une statue de la liberté toute nue, jeune, opulente et qui troublerait nos militaires. »

La visite à Radio-City nous lance au sommet de l'immeuble. On y déjeune. De la terrasse, on domine le parc, les gratte-ciel et le fleuve.

New York, c'est un jardin de pierre. Des plantes de pierre élancent des tiges plus ou moins hautes et ces tiges, au sommet, fleurissent. Pelouses, plates-bandes, jeux, chaises longues, bains de soleil, parasols multicolores couronnent ces tours grises de Notre-Dame, tours forcées, arrosées, ensoleillées d'une jungle où cathédrales et temples grecs se tiennent en équilibre sur des échasses.

Radio-City est un immeuble et une ville dans la ville. Je le visite en vitesse, car je devine que New York me réserve des surprises plus révélatrices. Radio-City, après l'Acropole, après les Tours de Silence, après le Sphinx, offre au touriste l'image exacte qu'il attendait, le type des lieux communs que traverse notre route et dont se compose le collier du *Tour du Monde*.

Les ascenseurs jaillissent, descendent comme la sève de ces tiges de soixante étages. Si vite s'ouvrent et se ferment les portes que notre groupe se trouve parfois coupé en deux, et qu'il devient ensuite difficile de se rejoindre. Mon guide me demande : « N'avez-vous pas rêvé, enfant, d'une maison où les choses marcheraient magiquement et qui ressemblerait à Radio-City ? » — « Non. J'ai rêvé des merveilles de MONSIEUR LE VENT ET MADAME LA PLUIE, d'un théâtre de poche où agissent des acteurs minuscules, d'une boîte où se trouve enfermé un rayon de soleil. Mais suivre le graphique lumineux de ma voix, regarder derrière une vitre, d'une loge qui est un aquarium, un orchestre qui joue et qu'on n'entend pas et entendre cet orchestre dans une chambre vide, crier dans des tubes qui augmentent les cris et dans des tubes qui les étouffent, voir comment on imite le cheval qui galope et les troupes qui défilent, mon imagination d'enfant allait plus loin, je l'avoue, et la science, qui compte ses pattes, aurait de la peine à me suivre. Aucune Gauche n'est assez gauche pour le poète, aucune découverte ne capte ses songes, et si une coupe du vide dénonce un silence encombré de musiques, combien de coupes restent à découvrir qui sortiraient de l'inconnu les mondes qui le peuplent et qui nous entourent. »

Je vous pose ce simple problème : un saucisson peut-il avoir le goût du saucisson coupé en tranches et le perdre coupé dans le sens de la longueur ? C'est pourtant ce qui se passe avec la gerbe de rayons du cinématographe. Coupez-la en tranches de plus en plus vastes et l'image de plus en plus vaste apparaît. Coupez-la dans le sens de la longueur. L'image existe, mais notre regard cesse de la comprendre.

Une méditation sur toutes ces énigmes laisse loin derrière elle les quelques prodiges domestiques de Radio-City.

Un fruit nouveau que j'ai mangé à Rangoon et que je n'ai jamais retrouvé ailleurs, m'apporte plus que ces machines qui perfectionnent un vieux miracle. La nourriture reste la même. Il ne s'agit que de multiplier, simplifier, compliquer, embellir les cuisines. Je visite cuisines sur cuisines, offices sur offices, caves sur caves, salle à manger sur salle à manger, mais je reste sur ma faim et sur ma soif.

Dans le jeu d'orgue du théâtre où le chef électricien me démontre le mécanisme des manettes, je louche vers le film qui se déroule et j'essaye de manger et de boire un peu. Certes, les scènes tournantes, les décors, les orchestres qu'on transporte comme un maître d'hôtel transporte des pièces montées, certes les éclairages et la foule des girls m'excitent et me tentent. Mais qu'en ferai-je ? PHÈDRE triomphe avec de vieilles actrices et de pauvres décors, et je m'arrangerais mieux d'une équipe joyeuse de machinistes.

Trop de luxe tue la création et nous accable de je ne sais quelle mélancolie. Je quitte *Radio-City* gavé de vide.

Il faut être juste. De toutes ces formes utiles, de toutes ces matières et architectures qui servent, se dégage une beauté réelle — une beauté qui apparente le gratte-ciel Rockefeller aux Pyramides, aux Tours de Silence, à l'Acropole. Sauf quelques décorations libres qui gâtent le style, Radio-City est un chef-d'œuvre de ces MODERN TIMES que Chaplin plaisante. Dans la rue, j'évoque sa petite personne et le désordre qu'elle oppose à cet ordre glacé propre et souverain.

J'aime le fumier des villes. Le tas de fumier de Paris attire un Picasso, un Stravinski et tous ceux qui savent que les fleurs de l'art ne peuvent pousser dans le nickel et le cristal. Je cherche le fumier de New York et je vais le trouver vite, ce fumier d'or sans lequel les *skyscrapers* n'élèveraient pas vers le soleil les pelouses et les parasols de leurs cimes. Une ville propre est suspendue en l'air, en bas un égout, des poubelles et des caves dégoûtantes nourrissent ce charme géométrique et le sauvent de la mort.

Une femme couverte de bijoux en robe de bal, qui rentre chez elle, maquillée et constellée à l'aurore, c'est à quoi je pense lorsque Broadway s'allume au crépuscule. Les balayeurs et les décrotteurs en gants blancs auraient fort à faire s'il fallait ôter ces gants et, à tour de bras, nettoyer cette écurie d'Augias. Il faudrait détourner le fleuve et qu'il envahisse jusqu'à ces « lieux » publics de Times Square où les portes arrachées ne dissimulent plus les gros messieurs qui baissent culotte, lisent le journal et dont les gamins imitent les efforts en tirant la langue.

Merveille des merveilles : Broadway au soir qui tombe. Les magasins vendent une camelote de génie. Les bars automatiques empilent les richesses de Cocagne. Les fontaines de lait, de malt, d'ice-cream, de bière jaillissent des murs de marbre, et là-haut, partout, les réclames rivalisent d'ingéniosité céleste. Un Pégase ouvre les ailes, une tasse de café fume, des poissons nagent entre les algues et lancent des bulles de feu vers la nuit.

En bas, les avenues laissent échapper la vapeur du chauffage central. Elle monte de place en place et ressemble aux encensoirs d'un culte souterrain, d'un monde où *Father Divine*, le « Père Divin », le célèbre prêtre méthodiste, donnerait ses fêtes mystérieuses, les festins où il distribue aux pauvres la fortune des riches et achète aux noirs maisons de campagne et vaches, grâce aux ressources inépuisables dont New York cherche vainement à découvrir le secret.

Le fumier de New York ! Fumier juif et fumier nègre. Que les Américains l'admettent ou me contredisent, Harlem c'est la chaudière de la machine et sa jeunesse noire qui trépigne, le charbon qui l'alimente et qui imprime le mouvement.

La danse de Saint-Guy ensorcelait les foules du Moyen Âge, et son rythme fou, de malade à malade, se propageait et secouait la ville. New York éprise de cathédrales, d'orgues, de cierges, de gargouilles, de burlesques, de ménestrels, de mysticisme et de mystères, est secouée par le rythme noir. Les statistiques prouvent que quarante pour cent des naissances métisses viennent en 1936 de l'union d'une blanche et d'un noir. Jadis il ne s'agissait que des métis d'un blanc et d'une négresse.

Où donc se rencontrent noirs et blanches ? Quelle est la fièvre qui renverse l'obstacle des races et l'emporte sur le vieux réflexe défensif ? La danse. Le Lindy Hop (Lindbergh dance) qui secoue HARLEM d'une trépidation électrique et propage ses ondes partout.

*

Le Lindy Hop. — Swing. — Les théâtres de chômeurs. — Les burlesques.

Le Lindy Hop, qui règne depuis cinq ans, est une gavotte nègre. Il se danse au Savoy, le dancing noir de Harlem.

Une longue salle basse entourée d'une balustrade. Au milieu, la piste et l'orchestre. Autour, un promenoir, des loges et des tables où les spectateurs et les danseurs consomment des boissons naïves. Lorsque nous arrivâmes, l'orchestre jouait une valse, ou plutôt l'ombre d'une valse, ou plutôt, l'ombre de l'ombre d'une valse, une valse zombie, un motif de valse fredonné par un ivrogne sentimental, et, sur cette valse morte, les couples comme suspendus au plafond, laissaient traîner des jambes et des jupes molles, s'arrêtaient, se penchaient jusqu'à terre, la danseuse couchée sur le danseur, se redressaient lentement et reprenaient la promenade, côte à côte, la main dans la main ou face à face, sans jamais sourire. Valses et tangos sont la seule halte que s'accordent ces âmes blanches, ces somnambules secoués d'un érotisme candide et d'une ivresse rituelle. Soudain l'orchestre ressuscite, les morts qui dansent s'éveillent de l'hypnose et le Lindy Hop les secoue.

Sur quelle herbe ont-ils marché ? Sur la marihuana, l'herbe qui se fume et qui grise. Ces grosses négresses en cheveux et ces petites filles dont la poitrine se cabre et dont pointe la croupe, le chapeau placé comme une gifle, deviennent un lasso que les noirs déroulent et enroulent à bout de bras, un boomerang qu'ils lancent et qui les frappe au cœur après avoir tournoyé dans le vide. Parfois, le visage sévère, extatique, la négresse passe sous le bras du danseur, se détache, s'éloigne, exécute un cavalier seul, parfois elle s'élance et le prend d'assaut comme une vague. Il arrive que des couples s'isolent et combinent les figures d'un quadrille plus grave qu'une partie d'échecs. Des blanches se mêlent aux couples noirs. Le vertige, la fatigue ne ralentissent jamais les jambes dont le « dope », les *reefers* (cigarettes de marihuana) soutiennent le rythme ininterrompu. Rythme d'une foule qui finit par n'être que son propre reflet dans de l'eau qui bouge.

À Paris on exécute le Lindy Hop, mais il y manque je ne sais quel chanvre diabolique, je ne sais quel poivre de Cayenne qui fait de ce menuet nègre une danse de Saint-Guy contagieuse, et de Harlem l'usine du dynamisme américain.

Fuyez, bouchez-vous les oreilles, essayez de rompre le charme, le taximètre qui vous emporte continue par son microphone à distribuer le rythme infernal. Et les négresses chantent et les chanteuses blanches imitent le timbre des négresses, et le taximètre vous dépose au bar Onyx, une cave où vous allez entendre les meilleurs Swings de New York.

Le Swing a remplacé le Jazz. C'est le terme nouveau qui désigne un band noir dont la musique tourne et vous boxe l'âme.

Au bout de cette petite cave étroite se démènent, sur une estrade, les cinq nègres de l'orchestre le plus pur. C'est l'œuf cru qui deviendra l'œuf cuit et les œufs sur le plat et l'omelette aux fines herbes. Car ces ensembles s'abîment. Même un Armstrong qu'on croyait de diamant s'est laissé corrompre. Le rêve de ces Ford construites avec des ficelles et des boîtes à conserves est de devenir Rolls Royce et l'orchestre symphonique qui monte des profondeurs, les smokings blancs, les saxophones de nickel éclaboussés de lumière, seront la perte de ces vieux tambours, de ces vieilles trompettes et de ces vieux chapeaux.

Le drummer est un nègre d'origine indienne. Il roule son tonnerre et jette ses foudres, l'œil au ciel. Un couteau d'ivoire miroite entre ses lèvres. Près de lui les jeunes loustics d'une noce de campagne se disputent le microphone, s'arrachent de la bouche des lambeaux de musique saignante et s'excitent jusqu'à devenir fous et à rendre folle la clientèle qui encombre les tables. Lorsque le Swing s'arrête, un roulement de caisse accompagne les acclamations et les saluts des choristes. Halte ! Les tables s'écrasent contre un mur brutal de silence, et après une stupeur de catastrophe, le Swing empoigne le *Boléro* de Ravel, le déchire, le malaxe, le scalpe, l'écorche vif, entortille autour de son bâton monotone les pampres écarlates d'un tyrse vaudou.

Je sais bien que la campagne présente un écho du Building Rockefeller. Les vaches y sont traites sur une plaque tournante. De jeunes valets de ferme se relaient en face du singulier carrousel. L'un douche, l'autre torche, l'autre masse, le dernier, qui va traire, attend debout et dissimule, un peu confus, une queue de diable qui est un tabouret fixé à son fond de culotte.

Le lait tiède, virginal, se boit sur place. Mais nous connaissons les privilèges de la bouse et le rôle qu'elle joue dans la médecine des simples. Les femmes des îles y déposaient les nouveau-nés pour que seuls les nouveau-nés robustes survivent. Elle servait de cataplasme chez nos paysans du Nord. Les Chinois la mélangent aux breuvages contre la fièvre, etc.

La bouse et le fumier qui fécondent reviennent à New York par l'entremise des machines dont les excréments ne fécondent pas. Les machines suppriment la main-d'œuvre ; l'ouvrier chôme ; le blanc chôme, le nègre chôme, et New York invente une méthode de génie pour occuper ses chômeurs. Trente-huit théâtres d'État, trente-huit théâtres de chômeurs, d'artistes et de machinistes chômeurs, permettent des expériences que Broadway n'oserait entreprendre. Grâce à cette méthode la pièce d'Eliot, MEURTRE DANS LA CATHÉDRALE, montée en risque-tout, remporte un durable triomphe. Et ce soir je verrai MACBETH interprétée par les noirs. J'aime MACBETH et j'aime les noirs. Au milieu, sans doute, un lien manque. La violence vaudou des scènes de sorcières étouffe l'intrigue du drame. Macbeth et Lady Macbeth deviennent un ménage américain où Monsieur tremble, où Madame porte culotte. L'épouvante du roi, hanté par Banco, devient la peur nègre dans un cimetière, et je déplore que le médecin n'entende pas les aveux de la reine somnambule, et qu'à ce bal qui remplace le festin, le spectre n'occupe pas le trône. Mais qu'importe ! Le théâtre

La Fayette joue le drame sublime qu'aucun théâtre ne joue, et le feu noir transforme la fin, toujours confuse, en un superbe ballet de ruine et de mort.

Sans ce fumier que je renifle et qui m'enchante, New York risquerait de n'avoir que des virtuoses de la machine à écrire et du téléphone. Heureusement cette notion française de New York est aussi fausse que la notion américaine de Paris. New York est la ville lente. Les voitures n'y avancent pas. Les dépêches tardent. À l'hôtel, les plombs sautent, les serrures se détraquent ; je constate avec délices que New York n'oppose pas à mon désordre un ordre inhumain.

Et du fumier de ces rues qui encensent les gratte-ciel, monstres sacrés, divinités coûteuses, naissent les Minsky's théâtres, les *burlesques*, le spectacle inoubliable des strip-tease.

« Strip-tease » : *Déshabilleuses tentatrices*. C'est à peu près la traduction de ce terme qui désigne les vedettes du nu. Ces vedettes gagnent jusqu'à deux mille cinq cents dollars par semaine et remplissent les Minsky's théâtres d'une foule d'hommes assoiffés d'un idéal érotique, d'un érotisme abstrait dont le vertige leur suffit. Le désir s'exalte et se brise là. Le retour de la lumière douche l'enthousiasme, la foule se disperse et nul ne sait où ces refoulements s'épanchent. J'imagine que de dignes épouses en profitent car il est impossible de se représenter à New York, une chambre close où le spectateur des *burlesques* se souvient et rêve. L'oisiveté, le loisir, le rêve n'existent pas à New York. La ville a perdu ce luxe. Cela rend le travail de l'esprit difficile, sauf en ce qui concerne le théâtre où travailler exige qu'on s'agite. À peine les dormeurs dorment-ils. Ils somnolent et le téléphone les réveille dès l'aurore.

Miss Lillian Murray est, entre toutes les « strip-tease », une de celles qui possèdent le secret d'affoler le public. Chaque étoile de ce déshabillage progressif qui se termine par la nudité complète (sauf le triangle d'un timbre-poste du Brésil) exécute le même programme. La différence n'existe que par les mystères, les ondes et les malices du sex-appeal.

L'une fige la salle et l'autre la déchaîne. L'une emprisonne le public dans une glace terrible, une autre met le feu aux poudres, une autre plante des flèches et des poignards. C'est le talent. Le talent exigé par n'importe quel mode d'expression et sans lequel un drogué meurt de ses drogues, une fille de la rue n'attire pas les pratiques, une beauté de Hollywood reste sans emploi.

Ce soir Miss Murray déchaîne l'enthousiasme. C'est le style flamboyant. Derrière un voile, les mains dans un manchon d'hermine orné de violettes de Parme, des femmes nues se tiennent immobiles sur un praticable en forme d'éventail.

Miss Murray traverse le proscenium de long en large. Sa démarche s'inspire de celle des mannequins. La robe qu'elle présente va peu à peu perdre une manche, une frange, une écharpe, une ceinture, son corsage, sa jupe, tout. Chaque perte exige une courte sortie en coulisse et un éclairage subtil. Une ritournelle en sourdine accompagne la réapparition de sa large face d'idole mexicaine, de sa chevelure qui se retrousse sur les épaules, de ses seins énormes, de sa croupe rose, de ses jambes robustes. La salle trépigne. Pour la septième fois elle rentre en scène et de sa robe rien ne reste. Partie de droite, elle progresse vers la gauche, d'une démarche de crabe, détourne sa figure pudiquement, hésite, s'enroule dans le rideau et disparaît.

Après elle, une jeune fille très mince entre en scène. Elle porte une longue robe blanche et danse une danse d'acrobate d'un tact exquis. L'affiche ne nous livre pas son nom et les ouvreuses l'ignorent. C'est sans doute une audition. Un essai d'une réussite qui étonne dans ce spectacle d'une indécence qui ressemble à ce qu'un provincial imagine des Folies-Bergère. Pauvres Folies-Bergère ! Tes nus sont bien timides. Mais cette jeune fille stupéfierait entre eux. On se demanderait ce que cette fleur de gardénia vient faire dans une poubelle. À New York sa présence ne nous gêne pas. C'est que la force, la violence, *le toupet infernal* du spectacle éloignent toute idée de pourriture. Ce n'est point dans une poubelle que ce gardénia tombe. Il s'exhibe au même titre que viandes et légumes, que ces fraîches et lourdes primeurs.

Le type ambigu de la femme sportive, de la femme éphèbe, de la femme dite moderne, est un subterfuge des femmes qui luttent et se prolongent. À Marseille la femme ne compte que sur l'entité féminine. La femme règne. Peu importe si elle est laide, vieille, informe ;

elle ne cherche même pas à plaire. Elle est la femme et, de ce piédestal, insulte l'homme qui passe. À New York la femme « strip-tease » ne dissimule aucun artifice. La seule jeunesse peut maintenir fermes ses considérables trésors. Elle ne trompe personne et l'orgueil du sexe ne lui tient plus lieu d'appas.

Une Miss Murray s'exhibe sans gêne sur la même ligne que notre petite acrobate en robe blanche. Sa jeunesse la sauve du ridicule. Le Botticelli ne dérange pas le Rubens. C'est pourquoi des Burlesques Minsky's, on emporte un souvenir de chairs joyeuses. Malgré l'incroyable obscénité des sketches qui garnissent le spectacle, la tristesse des maisons closes et de leurs groupes artistiques ne vous accable pas. New York l'aérienne, la fraîche, l'idéaliste, mêle à ses étalages, le caoutchouc des appareils intimes, les caméras, les remèdes, le chewing-gum, les gâteaux secs, les parfums, les savonnettes et les ice-creams.

On pourrait comparer ses richesses aux chefs-d'œuvre de l'horticulture qui perdent goût et parfum au bénéfice des formes et des nuances. Certes les Américains se plaignent à la longue d'un gigantisme, d'un éléphantiasis dont le premier contact nous étonne. Peut-être, si je restais, me plaindrais-je de l'eau qui gonfle la flore et la faune, le poil et la plume de New York. C'est possible. Mais ne l'oublions pas, ces notes n'ont rien d'une étude. Notre tour du monde ne nous montre que les vitrines et le dessus du panier.

Extrait de *Tour du Monde en quatre-vingts jours.*

JACQUES LAVAL

Cette confusion est un sentiment

Ew York et ses quarante races humaines, agitées par un sha-
ker monstrueux. Énormes négresses à culs d'hippopotames, qui
mâchent leur chewing-gum. *Black-studs* aux jeans collants qui ne
cachent rien, flics à colts et matraques. Faussement gouailleurs, ils
ondulent des hanches en marchant. New York et ses flèches, ses
annonces, ses signes : *One way, Bus stop, Keep right, Stay clear* ! Ses
vitrines de vêtements de cuir, d'instruments sexuels, faux bracelets,
bagues qui cachent une arme, tatouages fleuris, dégueulasses. New
York et ses orages. D'un coup les gratte-ciel virent au violet. Pollock !
La foudre dégringole le long des escaliers de fer. Laveurs de carreaux
suspendus par des fils sur le vide. *Motherwell* ! New York et ses neuf
millions de visages et ses millions de seins, de pubis, de « groins », de
sexes en avant.

Le sexe, tout le monde ne pense qu'à ça. Le plaisir vite fait et que
ça rapporte. Ou bien, par hygiène, pas de temps à perdre avec les
sentiments. Livres pornos, gogos-girls, les « burlesques ». *Men's rooms,
toilets.* Les érections qui se montrent, les portes de chiottes ouvertes.
Dehors, les femmes à hautes jambes, poitrines rondes ou plates, cri-
nières rouges, bleues, aluminium. Les beaux gars des affiches de

cinéma. Les gays, tondus à la mode. Ici, les sexes, comme les cerveaux, peuvent valoir cent mille dollars.

Je demande mon chemin. « Tournez au troisième bloc », et je tombe sur une rue avec des arbres. Tout à coup, petites maisons de brique comme à Londres ou à Amsterdam. Mais le hurlement de l'ambulance me rappelle à l'ordre. Sur un mur, des inscriptions pour un match. Au tournant de la 20ᵉ Rue, une avenue ; des hommes à prospectus distribuent les renseignements pour massage spéciaux et pour « Revivre en Jésus ».

Gas-oil, Hanover Center, Shell. Plus loin, deux *hustlers*, deux blonds aux épaules de lutteurs qui se tiennent par les fesses. Ils vont descendre dans un bunker, dans un sous-sol. Mon manque d'imagination, je ne sais rien des partouzes et n'ose y aller voir. Les autos glissent, silencieuses, nickelées, wagons de première classe, super, extra, téléphone à bord, télévisions grosses comme un Kodak, air conditionné, vitres qui résistent aux balles. La portière s'ouvre, le jeune aux boucles platinées monte : « Hey ! » Il a suffi d'un coup d'œil. Je n'en reviens pas. La Lincoln s'éloigne. Sirène des pompiers. New York brûle toujours quelque part. Je vais boire un Coke.

Dans le chantier voisin, entre deux terrains vagues, le marteau-piqueur traverse le béton. Encore la sirène, plus aiguë ; celle de la police. La sirène s'éloigne. Au coin, j'aperçois l'heure en quatre gros chiffres. Elle clignote toutes les secondes, alternant avec les deux numéros de la température : 20, 30 et 84. Temps insaisissable. La chaleur varie sans cesse. Aux feux vert, rouge : *Walk. Don't walk.* Encore le car de police, pour quel crime ? Un jeune homme passe près de moi ; son pansement collé au scotch sur le front. Fusils, rasoirs, revolvers, matraques, carabines, mitraillettes. Une femme meurt. Un enfant naît. On pleure, on viole.

Milliers et milliers d'hommes, de jeunes gens qui ne font rien. De quoi vivent-ils ? Je voudrais savoir, mais à qui demander ? Milieux dangereux, interdits, hors d'atteinte. Les affaires qui se traitent aux matchs de base-ball, au foot, à la boxe dans les lofts. Les paris à mille dollars, et plus ! Partout : avertissements conseils, encouragements, mots d'ordre. Les devises puritaines : Jésus, l'Amérique.

Broadway et les rues adjacentes. Fontaines de punch, jus de fruits de toutes sortes : glaces, hamburgers, hot dogs, barbes à papa. Les restaurants français, italiens dans le quartier des théâtres ; spécialités de tous les pays du monde. Chinatown ; canards laqués, sourires laqués.

Sur le trottoir, la presse du monde entier, les journaux. Les tonnes de papier, chaque jour des forêts y passent. J'achète l'*Advocate*, journal gay. L'invraisemblable des petites annonces : longueur, grosseur, demandes précises. Au moins on va directement à l'essentiel. Solitudes aussi qui crient au secours.

Près de moi un homme à la main bandée. Il hésite à un carrefour, entre *East, West, North, South*. Le fouillis des enseignes, slogans, sigles, provocations, appels. Les recettes pour acquérir plus de dollars. Pas de sentiments : le sexe, le fric. Et pourtant, soudain, l'éclat d'un regard tendre. La vie est si dure, pitié ! Aller de l'avant. Souvenirs, passé, civilisations anciennes, pas le temps ! Au bout de la rue, ciel rouge et rose : Rothko ! La ville quadrillée : Mondrian ! L'influence des tableaux modernes, sur la ville, ou le contraire. Les galeries de West Broadway. Pas seulement les musées, le « Met », le « Mama ». Les galeries, je les ai faites, je les refais ! Je veux savoir. Un ballet à Lincoln Center. Un spectacle idiot à Radio City. J'entre dans un snack.

La veille au soir, Christopher Street. Les bars bourrés de garçons costauds, tondus, moustachus. Dans les *back-rooms* il se passe des choses. Là encore supermarchés, libre-service. Chair pas toujours fraîche. En fait carrément faisandée, pourrie de gonocoques, staphylocoques, tréponèmes. Succursales de la 42e Rue. Dans la Troisième Avenue au niveau de la 80e, les bars réservés, privés, très chics. Bordels secrets de Madison.

À Central Park. Les arbres luisants. Des amants allongés sur l'herbe qui se tiennent par la main, les marchands d'ice-cream, les gosses aux cheveux roux, aux dents pointues, qui jouent au base-ball. Ils lancent la balle, donnent des coups de batte ; je n'y comprends rien, pourquoi ces cris ? Les vendeurs de brochettes, de maïs grillés. Coureurs cyclistes, coureurs à pied, la piste est interdite à ceux qui ne veulent que marcher autour du lac. Les canots, les canards. L'enfant qui mange du pop-corn. Et toujours, les dragueurs. Regards rapides sur les braguettes. Le grand jeune homme noir en maillot de sport. Il est assis, il respire profondément, les jambes croisées, les yeux fermés. Contemplation. Sa peau sombre, huileuse, douce au toucher. Sa peau de serpent. Peut-être porte-t-il un rasoir dans sa poche. La nuit, il pourrait me tuer. Est-il doux, dangereux ? On ne sait rien de personne. Est-ce qu'il sort avec les femmes blanches, avec les hommes ? Un salaud, un homme meilleur que les autres, un homme seulement comme les autres ? N'est-il pas construit exactement comme moi ? Mais il est noir et je suis blanc ; énorme différence. Qu'on le veuille ou non, qu'on en souffre ou pas. Les hommes cultivés, ils ont des idées, je voudrais toucher la vie avec mon sexe, mes yeux, mes pieds, mon cœur, mes mains. Je ne sais pas, je ne sais plus. Moi aussi, j'ai peur.

Un orateur public. Des badauds l'écoutent, ils rient, ils applaudissent. Yeux ronds, bouches ouvertes. Une voiture blanc et bleu est stationnée. Deux gros policiers affalés sur les banquettes, la casquette faussement sur l'œil. Ils observent. Longue matraque sur l'épaule. Ils embrayent en douceur, un peu plus tard ils repasseront. Ils s'éloignent. Ils peuvent aussi pivoter d'un tour de volant et revenir sur les chapeaux de roues en faisant marcher leur sirène. Ça doit les amuser.

Sur les gazons de Central Park, gens en chemises, en slips de bain. Humidité de l'air, 86° Fahrenheit. Un homme, une femme passent à cheval. Les cris des joueurs de base-ball, basket, football. Il y en a même qui jouent au tennis. Les frisbees qui volent en l'air, comme à Washington Square. Une femme prend ses deux seins dans ses mains, elle fait semblant de les envoyer à un homme qui s'éloigne. Lui, cueille un baiser sur ses lèvres, souffle dessus dans la direction de la jeune femme. Pourquoi n'arrache-t-elle pas son corsage, sa robe ? Il dit « *By-y.* » Elle crie : « *Hey, man !* » Si elle reste la nuit, ici, ou lui ! ils peuvent être violés, volés, battus à mort. De jour, c'est moins dangereux. « *Can you spare a quarter ? A cigarette man ?* » Celui qui me parle, un mec style Brando ; il retarde ! Son casque de motard. Il demande si j'achète du hasch. Il dit qu'il peut faire l'amour avec les guys. Ses bras tatoués avec des décalcomanies comme les T-shirts, mais à même la peau. Je fais semblant de ne pas comprendre. Il dit : « *Are you German ?* » Il s'en va.

Autour de Central Park, la garde debout des buildings géants. La grande fosse verte pour les enfants, mais aussi pour lions, tigres, serpents ! Le monde est inhumain. Tout le temps faire attention.

Le soir, les gratte-ciel scintillent, mais les yeux brillants des fenêtres empêchent de voir les étoiles. La nuit, le grouillement perpétuel ralentit. La ville se balance dans la galaxie ; poussière sur la terre, elle aussi. Finalement elle existe si peu dans les siècles des siècles, dans les années-lumière. Comme nous tous, elle passera. Tu n'es rien, je ne suis rien. J'ai été, je ne suis plus. New York tourne dans l'espace. Les hommes ne sont pas, ne savent pas, déjà disparus. Morceaux imperceptibles du temps. On voudrait être quelque chose, entrer, savoir. Ce qu'ils recherchent par les piqûres, le LSD. La clé des drogues. Un autre monde que celui des carcasses de fer, des poutres métalliques, des glaces coupantes, du ciment dur. Oublier tout cela.

Ici, l'homme ne peut plus aimer, être aimé. Les gens ne voient plus, ne sentent plus. Retrouver d'autres orgasmes. Échapper. Je vais foutre le camp. Me tirer. Filer. S'en sortir. Ne pas crever.

Partout, conseils, avertissements : *Be Sure, Trust, Be Saved, Be Smart.* On veut les aider à vivre : *Be Available.* L'air chlorophyllisé, conditionné, pollué. La vie mesurée, supprimée. Publicité pour les *Ways of life.* On parle trop de liberté pour que cela soit vrai. D'une façon ou d'une autre, tout le monde est kidnappé. On ne se rend plus compte. Soi-disant tout est permis : alcools, idées, pornographie, armes. L'homme n'a plus qu'à prendre, le moyen de s'en servir est donné avec. À vous de faire marcher !

Langues roses des Noirs, l'intérieur de leurs mains est rose aussi. Tenues extravagantes. Les corps taillés comme des rectangles. Les femmes avec des pâtisseries de nougat sur la tête, édifices de cheveux tirés, serrés, tordus. Près de l'hôtel Pierre, des gigolos demandent l'heure. Ils font les cent pas. Et puis, à partir de la Huitième, de la Troisième, la misère. Immeubles insalubres, abandonnés. Encore la sirène de la police, pour quelles alarmes ? Dans la Cinquième, femmes entretenues, garçons entretenus, caniches en laisse. « *Jesus saves* », qu'est-ce que cela veut dire ?

Je vais de crises d'abattement en excès d'enthousiasme. Les variations de température m'épuisent. Je pense à mes amis disparus. Leurs noms. Depuis leur mort, un tel silence. Leur absence me diminue. Je ne les oublie pas, ils me parlent toujours. Ils me rectifient. Je leur obéis. Ils réverbèrent en moi. Mais l'équilibre de ma tête m'est confié. Quelquefois, je me demande pourquoi je voyage encore, je devrais être revenu de tout. Le monde m'envahit et cette invasion ressemble à celle des cris, des hurlements, je ne constate plus que les défaites. Pour être dans le vrai, il faudrait voir d'où chacun part. Malgré tant d'échecs on n'est pas tous vaincus. Ces déchets, ces épaves ont une part d'amour secrète ; ils persévèrent. Des singes, des clowns, des criminels, des ambitieux, des écrasés. À travers la poisse, j'essaye de m'y retrouver, d'espérer. Mais je ne descends pas assez profond. Il y en a qui font l'expérience jusqu'au bout, ils coulent au large, abandonnés de tous ils n'évitent ni l'ordure ni les coups. S'ils ont choisi cette damnation, ce choix leur sera-t-il compté ?

Je marche dans les rues, je titube contre les trottoirs, la fatigue monte. *Car-Wash* : « On lave à la main et à la vapeur. » Les Noirs avec leurs bonnets multicolores, leurs serre-tête de laine en plein été, les cheveux partagés, ratissés, hérissés. Leur grande flemme et leur vitalité. J'attrape ce que je peux autour de moi, je refuse la cécité du cœur. « *Black is beautiful.* » Que saurais-je d'eux, même si je vivais cent ans ? Pour toujours, *man* ! à la porte ! Sale Blanc ! Promeneur ! Ma bonne volonté puérile, ridicule. Préférable de me taire. Mon désir de recevoir, de partager, c'est en vain.

Les rames de métro brillent dans le noir. Voyages aller et retour, de Battery à Bronx, de Brooklyn à Queens. Éclairage lugubre. Vacarme tonitruant. Dehors, le long des maisons, escaliers de secours, échelles de fer en cas d'incendie, fenêtres à guillotine. « Ferme-la avant de sortir, les voleurs peuvent entrer par là. »

Empire State Building au clair de lune. Debout comme une seringue. Ceux qui vont sur les quais désaffectés au bord de l'Hudson, qui rentrent dormir dans les taudis de Newark, qui errent toute la nuit en se demandant où aller ; ceux qui distribuent des tracts incompréhensibles avec des numéros de rues que je prends pour ceux du téléphone ; ceux qui se déshabillent devant tout le monde parce qu'ils ont perdu la boule, qui parlent à leur radio qui ne répond pas ; ceux qui pleurent, qui hurlent ; ceux qui tremblent de tous leurs membres appuyés contre un mur, les yeux perdus. Le ferry-boat de Staten Island lui aussi hurle. Ceux qui vont au gymnase faire du body-building, ils montrent leurs muscles en marchant, gilets de corps rouges sur peaux noires, pantalons très ajustés. Ceux qui prennent des notes, ceux qui invectivent les passants, qui pleurent à genoux dans la 34e. Les passants ne s'arrêtent jamais. Hoquets interminables des motocyclettes avant le grand départ ; Honda, Suzuki, groupes habillés de cuir. Ceux qui se rendent aux bains plus ou moins turcs. Partouzes à la benzédrine. Les hold-up qui vont les faire définitivement basculer dans le vide. Ceux des *men's rooms*, toilettes des gares et stations-service, la folie des regards devant les matraques exhibées. Cinémas sordides. Les pornos. Les bureaux de chômage aux queues interminables. Les docks en ruine, désaffectés, les poutrelles tordues, rouillées qui tombent dans la mer. Les millionnaires en hors-bord ; quand ils passent devant la jetée des pédés, ils montrent leur cul. Ceux qui se branlent en public, qui toussent et crachent le sang. Je m'aventure ; plus haut, plus loin, plus à l'est, plus à l'ouest. Ceux qui chantent des airs de désespoirs, qui sautent du haut des ponts, du cinquantième étage. Rien n'arrête personne. Neuf millions d'habitants, onze millions ; je ne sais plus. On démolit, on construit. Les files de gens qui patientent dans les banques. Les taxis à qui on fait des signes ; ils fichent le camp. « Ici on ne sert pas d'alcool. Si vous voulez en boire pendant le dîner, allez en acheter en face. » Les cheveux gonflés, superbes, des Portoricains, des Noirs. Leurs femmes, elles, ont les cheveux longs, souvent décolorés. Poitrines plates. Pas toujours ! Les grosses mamies. Doux visages, yeux admirables, marron clair. Les anges blonds, leurs yeux bleus, si bleus.

La fatigue déborde, les phares ne deviennent plus rien que des mots, des mots tristes : Solitude ! Laideur ! Saleté ! Les vieillards sont partout ; dans les parcs, au seuil des portes. Déchets. En dehors d'électricité, pétrole, acier, banques, sens des affaires, sexe, succès, qu'est-ce qui reste ? Les sommets des gratte-ciel se perdent dans la brume. Une vieille femme meurt à même le sol. Cette ville est folle. Les voitures de grand luxe fuient sur les autoroutes. Le soir, les riches abandonnent New York, ils rentrent dans leur cottage au milieu d'un parc fleuri. Leurs bonnes, leurs domestiques, qui portent des tabliers blancs, sont des Noirs, et les Nègres milliardaires ont des serviteurs blancs.

Regards de la bonté de Dieu sur New York, la splendide, la criminelle. Au moins, espérer qu'il y a cela.

Marchés italiens avec boîtes de conserve en piles par milliers, plats surgelés, montagnes de tomates, de cerises, d'artichauts. Les viandes rouges. Que New York mange et vive. Cela sent déjà la merde et l'urine. Pour que les hommes et les femmes pensent, travaillent, baisent, que l'humanité se reproduise. J'entre dans une cabine de téléphone. Je touche les petites cases de numéros, j'appelle un ami au secours. On ne répond pas. Il n'y a personne. Si je prie, on ne répond pas non plus. Est-ce possible de prier pour New York ? Je m'assois sur un pan de mur. N'être qu'un parmi les autres. Je regarde le crépuscule. L'eau du bassin reflète le ciel rouge. Prendre la beauté où elle est, et elle est partout ; comme la laideur. Celui qui a des yeux, qu'il voie ! Il n'y a pas que la crasse, l'horreur, ce n'est pas vrai. Il n'y a pas que la rouille et le sang séché, et le sperme séché, et les larmes séchées, et les boyaux sortis et les entrailles qui suintent, et les pensées qui déraillent, et la cendre. Il n'y a pas que les beaux corps qui montent les escaliers, la grâce de ces hanches, de ce cou, de ces jambes, de ces fesses rondes. Il n'y a pas que les visages sublimes. Mais quoi, comment ? Mon Dieu, aide-moi à voir.

Je n'ai pas lu les journaux depuis mon départ, seuls les gros titres quelquefois dans le métro. Je me fiche pas mal de ce que la politique raconte. Toujours pareils : le tueur, le violeur, l'Arabie Saoudite, Carter et Israël, la Maison-Blanche a dit. Pas besoin de journaux, de haschich, de marijuana pour me faire flotter, la fatigue suffit, elle me fait voir les choses la tête en bas, l'autre côté des choses. Je plane, je flippe, j'éclate !

Cette nuit je me saoulerai non pas de vin ou de bière, mais de solitude. Pas besoin de *Time Magazine* pour apprendre ce qui se passe aujourd'hui. Je mène ma vie tout seul, je fuis les gens sérieux, la morale sérieuse, les affaires sérieuses, les films, les visages sérieux, les responsables sérieux. Autre chose à découvrir. Moi aussi, je commence à parler tout haut en marchant dans la rue. J'en ai assez de ne parler qu'à moi-même ; je m'adresse à qui veut entendre. Je voudrais rencontrer quelqu'un, toucher une main ; avant qu'une bombe ne transforme les hommes en statues de sel et de poussière. « On nous fait bosser douze heures par jour, disaient-ils, quelquefois quatorze. Ce n'est pas une vie. » Après, ils soufflent en regardant la TV. Et personne ne crie plus au secours, parce que personne, jamais, ne répond. Que sais-je de ces millions de vies misérables ?

La gare Greyhound. Le départ des cars : bagages, adieux, larmes, recommandations, marchands de cacahuètes, de périodiques. Destinées qui se croisent. L'immense va-et-vient. New York se vide, se remplit. Sang noir, sang rouge. Les valises pleines de tragédies, de vieux vêtements, de marchandises de contrebande. Les provisions pour la route, on ne sait jamais. Aux haltes, l'homme sur le toit du bus, en salopette bleue ou orange, jettera les paquets dans les bras d'un nègre en salopette jaune ou bleue. Sur la banquette un enfant dort, il suce son pouce. Et la vie se poursuit sur les chantiers, dans les ascenseurs, les palaces, les immeubles désaffectés, les lofts, les gares, les buildings. Comment ordonner en moi pareil désordre ? Il faudrait en mourir. Aimer par-delà les désespoirs. Un jour, n'est-ce pas, les hommes se dresseront, on ne leur fera pas de reproches. Finis les recettes, les bons coups, les mauvais coups, une autre Amérique alors sera-t-elle mise au jour, découverte ? Culbutes, déchéances, et un rai de lumière.

Tout à coup, la pluie. Tempête sur la ville. Les trottoirs criblés de petites épines blanches. Les rues hérissées de flèches liquides. Des courants, des rivières. Les caniveaux débordent. Les autos soulèvent des gerbes. Le tonnerre pétarade de tous les côtés. Papiers, objets à la dérive. Les gens à l'abri des portes. Des passants trempés jusqu'aux os. La pluie, comme des barres de verre. Éclairs jaunes suivis de cataractes sonores. Un enfant sautille dans une mare qui devient un lac.

Waldorf Astoria. J'attends un ami français. J'appelle au téléphone. Cabines de répondeurs : en allemand, arabe, français, espagnol. Le numéro de sa chambre. Pas là. J'attends. Dans le hall aux lampadaires baroques passent les riches étrangers. Soie, plumes, perles. Des milliers de dollars sur le dos de ces femmes jeunes, vieilles, aux mains de ces hommes à escarpins et cravates grotesques. Faune. Flore. Atroces fillettes déjà vendues. Celui qui dit : « *Honey* » à son vieux protecteur.

Wall Street, la petite église presbytérienne, pointue, noiraude, si petite à côté de World Trade Center. Gri-gri des hommes d'affaires et des prostituées, ils y vont prier ! Buildings, miroirs immatériels d'acier, de verre, qui reflètent les soleils innombrables des autres gratte-ciel. En bas, le sucre d'orge cylindrique, bleu, blanc, rouge d'un coiffeur. Une mouette, égarée, dans Fulton Street. En prêtant bien l'oreille, le bruit des vagues ? Jadis, les sirènes des bateaux qui amenaient les émigrants. Chacun peut mordre à pleines dents la *Big Apple* !

L'autre jour, un concert de jazz à Washington Square et le défilé des homosexuels. Deux millions de gays dans les États-Unis. À New York ils étaient trois cent mille. Les hélicoptères dans le ciel. Des hommes qui parlent le cigare à la bouche, cela n'empêche pas de mâcher le chewing-gum. Colts, chiens policiers. La tête tourne. *Hey, man !* Que sont devenus mes amis ? Envie de plus en plus grande d'aller loin, trop loin, de risquer de me perdre. Oser devenir fou, comme eux. Fatigué d'entendre parler américain, de parler américain. Rideau. Je me ferme, n'entends plus rien. Je n'en peux plus. Les comprendre ; il leur faut de l'argent. Ici tout le monde en a besoin. On n'existe que par les dollars. Et pour ça, on joue des poings, du browning, du rasoir. *Hey, man !* Sur le trottoir, des hommes, des femmes chantent un cantique presbytérien. Prospectus distribués, une adresse, un téléphone, un prix. Pour quoi au juste ? Pas cher : 75 *cents*. Et puis le mot fatal : « *Saving* ». *Saving-Bank. Save Money.* Sauvez vos âmes, vos dollars. *Jesus Saves.* Sauve qui peut. Ciel d'une limpidité incroyable. Pureté de l'azur sur le cloaque. *Highways, airports*, tentacules des grues d'acier. Les taxis foncent, ils écrasent, ne s'arrêtent pas. Béton et sang mélangés, c'est plus solide. « *You're welcome !* » Partout on entend ça : « *You're welcome.* »

Boutiques de la 42ᵉ. Photos de sexes de toutes les tailles, poupées en caoutchouc, réalistes, pour monsieur et dames seuls. Vous payez cash ? Avez-vous la carte bleue ? Les vieux hommes tournent les pages : cons, fesses, bittes, culs, sperme. Les phallus des Noirs, comme des trompes d'éléphants. Le sexe avec les chiens. Tout se propose, se vend. Petits films dégueulasses pour vingt-cinq *cents*. Pour réveiller les impuissances. Je sors de la boutique. Fièvre, Lassitude. Écœuré.

« Veux-tu du hasch ? Autre chose ? Tout ce que tu désires. Qu'est-ce que tu cherches ? Suis-moi. » Je file. La honte, partout la honte. J'ai faim : hot dog ou hamburger. Loukoum. Pâtisserie tunisienne. Un homme se tâte le sexe ; celui-ci se dessine long, précis, énorme sous l'étoffe du pantalon. L'autre jour un établissement de bains a brûlé ; douze hommes morts à poil dans les flammes. L'enfer au coin de la 25ᶜ Rue West et de la Troisième Avenue. Enfer à tous les étages, si on y regarde de près. Perversions de toutes les tailles : chaînes, costumes de cuir, instruments de supplice. *Whores* et *Hustlers*. Lentement, et puis plus vite ; fous, folles, épaves, déchets. L'impulsion du début faiblit, et la curiosité. Conversations de jeunes gars dans la rue. Crudité des mots. À travers tout cela, la douceur peut-elle frayer son chemin ? Bonté, charité, humanité, est-ce que cela veut dire encore quelque chose ici ?

Mon regard qui hésite, qui flanche, et pourtant je l'ai vérifié, la merveilleuse générosité américaine. J'achète un hot dog. Je mange un tableau d'Oldenbourg. Mon paquet de kleenex pour essuyer mes doigts pleins de moutarde. La chaleur, je prends deux douches par jour. Derrière moi des Noirs éclatent de rire, ils passent. Corps musclés, souples, longilignes. Ils ont dit des mots français. Ils m'ont souri pourtant. Grosses mémés de Harlem qui parlent leur américain sans « r ». Des bribes : « *Wannah... What the matta wis you ?* » À la porte, je suis à la porte de tout le monde. Au secours.

« *Do you want me ?* » cela ne s'adresse pas à moi, mais à une fille. Celle-ci a une longue trace rouge sur le bras. Peut-être l'a-t-on ficelée avec des lanières pour la battre. Films et photos pornos, ça rapporte des dollars. Après on retourne à la Cinquième Avenue, à la maison ; ménagères exemplaires. Subsister. Bombardement excessif. Musique obscène. L'amour est disparu. Qui aura pitié des hommes ? Et Dieu, pendant ce temps-là ? Je vais rentrer. Demain, ça ira mieux. J'ai mon compte. J'irai cependant à Washington Square. L'autre jour, douceur du jet d'eau sur le corps du jeune adolescent. Autour de son buste sublime, les flammes de l'eau. Après, il s'était assis près de moi. Nos regards. Et puis, lentement, déjà en train de sécher ; il est parti. Qu'aurions-nous pu dire ? il parlait espagnol.

Comment bien te décrire New York ? Cette confusion est un sentiment. Saoulé de New York. La ville : grands hôtels, petits bouges, galetas, tripots, ascenseurs, living-rooms. Téléphone. Terminus. Rythme dingue. À la chaîne, à l'abattoir. Le système nerveux ne tient pas le coup. On devient en fer. Prudence, méfiance, cruauté. Prêt à tout et toujours sur ses gardes. « *Be cool !* » Peu d'argent sur soi, réparti dans plusieurs poches. Besoin de tendresse. Un instant de détente, *please* ! *You're welcome !* Pour laisser de la place, je me pousse dans le bar, dans le *subway*, dans le self-service. « *I do appreciate* ». « *Thank you.* » L'autre fait « Pou ! Pou ! » Gay, mais un colosse. Besoin de repos. Besoin de pureté, de rigueur. Malevitch ! Ben Nicholson ! Sanglots sur la ville. Qui va m'embrasser ? Se jeter dans des bras, immenses comme la mort. Les bras de Dieu sur la misère du monde.

Qu'est-ce que tu veux que je te raconte encore... ?

À New York il n'y a pas que l'aluminium et le ciment. Au soixantième et au troisième étages tu as des terrasses transformées en jungle, en potagers, des serres fabuleuses sur les toits et au fond de vieux garages. Si les gens écoutent dans la rue leur petit poste de radio, chez eux ils parlent aux chiens et aux fleurs. Dans les pubs, des solitaires boivent leur bière. Au Village, les tables et les chaises des cafés à la mode européenne sont en train de conquérir les trottoirs. Pour les vrais Américains, regarder les passants, que de temps perdu.

Je fouille, au moins du regard, les boutiques orientales avec les défroques des vieux théâtres et de tous les pays. Mais les bijoux africains, les cachemires des Indes, les ponchos des Andes ne sont-ils pas fabriqués à Queens ou au Japon, à Hong Kong ? Le vendeur, la vendeuse disent : « *May I help you ?* » Au moins il y a eu contact.

Dans toutes les guérites du téléphone — on en trouve partout — des gens expliquent, discutent sans fin. Ensuite, ils courent, leur carnet d'adresses à la main, pour prendre la file d'un autobus. S'ils s'engouffrent dans un taxi, le chauffeur note sur sa feuille l'heure, la destination et le nombre de clients qu'il prend en charge. Gentillesse de certains *taxis-drivers* ; Russes, Chiliens, Portoricains. Bien que la ville digère tout, qui n'est pas un étranger à New York ?

Aux portes des immeubles, le *doorman* en uniforme, plus ou moins chic, obséquieux, plein de mépris pour ceux qui paraissent moins « bien » que les locataires qu'il défend, représente. Laquais d'ancien régime qui aboient contre les Noirs et les bouledogues. Quelquefois aussi le portier n'est qu'un étudiant, bavard, mal tenu, qui siffle les passantes et leur fait de l'œil. Il se moque des dingues de tout poil qui déambulent, grimacent, protestent, des clochards qui poussent leurs voitures d'enfant bancales, des petits vieux misérables. Mais tout le monde s'habitue à tout. Les uns sont riches, les autres très pauvres. Les uns meurent dans des cliniques privées, les autres agonisent dans les taudis. C'est ainsi.

De nouveau, Washington Square. Je parle à des gens. L'échange est immédiat. On se reverra ? On se donne un numéro de téléphone qu'on inscrit sur un bout de journal. Le courant passe, l'intention est sincère. Le surlendemain, personne au rendez-vous. Cela me démoralise et puis je m'y fais. Les frisbees continuent de glisser de mains en mains, eux aussi appartiennent à ceux qui les attrapent au vol. Il commence à pleuvoir. Un vendeur passe avec un minuscule parapluie qu'il a fixé sur sa tête ; une sorte de courroie l'y tient. J'ai envie de lui en acheter un.

On me donne des chiffres, l'Américain aime les statistiques. Mais, est-ce trente mille ou trois cent mille fonctionnaires ? Vingt-cinq mille *cops*, policiers, ou deux cent mille ? On me parle de fraudes scandaleuses, de corruptions, de banqueroutes. La ville espère tenir le coup grâce aux émirs arabes, au gouvernement fédéral. Chacun vit au-dessus de ses moyens. Les impôts ! Pour assurer la survie, l'assistance publique, la soupe populaire, les *food stamps*, mais plus d'un million de chômeurs, rien qu'à New York. Tomber malade, c'est le cauchemar, et mourir c'est honteux. Les grèves : éboueurs, transports publics, pompiers, policiers, enseignants. Il y a eu, il y aura encore, des révoltes sauvages. Quel est l'avenir de la ville ? New York peut-elle guérir ? En attendant, la qualité de la vie, le niveau scolaire dégringolent. Et Central Park, de plus en plus, envahi par la violence et la dégradation.

New York se vide. Ses banlieues tentaculaires la gangrènent, les infrastructures pourrissent. Implacablement, le sang frais se retire du cœur de la grande ville. On dit : la Mafia, la CIA, les syndicats du crime ; ce doit être vrai. Mondes souterrains, pas seulement des cafés, boîtes de nuit, salles de jeu. Les gangs à tous les étages des gratte-ciel. L'argent passe, des gains les plus illicites aux honorables sociétés

japonaises d'investissement qui s'infiltrent partout. Jadis c'était la prohibition, aujourd'hui la drogue, les films dégueulasses, et encore et
toujours la prostitution ; celle des enfants. Le cinéma n'exagère rien
quand il tourne des films sur les rackets. La police est mêlée à tout.
On ne voit, on ne peut deviner jamais que la partie émergée de l'effroyable iceberg. La roulette tourne, les hommes au pouvoir changent
vite. Ils s'épuisent, une fois usés on les rejette. Aux suivants. Pour les
grandes firmes et pour n'importe quel business, il y a la « pub » ; à
la TV, à la radio. Vingt chaînes à New York, dont trois qui parlent
espagnol.

Le soir, épuisé, je rentre chez mes amis. La plupart du temps ils ne
sont pas de retour avant minuit. Je potasse le *New York Times*, les douze
fascicules du dimanche précédent. Je ne comprends rien au langage
du *New York Post*, encore moins au *West Street Journal*. La presse est-elle
vraiment libre ? je n'en sais rien. New York, la place financière la plus
fabuleuse. De tous les coins du monde les petits et grands requins
montent vers Manhattan. Les banques : First National, Chase, Morgan, Chemical, Barclay's, Hanover Company. Et le *Stock Exchange*. Un
instant, j'ai envie de spéculer ! Je ne suis pas de taille, rien d'un bour-
sicoteur ni d'un chef de gang. Qu'est-ce que je prends pour mon
grade !

Tu me diras que j'exagère, que je raisonne comme un provincial,
un petit con de Français. À New York il y a aussi la foi, de l'espérance
partout. L'underground des courants spirituels. Pas seulement les
religions officielles, mais les illuminés, les frères de Krishna. D'accord,
du moment que cela parle du « dedans » et de l'« au-delà ». Mais dès
que cela devient du fanatisme ! J'ai peur de ça aussi. On ne plaisante
pas avec les Black Muslims. À New York, Kadhafi a son mot à dire.

J'avais mon compte, je n'en pouvais plus. Peinture, théâtre, musique ; tout peut être tenté, off Broadway, et à Soho, à Downtown, à
Greenwich. Cela fermente toujours, cela bouge vite. Je ne suis pas au
courant. La Mama, Bob Wilson, le Living, c'est loin, dépassé. New
York est un puzzle, un immense kaléidoscope, un opéra permanent.
Qui influence quoi ? Ce qui vient de naître est déjà mort, ce qui n'est
plus engendre la vie. Je deviens lyrique ! La vie continue. En France
nous croyons trop aux idées, aux références culturelles anciennes, le

passé nous bouche l'avenir. À côté d'eux, nous ne faisons rien. Et orgueilleux de surcroît ; peut-être bien plus qu'eux ! Les Américains ont une vision de l'avenir, quelque chose de splendide et de désespérant. De l'incendie aux métamorphoses, de l'atroce au sublime. Ici, à Paris, on n'a pas peur, mais on s'endort, on s'ennuie. Je ne suis plus assez jeune pour aller me battre là-bas ! J'en suis encore aux vieux critères. New York a pris le relais de l'Occident. Pour combien de temps encore ? Sa chance n'est que dans les dollars. Babylone, Constantinople d'aujourd'hui. Éblouissante et crasseuse ; un navire de haut bord. Entre ciel et terre. New York court à la gloire et à la catastrophe. Le *Titanic* des temps présents.

À la devanture d'un magasin, huit chaînes de télévision comme si on pouvait tout prendre de la vie à la fois. Même du vingt-cinquième étage je regarde toujours New York d'en bas. Il doit bien y avoir une façon de pénétrer le mystère de la ville. Je veux un ami, quelqu'un qui me parle. Il m'ouvrira la porte. De nouveau je sors. Encore le grand bruit brinquebalant du métro, les lumières violentes, le balancement du train qui va dérailler. Les passagers : os saillants, ventres qui débordent, genoux anguleux, pieds écrasés, hanches parfaites, oreilles en éventail, crânes rasés et boules énormes des cheveux. Foule à mille têtes, foule vaincue, combative, harnachée, peinturlurée, soucieuse. Le *subway*, fleuve souterrain, qui charrie l'ordure et le courage, la honte, l'amour vrai. Entrent et sortent les gars de sales petites bandes, les ménagères, les ouvriers, les dragueurs, les tapineuses. Les mâles. Mains dures. Chemises relevées, nouées aux omoplates. Regards. Reins saillants qui savent qu'ils provoquent. Indifférence voulue. L'œil en coin. Visages abrutis, tellement lointains. Les numéros des rues sur les pylônes des stations : Grand Central, Lexington, 70. Les portes claquent. Le train part. Marrant ce petit gars-là ; un garçon de vingt ans, il a un cobra autour du cou. Il tire de son sac un autre serpent. On aura tout vu ! Les gens ne réagissent pas. Son sourire triomphant. Ne pas perdre le numéro de la rue. Des lettres : Av. St. N.D. W.E. M.T. NYC. USA. Des mots : *Porno, Boys, Girls, Climax, Dogs, Fuck, Kake, Sex, Private, Men, Ladies, Special, Pictures, Suck, Whoo, Women, Shit.* Si on pouvait lire ce qui se passe dans les têtes ? J'essaie

de cadrer. L'œil diaphragme. Encore une fois ; au secours. Que quelqu'un vienne. Je sors du *subway*. Besoin d'air.

Où m'asseoir ? sur le phallus qui sort du trottoir, membre rouge
avec ses gros glands cuivre jaune ; la borne d'incendie. J'y pose mes
fesses. Je me sens envenimé du haut en bas. La seule question à
poser : « Pourquoi la misère du monde ? » Les bêtes ne sont-elles pas
plus nobles, moins cruelles que les hommes ? La vie, la mort, à quoi
ça rime ? Leurs excuses ; la bataille pour tenir ; le prix de la nourriture, des transports, du logement. Moralement, économiquement
faibles, très faibles.

Dans Broadway, un type me sourit. Je réponds à son sourire. C'est
un Noir. Je suis si seul. Mais je passe. Je tourne une rue, descends
dans la bouche de métro. Le Noir m'y rattrape. Il dit : « Déjà assez
de Broadway, *man* ? Broadway ne vous amuse pas ? » Finalement, je
remonte avec lui. Qu'est-ce que je risque ? Les questions : d'où je
viens, si j'aime New York, est-ce que moi aussi j'ai peur des Noirs ?
On va prendre un verre dans un café. Neuf heures du soir, je
commande deux hamburgers. Je m'absente un instant, je descends
au *Men's room* ; il va penser que je vais cacher mon fric dans mes
chaussettes ! Avant de partir, je l'ai déjà fait. Je remonte, on parle. Il
est sympathique. Il s'appelle Jim. Il dit : « Alors, tu t'appelles Gérard. »
Il parle.

— Ici, tout le monde court, tu as pu t'en rendre compte, mais,
après quoi au juste ? On n'a pas tellement de temps devant soi, il faut
faire vite. Dix, vingt, trente ans peut-être, après, c'est le trou noir. Ce
qui compte, le plaisir, l'argent, quelquefois l'amitié. Un jour, c'est
sûr, la ville s'écroulera : une menace dans l'air. Je la sens le soir, cela
m'excite.

Il dit qu'il m'a remarqué dans la rue, à mon air lumineux ! Il sent
que je suis timide.

— La beauté a une importance énorme, mais on n'est pas que des
corps, on a une aura. Elle passe par les yeux. Tout le monde est beau,
a été beau, sera beau un jour ou l'autre. Savoir attendre et regarder.
On se rencontre dans la rue, les halls de cinéma, les bars, tu dois faire
vite, la chance est déjà passée. À New York on vieillit rapidement, et
file le temps d'aimer.

Jim est orphelin. Il a perdu son ami. Il vivait chez lui. Il était étudiant en engineering. Lui ou son ami ?

— J'ai d'autres amis, ils n'habitent plus New York. Il me suffit de savoir qu'ils existent, comme des médicaments dans l'armoire en cas de maladie. Et puis, des copains. Beaucoup, avec eux je parle peu. On rigole. Ne pas trop se lier, s'avancer, cela ne mène à rien. Un bon moment, c'est tout. Les gays forment une petite république. Les garçons de New York sont capables d'aller des deux côtés. Tout voir, tout essayer. Je suis un loup solitaire, je mène ma vie moi-même. Tu dois faire attention avec les femmes, avec les hommes aussi. Les maladies, un sale virus, on n'en finit pas de s'en débarrasser. Des microbes ramenés de la guerre du Vietnam.

Il dit que maintenant les Noirs sont partout. Autrefois ils étaient enfermés dans un ghetto, aujourd'hui ils deviennent avocats, médecins, ils sont riches. Des gens comme les autres. Pas tous, bien sûr. Un jour, bientôt, le maire de New York sera noir. Et, plus tard, le président de la République ?

— C'est au tour des Portoricains de devenir les parias, les bêtes puantes. Le travail manque, même pour eux. Les hommes d'affaires se méfient de New York. Tout le fric fout le camp à Hollywood, Los Angeles ; on dit L.A. Là-bas, c'est l'avenir. San Francisco, j'y suis allé, la ville des gays, mais un grand village. Je m'y suis ennuyé. Je préfère New York, ici on se bat. Mais si tu tombes par terre, personne ne te ramasse. Personne ne te voit. On ne s'occupe pas des autres. On vit.

Jim a-t-il bu ? Il parle très rapidement. Des phrases pleines d'intérêt, le regard un peu fixe. Quelquefois, par-dessus la table, il me serre la main. De l'amitié dans son regard. Je l'écoute.

— La vie peut être atroce. Dans le rapport sexuel je cherche toujours plus que le physique. Un peu de tendresse. Que quelqu'un vous rassure un instant, vous dise qu'on plaît, qu'on existe. Aussi beaucoup d'autres choses, mais je ne suis pas un professeur pour t'expliquer. Vois-tu ce que je veux dire ?

À New York, on ne fait pas d'histoires ! Ça ? Non. Ça ? oui. Si cela ne marche pas, tu cherches ailleurs. On trouve vite. Un week-end avec quelqu'un c'est un mariage ! On a peur de perdre son temps. Le cœur ? On l'espère encore, mais on n'y croit plus. Pas la force. Une autre occasion se présente, tu bondis dessus. J'aime donner aux autres la possibilité de me choisir. Si je t'ai abordé, c'est que j'ai senti que tu es timide et un étranger. Forcément, tu te méfies. Tu as raison, il y a de vrais gangsters dans la ville. J'en connais, mais, moi, je sens les êtres. On dit : les « vibes » ; les bonnes ou mauvaises vibrations. Toi, tu as de bonnes « vibes ».

J'aime les autres. J'aime tout le monde. Depuis que mon père et ma mère sont morts d'un accident d'avion à l'atterrissage, ils revenaient des Bahamas, je suis seul. Tout l'argent qui restait a dû passer pour payer la tombe, les funérailles. J'ai un peu de famille, ni frère ni sœur, mais des oncles, frères de mon père. Ils m'ont tapé sur l'épaule : « Tu es un homme, va ton chemin. » Un point, c'est tout. J'ai dû quitter l'Université. Ils ont dit : « Toi, brave garçon, toi courageux ! », mais pas un sou. Les salauds, je les retiens. Non, j'ai oublié ; pour moi ils n'existent plus. Mais je parle, je parle. Ce sont tes « vibes » qui m'obligent à me confier. Et toi ?

— Non, raconte encore. Cela me fait du bien de t'entendre. Je parlerai après. J'en avais besoin. Il y a contact. Continue. J'étais si seul.

— Les occasions perdues. Tant de visages dans la rue que j'aimerais connaître. Faire l'amour avec tout le monde. Tant d'amis possibles. Mais le sexe est dans la tête. On ne pourrait pas. On s'épuiserait. Chacun va son chemin. C'est peut-être mieux. Je suis à la fois curieux et indifférent.

— Tu m'as quand même parlé !

— Quelquefois on me parle en premier ! Ça dépend. Chacun son tour. Je suis grand, je suis jeune. Je suis beau. Une fois l'une, une fois l'autre. Pas de principe, de tactique. L'instant présent. J'avais vu que tu m'avais vu. Je t'ai souri parce que tes yeux me souriaient. C'est toi qui as commencé !

Nous rions. Nous mangeons les hamburgers qu'on nous a servis. Il me demande si je crois en Dieu, je dis : « Oui. » Je lui demande : « Et, pour toi, Jésus ? »

— Je l'aime, mais à ma façon. Pour beaucoup, le Christ signifie : crucifixion de la chair, enfer, damnation. Pourquoi détruire le corps, renier le plaisir ? Personne n'y peut échapper. Alors, je rejette toute la religion catholique. Le Christ, Dieu, mais pas la religion. Le Christ, fils de Dieu, ça n'a pas de sens. Dommage qu'il soit blanc.

Jim parle de son travail. Actuellement il s'occupe de distribuer des bons de nourriture aux chômeurs ; les fameux *food stamps*. Il dit qu'il en met dans sa poche. Il rit. C'est ainsi, tout le monde s'arrange, profite : il y en a qui avec les bons s'achètent du caviar.

— Dans la vie, les anges et les démons. Cela, je le sens tout de suite. Tu es un ange. Moi aussi, parce que j'aime les gens. Je t'ai dit, j'aime tout le monde. Ce qui me plaît chez les Français, c'est leur côté exotique. Cela ne veut pas dire que la France soit un pays tropical ! Mais vous êtes romantiques, sentimentaux. Vous prenez le temps de vivre. Nous aussi, les « Nègres », mais pas de la même manière. Tu as de l'argent puisque tu es ici, que tu as des vacances, nous autres, moi, on doit se débrouiller sans cesse pour en trouver. Sans argent je n'ai pas le temps d'être amoureux. Je vis à cent à l'heure comme tout le monde à New York, même si je me promène.

Autrefois, je voulais chanter, danser dans un show ; d'abord off Broadway, et puis à Broadway ! Le talent ne suffit pas, il faut la chance. Des protecteurs ? Oui et non. Ils s'en foutent, ils ont tout ce qu'ils veulent. Eux aussi, pas le temps de protéger. Ils disent, et c'est vrai : « Je ne peux rien pour toi. C'est toi qui dois t'aider. » Quelques-uns passent la rampe. Je n'y suis pas arrivé. Je voudrais que quelqu'un m'emmène faire un grand voyage.

Un temps de silence. Jim commande une autre bière. Il rit. Il dit qu'avec lui je n'ai pas à avoir peur : « Tu es tombé dans de bonnes mains. »

— Les garçons qui sont beaux ! Et ceux qui ont été beaux, qui ne le sont plus. Ils en meurent. Ils se rappellent leurs succès. Ils oublient aussi. Quelquefois ils montrent des photos. La boisson, la drogue les a changés. Est-ce que tu te drogues ? Moi, non. J'ai essayé. J'ai compris. Pas fou, le bonhomme.

Qu'est-ce que je disais ? Ah oui, ils se marient, ils engraissent. Ils se rangent. À trente ans ils sont vieux. Moi, j'ai l'œil. Je vois clair. Mais, quand même, je suis pris au piège. Dangereux, New York. Tu as vu ces gens qui s'engueulent eux-mêmes dans la rue ? Le passé les rejoint, les obsède. Pour l'avenir ils n'ont rien préparé. New York tue vite.

Tout à coup Jim s'arrête. Il réfléchit.

— Viens chez moi. N'aie pas peur. Je ne cherche pas le fric. Je veux seulement que tu aies un beau souvenir de New York. Je te montrerai des photos. Je n'habite pas loin d'ici. Un quart d'heure d'express, ce n'est rien.

J'hésite. Mais les jours passés à New York ont été durs depuis le départ de mes amis. Que quelqu'un m'ouvre la porte. Ce garçon est sympathique. Il est beau, il n'est pas bête. Qu'est-ce que je désire au juste ? Toute ma vie serai-je froussard ? Les autres risquent, pourquoi pas moi ? J'accepte. Si je refuse, il va dire que je me méfie des Noirs.

Jim dit qu'à New York tout le monde a peur des gens qui ont peur, avec lui rien à craindre. N'est-on pas deux amis ? Il a compris que la vraie sagesse c'est de se la couler douce. Avec les femmes il y a toujours des histoires, des scènes de jalousie. Avec les gens un peu âgés, on apprend des choses sur la vie ; ils ont plus d'expérience.

— N'aie pas peur. Je te reconduirai. C'est entendu. On va chez moi. J'habite chez un cousin, un prof de psycho. Il est en vacances chez sa femme, *up-State*, en dehors de New York. On écoutera des disques.

Il dit : « 140ᵉ Rue », mais, 140ᵉ Rue, c'est rudement loin ! Il répond que c'est après Harlem, un beau quartier près de l'Hudson. On va prendre l'express. « Je te reconduirai. »

Dans le métro, Jim plaisante. À cause du bruit, tout le monde se tait ; à moins de crier, impossible de s'entendre. Il me félicite sur ma chemise, mon pantalon. Il me parle de Jerry Lewis qui, vingt-quatre heures sur vingt-quatre, parle à la TV en faveur des handicapés. Le *subway* traverse la région d'Harlem, je suis le seul Blanc dans le métro.

À l'air libre. Des buildings de quinze étages en brique rouge, avec de maigres jardinets autour. Jim me montre une éclaircie de bâtiments : « Là-bas, l'Hudson, un fleuve merveilleux. Ne crains rien. » Une fois encore : « Tu es tombé dans de bonnes mains. » Si son cousin est là, je l'aimerai beaucoup. Il est très intelligent. Je croyais qu'il était en week-end chez sa femme : *Up-State*.

Nous sommes six dans l'ascenseur. Des Noirs. Des gens assez pauvres mais dignes ; genre pères et mères de famille. Jim continue

de plaisanter. Moi aussi. Je dis : *By-y* à une vieille dame qui me dit :
Good night.

Au quatorzième étage nous sortons sur le palier d'étage. Portes
peintes en vert sur murs rouges. Atmosphère très pauvre. Jim dit que
nous devons emprunter l'escalier jusqu'au quinzième étage. Il monte
devant moi. Les marches en ciment.

La main sur la porte il se tourne vers moi. Ses traits se sont creusés.
Pour un peu, je dirais qu'il est pâle.

Il parle vite.

— Comprends-moi, je ne suis pas celui que tu penses. Je sais ce
que tu cherches avec moi, mais tu t'es mis le doigt dans l'œil. Je
n'aime pas les Blancs. Il me faut de l'argent.

Je suis surpris de son changement.

— Je peux t'aider si tu veux.

— Il ne s'agit pas de m'aider, mais de me donner tout de suite le
fric que tu as dans ta poche.

Il retrousse sa manche et montre, à la croisée du bras, des points
rouges sur sa veine.

— Je me pique. Pour acheter la drogue j'ai besoin d'argent. Et tu
as été en cacher dans tes chaussettes, au café. Je ne veux pas d'histoires ni de coups. Pas de combat. Je ne tirerai pas mon rasoir, mais
donne-moi tout ton argent.

Me voilà dans le film *Macadam cow-boy.* Une autre histoire minable.
Effrayé ? amusé presque, déconcerté. Son talent pour mentir, je n'en
reviens pas. Lutter avec lui, il n'en est pas question. Dans cet escalier
sordide. Il est surtendu. Il écoute s'il y a quelqu'un qui monte. Je fais
semblant de ne pas le comprendre : « Tu parles, trop vite. » Un temps
de silence.

— Je croyais que nous étions amis !

Il approche son visage.

— Tu ne comprends pas ? Si, tu comprends. Aboule ton fric.

Il me tâte partout pour voir si j'ai un portefeuille, une arme peut-
être. Je suis très calme, mais, lui, parle fort.

— Ne crie pas comme cela. Je suis vraiment déçu. Mais laisse-moi
de quoi prendre un taxi.

— Je t'ai donné le billet de retour, celui qu'on refile pour le week-end. Cela t'apprendra à vouloir profiter des Noirs. Si tu me dénonces aux gens d'en bas, je dirai que tu as voulu me violer et tous seront contre toi. Ils te tueront. Ne bouge pas. Retire tes souliers.

De moi-même je sors les vingt dollars qu'avant de partir j'ai mis dans ma chaussette. Il ne vérifie pas mon pied gauche. Dans ma poche il y a vingt autres dollars. Il le sait, les a vus. Il a raison : « Cela m'apprendra ! » Je donne tout.

Jim descend l'escalier, arrive à la porte du dessous, me crie : « Ne bouge pas. N'appelle personne ou je cogne. » Il disparaît.

Et voilà !

Extrait d'*Un homme partagé*.

DAVID LEAVITT

Territoire

La mère de Neil, Mrs. Campbell, est assise sur sa chaise pliante, derrière une table de bridge, devant la coopérative de produits alimentaires. Toutes les cinq minutes, le soleil tourne et elle déplace table et chaise de quelques centimètres en arrière de façon à rester à l'ombre. Il fait 37° au-dehors et l'air est chauffé à blanc. Chaque fois que quelqu'un entre ou sort de la coopérative, une bouffée d'air conditionné s'élève de la porte automatique, soulevant de la poussière.

Neil se tient juste à l'intérieur, en équilibre au-dessus d'un poste d'eau, il l'observe. Elle porte un chapeau de soleil et un sweat-shirt par-dessus sa tenue de tennis ; elle a les jambes nues, luisantes d'huile solaire. Devant elle, appuyé contre la table un écriteau proclame :

MÈRES ! LUTTEZ POUR LES DROITS DE VOS ENFANTS !
POUR UN AVENIR SANS NUCLÉAIRE

Des femmes, vêtues exactement comme elle, passent, remarquent l'écriteau, écoutent son bref boniment, feuillettent des brochures, signent — ou ne signent pas — des pétitions — jamais elles ne donnent d'argent. Elle a les yeux las, masqués par des lunettes de soleil.

À l'époque de Reagan, a-t-elle déclaré, défendre la cause de la paix
et de la justice représente un effort vain, fatigant et sans gratifica-
tions ; c'est pourquoi il appartient aux mères de famille de s'y consacrer. Le soleil fait un reflet sur la vitre à travers laquelle Neil l'observe.
Son reflet à lui rejoint son profil à elle.

Plus tard dans l'après-midi, Neil s'allonge au bord de la piscine et
il imagine que le jardinier chicano au torse nu le regarde. Mais le
jardinier, tout occupé à tailler les arbustes, n'est disposé ni à séduire
ni à être séduit. Sur la pelouse, les grands airedales de sa mère —
Abigail, Lucille et Fern — vont et viennent, reniflent, font leurs
besoins. Parfois ils vont jusqu'au jardinier qui les injurie en espagnol.
Après deux années d'absence, raisonne Neil, il devrait éprouver de
la nostalgie, du regret, du bonheur en revenant à la maison. Il ferme
les yeux, essaie de rassembler les morceaux d'une musique d'ambiance qui pourrait convenir dans un film pour la scène du retour.
Mais sa rhapsodie est interrompue par les sons du trio maternel : les
grincements du violoncelle, le violon qui geint, le piano qui trébuche,
Lillian Havalard, Charlotte Feder et elle se sont lancées dans Mozart.
C'est un air guilleret, à la manière germanique, on ne peut plus étranger à ce que Neil essaie de ressentir. Et pourtant c'est la musique de
son adolescence ; elles la jouent depuis des années, penchées sur les
partitions, avec des mouvements de tête pour accompagner le métro-
nome en silence.
Il fait plus sombre maintenant. Toutes les cinq minutes il lui faut
déplacer sa serviette pour rester dans la bande exposée au soleil, et
qui se rétrécit. Dans quatre heures, Wayne, qui est son amant depuis
dix mois, et la seule personne avec qui il ait jamais imaginé passer sa
vie, sera dans cette maison où jamais aucun de ses amants n'a mis le
pied. Cette pensée l'emplit d'une grande appréhension, mais aussi
de curiosité. Il s'étire, tâche de se sentir séduisant, désirable. Les
cisailles du jardinier s'attaquent aux fougères ; au-dessus de lui, la
musique s'accélère vers une conclusion bruyante, hâtive. Les femmes
rient et s'applaudissent elles-mêmes, c'est assez pour aujourd'hui. Il
entend le fort accent nasillard de Charlotte Feder, la voix semble

sortir d'une grosse femme en tailleur-pantalon rose — ce qui est bizarre car Charlotte ressemble plutôt à une vieille chouette décharnée et arthritique qui porte rarement autre chose qu'un short de tennis et une blouse ; la grosse femme en tailleur-pantalon rose, c'est Lillian ; elle a une voix grêle, un ton de fausset d'avoir trop crié. Un verre à la main elle lui lance depuis le porche : « Quelle chaleur ! » et lui fait un geste de la main. Il se redresse et la salue d'un signe de tête.

Les femmes sont assises sous le porche et bavardent ; leurs voix se mêlent au choc des glaçons dans les verres. Elles font partie d'un petit cercle de femmes qui toutes (sauf la mère de Neil) sont veuves ou divorcées. Le mari de Lillian l'a quittée il y a vingt-deux ans, et il lui envoie chaque mois un chèque suffisant pour vivre ; Charlotte a passé dans le divorce deux fois plus de temps que dans le mariage, elle a une fille qui a été condamnée à une longue peine de détention pour des actes de terrorisme commis lorsqu'elle avait dix-neuf ans. Seule la mère de Neil a un mari, un mari du genre absent, souvent parti en voyage d'affaires. C'est justement le cas aujourd'hui. Toutes ces dames se sentent flouées — par les maris, par les enfants, par l'Histoire.

Neil ferme les yeux, il essaie d'entendre les mots seulement comme des sons. Bientôt un bruit nouveau parvient jusqu'à lui : sa mère discute avec le jardinier en espagnol. Il se penche sur les coudes et les observe ; les syllabes sont bruyantes, enflammées et contenues à la fois, elles semblent prêtes à exploser. Mais la dispute se termine bien ; ils se serrent la main. Le jardinier récolte son chèque et passe le portail, à pied, sans seulement prêter attention à Neil.

Il ne connaît pas le nom du jardinier ; comme sa mère le lui a rappelé, il ne sait pas grand-chose de ce qui s'est passé depuis qu'il est parti. La vie qu'elle a menée s'est écoulée sans être affectée par son absence. Son propre égoïsme le fait tressaillir, l'égoïsme des fils.

« Neil ! Tu as appelé l'aéroport pour vérifier si l'avion arrive à l'heure ?

— Oui, répond-il en criant, tout va bien.

— Bon. Le dîner sera prêt quand vous reviendrez...

— Maman...

— Quoi ? » Le mot lui parvient dans une sorte de gémissement las qui ressemble plus à une réponse qu'à une question.

« Qu'est-ce qui ne va pas ? dit-il en oubliant sa première question.

— Mais rien », la voix laisse comprendre que tout va mal, « il faut donner à manger aux chiens, il faut préparer à dîner et j'ai du monde ici. Tout va bien.

— J'espère que les choses se passeront le mieux possible quand Wayne sera là.

— C'est une demande ou une menace ?

— Maman... »

Derrière les lunettes de soleil, ses yeux sont indéchiffrables. « Je suis fatiguée. La journée a été longue. Je... je suis impatiente de rencontrer Wayne. Je suis sûre qu'il sera merveilleux, et que nous passerons tous des moments merveilleux, merveilleux. Excuse-moi, je suis juste fatiguée. »

Elle arrive jusqu'aux marches. Tout à coup il ressent le besoin de se couvrir ; son corps le gêne, comme toujours devant elle depuis cette matinée où, le voyant torse nu, elle s'était écriée, ravie : « Mais Neil ! tu as du poil qui te pousse sous les bras ! »

Avant qu'il ait pu se relever, les chiens l'entourent et commencent à le renifler, à le lécher. Il se contorsionne pour leur échapper, mais Abigail, la plus grande et la plus bête, se met à califourchon sur son ventre et fourre son museau sur sa bouche. Il crache, et la repousse en riant. « Laissez-moi tranquille, satanés clébards », leur jette-t-il, et il leur donne une tape. Ce sont des chiens nouveaux, pas le chien de son enfance, pas des chiens auxquels on peut faire confiance.

Le voici debout, les chiens en cercle autour de lui le regardent, en attente. Un nouvel accès de terreur l'envahit, à la pensée que bientôt Wayne sera là : dormiront-ils dans la même chambre ? Feront-ils l'amour ? Il n'a jamais eu de relations sexuelles dans la maison de ses parents. Comment pourrait-on s'attendre qu'il soit un amant ici, dans le lieu de son enfance, de ses premières pudeurs, dans cette maisonnée de mères et de chiens ?

« À la soupe ! Abbylucyferny, Abbylucyferny, à la soupe ! » les litanies de sa mère dispersent les chiens qui s'élancent vers la porte.

« Est-ce que tu te rends compte, lui crie-t-il, que malgré toute leur affection, ces chiens n'hésiteraient sans doute pas à te tuer en échange du gigot qui est dans le réfrigérateur ? »

C'est à douze ans que Neil a éprouvé pour la première fois quelque chose qui semblait relever de la sexualité. Il était étendu dehors, sur la pelouse, quand Raspoutine, le chien de son enfance, mort il y a bien longtemps, se mit à lui lécher la figure. Il ressentit un fourmillement inconnu et releva sa chemise pour s'offrir davantage au chien. La langue toute fraîche le chatouillait. Un museau humide commença à descendre le long de son corps en reniflant, jusqu'au maillot de bain. Ce qu'il ressentit lui fit peur, mais il ne put réunir l'énergie nécessaire pour repousser le chien. À ce moment sa mère appela : « À la soupe », et Raspoutine était déjà parti, plus intéressé par la nourriture que par lui.

Ce fut le lendemain du jour où ils avaient enterré Raspoutine, bien des années plus tard, que Neil, debout dans la cuisine, tournant le dos à ses parents, se décida à dire, avec une facilité inattendue : « Je suis homosexuel. » Les mots paraissaient insuffisants, réducteurs. Pendant des années, il avait cru que sa sexualité était détachable de son moi essentiel, et maintenant il s'apercevait qu'elle faisait partie de lui-même. Il eut la sensation brusque, désespérante, que, même si les mots avaient été faciles à dire, le fait de les avoir prononcés en public les dévaluait sans recours. Alors seulement, pour la première fois, il les accepta pour véridiques, et se mit à trembler, à pleurer de regret en pensant à ce qu'il ne serait pas pour sa mère, à la déception qu'il lui causerait. Son père gardait le silence, renversé en arrière ; à ce moment-là, il était absent, comme il était absent la plupart du temps, d'une absence profonde. Neil le revoyait toujours assis au bord du lit, en sous-vêtements, absorbé par une émission quelconque à la télévision. Il dit : « Ce n'est pas grave, Neil. » Mais sa mère était décidée ; sa lèvre inférieure ne trembla pas. Elle avait d'énormes réserves d'énergie, auxquelles elle ne recourait que dans des moments comme celui-ci. Elle l'étreignit par-derrière, l'enveloppant dans les senteurs de son enfance, parfum et brownies, et elle chuchota : « Ne t'en fais pas, mon chéri. »

Pour une fois ses paroles semblaient aussi mal convenir que les siennes à lui. Neil se sentit rapetisser jusqu'à n'être plus qu'un adolescent embarrassé qui détestait sa compassion et ne voulait pas qu'elle le touchât. Ce fut, désormais, sa façon de sentir lorsqu'il se trouvait en sa présence — et ce l'est aujourd'hui encore, à vingt-trois ans, alors même qu'il amène à la maison son amant pour le lui présenter.

Durant toute son enfance, il l'a vue préparer exclusivement les déjeuners les plus nourrissants, s'engager dans les associations de parents d'élèves, se porter volontaire pour la bibliothèque scolaire, organiser une campagne victorieuse pour proscrire un livre d'histoire raciste. Le lendemain de sa déclaration, elle avait déniché une organisation appelée : « Union des parents d'homosexuels, hommes et femmes » et s'était mise en rapport avec eux. Un an plus tard, elle en était présidente. Chaque week-end, avec d'autres mères, elle conduisait son break à San Francisco, elles installaient leur table de bridge devant les bains Bulldog, les bains Liberty, et distribuaient de la littérature à des hommes vêtus de cuir et de jean, qui répugnaient fort à seulement admettre qu'ils avaient des mères. Ces hommes, normalement agressifs les uns avec les autres, étaient étrangement intimidés par ces dames venues des banlieues avec leurs fascicules d'information, et ils s'inclinaient devant elles. Neil était en seconde année d'université et vivait à San Francisco. Elle lui apporta des tracts qui passaient en revue les risques encourus dans les bains publics et les arrière-salles, avec les lavements et les aphrodisiaques, les rencontres sexuelles sans un mot dans les ruelles. Pour lui, ses incursions dans ce monde avaient été brèves et lamentables, elles appartenaient au passé. Mais il s'était crispé à l'idée qu'elle savait tout des secrets de sa vie sexuelle, et il s'était promis de partir vers la côte Est pour lui échapper. Ce n'était guère différent de l'époque où elle avait fait campagne pour un meilleur terrain de jeux, ou aidé les enfants de langue espagnole à travailler, dans la salle d'audiovisuel. Alors aussi il avait fui loin de ce qui la faisait se mobiliser. Maintenant encore, trônant devant la coopérative pour recueillir des signatures en faveur du désarmement nucléaire, elle était une quintessence de mère. Et si le lot des mères c'est de n'attendre rien en retour, est-ce le lot des fils de ne rien donner en retour ?

Neil passe Dumbarton Bridge sur le chemin de l'aéroport, il pense, je n'ai rien donné en retour ; simplement je m'en suis retourné. Il se demande si, sachant ce qu'il allait devenir, elle lui aurait quand même donné naissance.

Il se reprend : « Pourquoi se supposerait-il l'unique cause de son chagrin ? » Elle lui a dit qu'elle menait une vie pleine de secrets. Elle a changé depuis qu'il a quitté la maison, la voici plus mince, plus sévère, plus difficile à embrasser. Elle a cessé de faire des gâteaux, entrepris de jouer au tennis ; sa peau est bronzée et tendue. Elle n'est plus la femme qui le prenait dans ses bras et l'embrassait en disant : « Tant que tu es heureux, c'est la seule chose qui compte pour nous. »

Autour de lui, le paysage est plat ; le pont flotte au-dessus d'une vase pourpre et vert, masse spongieuse qui comble la baie, il n'y a pas d'eau du tout. À moins de dix miles au nord, une ville entière a été construite sur le limon qu'on a dragué dans la baie.

Il arrive à l'aéroport avec dix minutes d'avance, pour découvrir que l'avion a atterri depuis vingt minutes déjà. Quand il aperçoit Wayne, il est de dos près du tapis roulant des bagages ; il a son allure habituelle, négligemment ébouriffé, il porte le blouson de cuir râpé qu'il portait la nuit où ils se sont rencontrés. Neil se faufile jusqu'à lui et lui pose les mains sur les épaules ; quand Wayne fait demi-tour, il a l'air soulagé de le voir.

Ils s'étreignent fraternellement ; c'est seulement dans la voiture de la mère de Neil, à l'abri, qu'ils osent s'embrasser. Ils retrouvent leur odeur, et peu à peu se sentent bien. « Jamais je n'aurais imaginé qu'un jour je te verrais ici, dit Neil, mais tu es exactement le même ici et là-bas.

— Ça ne fait qu'une semaine... »

Ils s'embrassent de nouveau, Neil veut aller dans un motel, mais Wayne tient à être réaliste : « Nous serons là-bas bientôt. Ne t'en fais pas.

— On pourrait aller dans un des bains en ville et prendre une cabine pour un ou deux millénaires. Seigneur ! j'ai envie de toi. Je ne sais même pas si nous aurons la même chambre.

— Bah... sinon nous nous faufilerons de l'une à l'autre en secret ; ce sera romanesque. »

Ils se tiennent enlacés quelques instants de plus, jusqu'à ce qu'ils remarquent qu'on les regarde à travers la vitre. Ils se séparent à contrecœur. Neil se redit qu'il aime cet homme, que c'est une bonne raison pour l'amener à la maison.

Pour revenir, il prend la route touristique. La voiture franchit des collines, traverse des forêts, emprunte des autoroutes à quatre voies, haut dans les montagnes. Wayne raconte à Neil que, dans l'avion, il était assis à côté d'une femme qui avait été infirmière du psychiatre de Marilyn Monroe. Il glisse son pied hors de sa chaussure et touche la cheville de Neil, de l'orteil il baisse sa socquette.

« Il faut que je conduise, dit Neil, je suis très heureux que tu sois ici. »

On se sent bien dans l'intimité de la voiture. Tous les deux redoutent de marcher main dans la main et de manifester en public des signes d'affection — même autour des 70° Rues Ouest à New York, pourtant tolérantes —, c'est une crainte qu'ils ne se sont avouée qu'entre eux. Ils passent un col entre deux collines, et les voici tout à coup dans une Californie du Nord résidentielle, un pays de maisons coûteuses, style ranch.

Aussitôt qu'ils arrivent chez la mère de Neil, les chiens accourent en aboyant après la voiture. Quand Wayne ouvre la portière, ils sautent sur lui et lui montent dessus, il essaie de la refermer : « N'aie pas peur ! Abbylucyferny ! Rentrez à la maison, bon sang ! »

Voici la mère qui descend du porche. Elle s'est changée et porte une robe bleue à fleurs que Neil ne connaît pas. Il sort de la voiture et, sans conviction, donne une tape aux chiens. Dans les arbres on entend le chant des grillons. Sa mère est rayonnante, et même belle, éclairée par les phares, entourée de ses chiens qui sont paisibles maintenant, on dirait Circé et ses esclaves. Quand elle marche vers Wayne, la main tendue en disant : « Wayne, je suis Barbara », Neil oublie qu'elle est sa mère.

« Heureux de vous rencontrer, Barbara », répond Wayne en lui prenant la main. Plus rusé qu'elle, il la fait pivoter et l'embrasse sur la joue.

Barbara ! Il appelle sa mère Barbara ! Puis Neil se rappelle que Wayne a cinq ans de plus que lui. Ils bavardent, la portière ouverte, et, derrière eux, Neil se tient à l'écart, comme un adolescent embarrassé, mal à l'aise, de trop.

Ainsi se passe le moment redouté. Il aurait aussi bien pu ne pas être présent. Au dîner, Wayne veille à garder la conversation de tout accroc, comme si, séduit, il faisait la cour à la mère de Neil pour l'épouser. « Pédé, amant de son pédé de fils », ces mots viennent à l'esprit de Neil, comme on crache. Elle a préparé des petites boulettes de viande à la coriandre fraîche, des *fettucine* avec du basilic. Wayne parle de la faune qui peuple les rues de New York, le Salvador est une tragédie ; si seulement Sadate n'était pas mort ; Phyllis Schlafly... que faire ?

« C'est une cause perdue, lui dit-elle, tous les jours, je suis là-bas avec ma table de bridge, d'autres mères de famille avec moi, mais je vous assure, Wayne, c'est une cause perdue. Parfois je pense que nous les vieilles dames, nous sommes les seules à avoir assez de patience pour lutter. »

De temps à autre, Neil dit un mot, mais ses remarques lui semblent gauches et idiotes. Wayne continue à appeler sa mère Barbara. D'aussi loin que Neil se souvienne, personne de moins de quarante ans ne l'a jamais appelée Barbara. Ils boivent du vin ; lui, non.

C'est le moment d'agir, maintenant. Il envisage de prendre la main de Wayne, puis se ravise. Il n'a jamais fait devant elle aucun geste qui puisse confirmer que le choix sexuel proclamé cinq années plus tôt était réel et non imaginaire. Même aujourd'hui, Wayne et lui pourraient aussi bien être des amis, des camarades de chambre à l'université. C'est alors que Wayne vient à son secours, et, d'un seul geste d'une évidence indiscutable, cherche sa main et l'étreint, en plein milieu d'une plaisanterie qu'il est en train de faire sur l'Arabie Saoudite. Le temps d'un rire et leurs mains sont jointes. La gorge de Neil se serre, son cœur se met à battre avec violence. Il remarque que les yeux de sa mère ont un battement de paupière et qu'elle les baisse ; mais à aucun moment elle n'interrompt le déroulement de sa phrase. Le dîner se poursuit, un à un les tabous dans lesquels il a grandi s'effondrent tranquillement.

Elle dessert la table. Leurs mains restent jointes ; il serait incapable de dire à qui sont les doigts, à Wayne ou à lui. Elle débarrasse ce qui reste et rassemble les chiens.

« Eh bien, jeunes gens, je suis très fatiguée, j'ai une longue journée qui m'attend demain, je crois que je vais vous laisser. Wayne, il y a des serviettes pour vous dans la salle de bains de Neil. Dormez bien.

— Bonne nuit, Barbara, ç'a été merveilleux de faire votre connaissance. »

Ils sont seuls. Maintenant leurs mains peuvent se desserrer.

« Pas de problème pour notre chambre, non ?

— Non, répond Neil, j'ai seulement du mal à m'imaginer couché avec quelqu'un dans cette maison. »

L'une de ses jambes tremble violemment. Wayne lui prend fermement la main et le hisse sur ses pieds.

Plus tard dans la nuit, ils sont étendus dehors sous les séquoias, ils écoutent les grillons déchaînés et le gargouillis de la piscine qui se filtre. Les feuilles d'arbres leur piquent la peau. Ils sont tombés amoureux l'un de l'autre dans des bars, dans des appartements, mais c'est la première fois qu'ils font l'amour dehors. Neil n'est pas certain d'avoir apprécié l'expérience. Il n'a cessé de sentir des regards, imaginant que les chats du voisinage le fixaient, ébahis, derrière les haies de mûres. Il se rappelle qu'il s'était caché là une fois qu'ils jouaient aux « Sardines », lui et d'autres enfants du voisinage, il se rappelle l'excitation des petits corps entassés ensemble, l'haleine chaude d'un rire réprimé sur sa nuque. « Le perdant passait par la machine à fessée, raconte-t-il à Wayne.

— Tu perdais souvent ?

— Presque toujours. La machine ne faisait jamais vraiment mal, c'était juste un tourbillon de mains. Si on courait assez vite, on échappait aux claques. De temps en temps, tard dans la soirée, ça devenait vilain. On se courait après et on se déculottait les uns les autres. C'était tout. Filles et garçons mélangés.

— Écoute les insectes », répond Wayne et il ferme les yeux.

Neil se tourne vers lui et le dévisage, il remarque un petit bouton, un seul. D'habitude quand ils font l'amour, cela commence par une

lutte, un combat pour la domination, et ça se termine dans une troublante perte d'identité — comme maintenant, où Neil voit un pied
dans l'herbe, appuyé contre sa jambe, et qu'il essaie de savoir si c'est
le sien ou celui de Wayne.

À l'intérieur de la maison, les chiens se mettent à aboyer. Leurs
jappements montent jusqu'à l'aigu. Neil se lève. « Je me demande
s'ils sentent quelque chose.

— Sans doute seulement nous.

— Ma mère va se réveiller. Elle déteste qu'on la réveille. »

Dans la maison la lumière s'allume, puis la porte sur le porche
s'ouvre. « Qu'est-ce qui ne va pas, Abby ? » demande doucement la
voix de sa mère.

Wayne bâillonne Neil de la main. « Ne dis rien, chuchote-t-il.

— Je ne peux tout de même pas... », commence Neil, mais la main
de Wayne sur sa bouche le fait taire. Il la mord, et Wayne se met à
rire.

« Qu'est-ce que c'est ? lance-t-elle vers le jardin. Il y a quelqu'un ? »

Les chiens aboient plus fort. « Abbylucyferny ! Ça va, ça va », sa voix
est douce et inquiète. « Il y a quelqu'un ? » demande-t-elle d'une voix
forte.

Les mûriers tremblent. Elle prend la lampe-torche et balaie le jardin. Wayne et Neil plongent à plat ventre ; le rayon passe sur eux, les
effleure quelques secondes. Puis il s'éteint et les voilà dans le noir,
un noir nouveau, plus sombre, auquel il leur faut réhabituer leurs
yeux.

« Allons, au lit, Abbylucyferny ! » dit-elle doucement. Neil et Wayne
entendent son pas dans la maison. Les chiens la suivent en gémissant,
et les lumières s'éteignent.

Il était déjà arrivé que Neil et sa mère se regardent face à face en
pleine lumière. Quatre ans plus tôt, ils s'étaient trouvés, immobiles,
dans le faisceau des phares de la voiture, à attendre le train. Il retournait à San Francisco où il devait participer le lendemain à la Marche
des homosexuels. La gare était tout à côté de la coopérative, le parking était le même. La coopérative, familière et ennuyeuse de jour,

ne manquait pas de mystère, la nuit. Neil retrouva l'endroit où il avait
dérapé à bicyclette, il s'était cassé la jambe. À travers les portes vitrées,
sous l'éclairage éclatant, on voyait l'intérieur du magasin, les rangées
bien alignées de boîtes de conserve et de paquets, qui formaient tout
un univers, chaque boîte en pleine lumière si bien que, même de
l'extérieur, Neil pouvait déchiffrer les étiquettes. Il ne manquait que
les dames en tenue de tennis et sweat-shirt, poussant leur caddy
devant les bacs à noix et à fruits secs.

« Ton train a du retard », lui dit sa mère. Ses cheveux tombaient
librement sur ses épaules, elle avait les jambes bronzées. Neil la regardait et essayait de l'imaginer en train d'accoucher de lui — de s'ar-
quer et de se débattre dans ses efforts pour le faire naître. Il ressentit
alors cet étrange élan d'affection, asexuée, envers les femmes, qu'il
avait durant toute son adolescence pris pour du désir hétérosexuel.

Une lumière brillante s'approchait, suivie du son grave et lancinant
du sifflet. Neil embrassa sa mère, lui lança au revoir tout en courant
au-devant du train. C'était un train d'un modèle ancien, aux vitres
d'une horrible teinte jaune verdâtre de citron vert. Il s'arrêta juste le
temps qu'on monte dedans et repartit. Neil courut à la fenêtre, espérant la voir démarrer, mais la couleur des vitres ne permettait de voir
au-dehors que de vagues taches de lumière — réverbères, voitures, la
coopérative.

Il s'enfonça dans le siège raide et vert. Le train était presque
complètement vide ; le seul autre passager était un homme basané
vêtu de jeans et d'un blouson de cuir. Il était assis juste de l'autre
côté du couloir, près de la fenêtre. Il avait une peau rude et une
épaisse moustache. Neil découvrit qu'en faisant semblant de regarder
par la fenêtre, il pouvait observer le reflet de l'homme dans la vitre
jaune citron vert. C'était seulement un peu flou — comme sur une
vieille photographie. Neil sentit sa bouche s'ouvrir, le sommeil peser
sur lui. Des halos rouges et des éclairs jaunes qui traversaient les
parois de verre donnaient au visage de l'homme sur la vitre des pulsa-
tions, comme si, bizarrement, il avait eu des spasmes musculaires.
Quelques instants suffirent à Neil pour s'apercevoir que l'autre le
dévisageait ou plus exactement contemplait sa nuque — le regardait
regarder. L'homme sourit, comme pour dire je sais exactement ce

que tu regardes, et Neil ressentit la sensation nauséeuse du désir qui montait dans sa gorge.

Juste avant d'atteindre la ville, l'homme se leva et vint s'asseoir tout à côté de Neil. Sa cuisse frôla la sienne, volontairement. Les yeux de Neil se mouillèrent, il se sentit mal au cœur. L'homme lui prit la main et dit : « Pourquoi es-tu si nerveux, mon mignon ? Relaxe. »

Neil se réveilla le lendemain matin, un goût de cendres dans la bouche. Il était étendu sur le sol, sans couvertures ni draps ni oreillers. Machinalement il chercha son pantalon, et comme il le passait il se trouva face à face avec l'homme du train. Il s'appelait Luis ; il se trouvait qu'il était tondeur de chiens. L'appartement sentait le chien.

« Es-tu si pressé ? dit Luis.

— Oui, la manifestation. La Marche des homosexuels. J'ai rendez-vous avec des amis.

— Je viens avec toi. Je me crois trop vieux pour ce genre de choses, mais après tout pourquoi pas ? »

Neil n'avait pas envie que Luis l'accompagne, mais il ne trouva pas le moyen de le lui dire. De jour, Luis paraissait plus âgé, plutôt du genre à transmettre des maladies. Il passa son tee-shirt déchiré, son blouson de cuir, ses blue-jeans. « C'est mon costume de tous les jours », dit-il et il rit. Neil boutonna son pantalon tout en pensant que la veille sa mère le lui avait lavé. Luis présentait l'exacte combinaison d'hypermasculinité et d'allure efféminée typique du pédé. Neil voulait se débarrasser de lui, mais il portait sa marque, il le sentait trop bien. Ils seraient amants, que Neil le veuille ou non.

Ils rejoignirent le cortège à mi-parcours. Neil espérait qu'ils ne rencontreraient personne de sa connaissance ; il ne souhaitait pas avoir à expliquer Luis, qui se cramponnait à lui. Le cortège était plein d'hommes aux torses nus, aux épaules musculeuses, huilées. Le dos de Neil lui faisait mal. Il y avait des chars qui transportaient des reines de beauté et des majorettes aux robes voyantes, les uns barbus, les autres vraiment semblables à des femmes. Luis dit : « Ça me rend fier, heureux d'être ce que je suis. » Neil imaginait qu'en s'enfonçant dans la foule il pourrait perdre Luis, pour toujours, mais il avait de la peine à le quitter ; comme si l'idée de se retrouver seul lui était insupportable.

Neil sursauta quand il vit sa mère qui regardait passer le défilé en tenant une pancarte. Elle était dans le groupe du « Rassemblement des parents d'homosexuels (hommes et femmes) ». Ils avaient déployé une immense banderole sur le mur derrière eux, on y lisait FILS, FILLES, NOUS SOMMES FIERS DE VOUS. Elle le repéra, agita les bras en sautant en l'air.

« Qui est cette femme ? demanda Luis.

— Ma mère. Il faudrait que j'aille lui dire bonjour.

— Allons-y. » Et sur ces mots Luis accompagna Neil vers les bords du cortège. Neil embrassa sa mère. Luis enleva son maillot pour s'en essuyer la figure et il sourit.

« Je suis content que tu sois venue, dit Neil.

— Je n'aurais pas voulu manquer ça, Neil. Je voulais te montrer que c'est important pour moi. »

Neil sourit et l'embrassa de nouveau. Il ne fit pas mine de vouloir lui présenter Luis, si bien que Luis se présenta lui-même.

« Bonjour Luis », dit Mrs. Campbell. Neil détourna le regard. Luis lui serra la main. Neil eut envie de dire à sa mère de se laver, et se promit d'aller à la première heure lundi passer des examens à l'Institut prophylactique.

« Neil, voici Carmen Bologna, l'une des mères », dit Mrs. Campbell en lui présentant une grosse dame italienne aux joues empourprées, aux cheveux coiffés en forme de conque marine.

« Heureuse de te rencontrer, Neil, heureuse de te rencontrer. Tu connais mon fils Michael ? Je suis si fière de Michael. Il a réussi maintenant. Je suis fière de lui, je suis fière d'être sa mère, et ta mère est fière elle aussi ! »

La femme lui souriait, et Neil ne trouva rien à lui répondre que « Merci ». Mal à l'aise il regarda sa mère qui écoutait parler Luis. Il lui vint à l'esprit que sans doute les pires moments de sa vie allaient commencer, et il n'avait aucun moyen de l'empêcher.

Un char de travestis s'avançait vers l'endroit où étaient les mères. « Michael ! Michael ! » s'écria Carmen Bologna, et elle courut embrasser un homme sec comme une trique dans des falbalas de satin vert. Sur les paupières de Michael, il y avait une épaisse couche de fard vert, et ses lèvres étaient peintes en rose.

Neil se retourna et vit sa mère qui regardait, bouche bée. Il alla vers Luis, et ils rejoignirent le cortège. Il se retourna et lui fit signe de la main. Elle le lui rendit ; sur son visage, il lut de la peine et, fugitivement, du regret. Ce jour-là, il eut le sentiment qu'elle l'aurait bien échangé contre un fils différent, n'importe lequel. Plus tard, elle lui dit : « Carmen Bologna était vraiment fière, et laisse-moi te dire, en tant que mère qui sait de quoi elle parle, qu'il faut avoir bien du courage pour éprouver une telle fierté. »

Neil n'avait jamais été fier. Il lui fallut un an pour laisser tomber Luis, puis encore un an pour quitter la Californie. Il avait toujours dans la bouche cet écœurant goût de cendres. Dans l'avion il eut la vision de sa mère, assise dans l'obscurité, en train de fumer. Elle ne lui quitta pas l'esprit, jusqu'à ce qu'il se retrouve en train de tourner au-dessus de New York en regardant l'aube se lever sur Queens. La chanson qu'il entendait dans les écouteurs allait rester au bord de sa mémoire, toujours liée à son absence à elle. Il récupéra ses bagages et prit un bus vers la cité. Il y avait des crieurs de journaux en plein milieu de l'autoroute, qui les vendaient par la portière aux voitures immobilisées. Il était sept heures du matin quand il arriva à Manhattan. Il resta dix minutes au bord de la 34ᵉ Rue Est à respirer l'air froid, il sentait bouillonner son sang.

Neil trouva du travail comme assistant juridique, un emploi provisoire, se dit-il. Quand il rencontra Wayne un an plus tard, les impressions de ce premier jour lui revinrent. Ils étaient restés debout toute la nuit et, à six heures du matin, ils traversaient le parc vers l'appartement de Wayne, avec la démarche nerveuse et décidée à la fois de gens qui meurent d'envie de faire l'amour ensemble pour la première fois. Il y avait des gens qui faisaient de la course à pied, avec leur chien. Aucun d'entre eux n'avait idée de ce que Wayne et lui allaient faire, et le secret l'excitait. Lui revinrent à l'esprit sa mère, la chanson, et la vision tournoyante de Queens qui s'éveillait au-dessous de lui. Sa respiration prenait la consistance des nuages, et il se sentit heureux comme, de sa vie, ça ne lui était arrivé.

Le deuxième jour de la visite de Wayne, ils accompagnent Mrs. Campbell pour aller chercher les chiens chez le toiletteur. L'établissement, astiqué, est décoré avec des rubans roses et des photographies du bouledogue premier prix de concours, qui appartient au propriétaire. Une volumineuse femme entre deux âges apparaît à la porte du fond, avec, tenus en laisse, tout frais pomponnés et rasés, Abigail, Lucille et Fern. Quand ils aperçoivent la mère de Neil, les chiens se mettent à se battre comme des fous, emmêlant leurs laisses. « Du calme, mesdames ! » ordonne Mrs. Campbell, et elle attrape les chiens. Elle confie Fern à Neil, Abigail à Wayne. Au retour, dans la voiture, Abigail pose les pattes sur les cuisses de Wayne pour essayer de lui monter dessus.

« Poussez-la, dit Mrs. Campbell, elle sait qu'elle n'a pas le droit de faire ça.

— Tu ne faisais jamais toiletter Raspoutine, proteste Neil.

— Raspoutine était un corniaud.

— Raspoutine était un chien splendide, même s'il sentait fort.

— Tu te rappelles quand tu étais petit, Neil, tu le faisais danser avec toi. Une fois tu avais essayé de lui passer un corsage à moi.

— Je ne me rappelle pas ça.

— Si, si, je me souviens. Et puis tu avais essayé d'organiser un concours de beauté pour tous les chiens du quartier. Tu voulais des éliminatoires... le grand jeu.

— Un concours de beauté ? demande Wayne.

— Maman, est-ce qu'il faut vraiment...

— Vois-tu, c'est le privilège des mères d'embarrasser leur fils », dit Mrs. Campbell avec un sourire.

Juste comme ils arrivent à l'entrée, Wayne se met à pousser des cris, il chasse Abigail de ses cuisses : « Bon Dieu ! Le chien vient de me pisser dessus ! »

Neil fait le tour de la voiture, le pantalon de Wayne est en train de s'imbiber lentement. Il se retient de rire. Mrs. Campbell lui tend un chiffon.

« Désolée, Wayne, c'est une question de territoire.

— C'est vraiment dégoûtant », répond Wayne en se tamponnant avec un chiffon.

Neil se contemple dans le rétroviseur et sourit.

À la maison, tandis que Wayne se nettoie dans la salle de bains,

Neil regarde sa mère préparer à déjeuner — de la soupe avec des nouilles japonaises. « Quand tu es parti à l'université, raconte-t-elle, je suis allée chez l'épicier. Je voulais acheter des nouilles "ramen" pour toi, et tout à coup j'ai compris que tu ne serais pas là pour les manger. J'ai fondu en larmes sur-le-champ, et j'ai pleuré comme une idiote. »

Neil serre les poings dans ses poches. Elle a l'art de lui raconter de petites histoires tristes exactement au moment où il n'a pas envie de les entendre — des histoires de poupées cassées par ses frères, de casse-croûte chipés par les garnements du voisinage sur le chemin de l'école. Il a maintenant, lui aussi, rejoint les rangs des garçons qui l'ont martyrisée.

« Je suis désolé, maman. »

Elle se penche au-dessus des nouilles, le visage tout embué. « Je n'ai rien voulu dire devant Wayne, mais tu aurais pu répondre, hier soir. J'avais très peur, et j'étais inquiète. »

Il répète : « Je suis désolé », mais ce n'est pas très convaincant. Il a des fourmis dans les doigts. Comme un gros chagrin prêt à naître.

Elle continue : « Je mène une vie calme. Je ne veux pas jouer les rabat-joie, mais je n'ai vraiment pas la force de supporter ces blagues idiotes. S'il te plaît, ne me fais plus peur comme ça.

— Si ça t'ennuyait à ce point, pourquoi est-ce que tu n'as rien dit ?

— J'aime autant ne pas discuter. Je mène une vie calme. Je n'ai pas l'habitude qu'on me réveille en pleine nuit, je n'ai pas l'habitude...

— ... de me voir avec un amant ?

— Ce n'est pas ça, je n'ai pas l'habitude qu'il y ait du monde ici, c'est tout. Wayne est charmant. C'est un garçon très bien.

— Il t'aime bien lui aussi.

— Je suis sûre que nous nous entendrons. » Elle verse les nouilles fumantes dans des bols de céramique. Wayne revient, en short. Il a des jambes blanches et poilues qui contrastent violemment avec les siennes à elle, brunes et lisses. Elle lui dit : « Je nettoierai votre pantalon, Wayne, j'ai un produit spécial pour enlever les taches. »

Elle jette un coup d'œil à Neil pour lui signifier que le sujet est clos. Il regarde Wayne, regarde sa mère ; son embarras du début laisse place à une violente fierté — l'arrogance de la domination. Il est heureux que sa mère voie combien on le désire, heureux de la faire flancher.

Plus tard, il fait quelques pas dans le jardin ; le jardinier est revenu, il taille les arbustes avec ses cisailles. En maillot de bain, Neil marche à ses côtés, comme s'il était à la parade.

Cet après-midi-là, il trouve l'aide-mémoire de sa mère sur la table de la cuisine :

MARDI

7 heures Petit déjeuner.
Emmener les chiens chez toiletteur.
Épicerie (?).
Campagne contre conscription 4-7.
Acheter sous-vêtements.
Trio — 2 heures.
Spaghetti.
Fruits.
Asperges — si moins cher.
Cacahuètes.
Lait.
R.V. docteur (prendre).
Écrire Cranston/Hayakawa.
Désarmement (bis).
Sacs emballages.
Mozart.
Abigail.
Ramen surchoix.
Pedro.

Son bureau et sa poubelle sont pleins de listes de ce genre ; aussi loin qu'il remonte dans ses souvenirs, il en a vu de pareilles. C'est avec elles qu'il a appris à lire. D'ailleurs sa propre vie est, elle aussi, pleine de listes interminables — recouvertes de signes et de flèches, avec toujours au moins une rubrique qui déborde sur le jour d'après. De septembre à novembre, on voyait revenir, liste après liste : « Acheter billet avion pour Noël. »

La dernière inscription « Pedro » l'intrigue. Pedro doit être le jardinier. Il observe les différentes couches de noms, cette singularité arbitraire qui donne un sens à la vie de sa mère. Il pourrait dresser la liste qui le concerne : enfant, adolescent, le fils pédé qui couche avec n'importe qui, et pour finir le bon fils, établi et qui a pas mal réussi. Mais ces catégories ne marcheraient pas ; il est aujourd'hui, et il sera toujours, l'enfant que lèche le chien, l'enfant par terre avec Luis ; il sera toute sa vie cela même dont il a honte. Les autres listes — listes de choses faites et à faire — disent une vérité qui leur est propre, à savoir que sa vie se compte vraiment en objets et non en âges. Il se reconnaît dans « corde à sauter », « livre », « lunettes de soleil » ou « sous-vêtements ».

« Parlez-moi de votre famille, Wayne », dit Mrs. Campbell dans la voiture qui les emmène en ville dans la soirée. Ils vont, au ciné-club du coin, voir un film avec Esther Williams : une comédie musicale sous-marine, pleine de sirènes, les Rockettes sous-marines.

« Mon père était avocat, répond Wayne, il avait un bureau dans Queens avec une enseigne au néon. J'imagine qu'il doit être le seul avocat au monde à avoir eu une enseigne au néon. Toujours est-il que j'avais dix ans quand il est mort. Ma mère ne s'est jamais remariée. Elle vit à Queens. Son grand titre de gloire est d'avoir participé, à vingt-deux ans, à "La question à 64 000 $" dans la catégorie "romans policiers". Elle est allée jusqu'à 60 000 avant de chuter.

— Moi, quand j'avais dix ans, je voulais que tu t'inscrives à "Jeopardy", dit Neil à sa mère. Tu aurais dû, tu sais, vraiment, tu aurais sûrement gagné.

— C'est vrai que tu adorais "Jeopardy", dit Mrs. Campbell, tu regardais ça pendant le dîner. Wayne, votre mère travaille ?

— Non, elle vit de ses rentes.

— Vous êtes deux enfants uniques », constate Mrs. Campbell. Neil se demande si elle n'est pas en train de remâcher la possibilité d'un lien entre cette coïncidence et leur « style de vie différent ».

Le cinéma est pratiquement vide. Neil s'assied entre Wayne et sa mère. Il y a des coussins par terre à l'avant de la salle, un chat flâne autour d'eux et on voit de temps en temps son ombre énorme sur l'écran, ce qui trouble l'effet apaisant du ballet aquatique. Comme s'il avait seize ans, Neil risque avec prudence son bras vers les épaules de Wayne. Aussitôt Wayne lui prend la main. À côté d'eux, sa mère respire, souffle, souffle, respire. Avec circonspection, Neil déplace son second bras, le lève derrière la nuque de sa mère. Il n'a pas un regard vers elle, mais à sa respiration il est sûr qu'elle sait ce qu'il est en train de faire. Lentement, précautionneusement, il laisse sa main descendre sur son épaule, qui a un spasme nerveux, et lui il sursaute comme s'il avait reçu une décharge électrique. Un hoquet brise le souffle calme de sa mère, même Wayne le remarque. Une seconde de lumière sur l'écran laisse voir les yeux pleins de panique, et le bras de Neil figé au-dessus d'elle, prêt à descendre de nouveau. Lentement il abaisse le bras jusqu'à sentir dans ses doigts le contact de sa peau, le tissu de sa robe. Il est allé trop loin pour reculer ; ils sont tous, allés trop loin.

Wayne et Mrs. Campbell s'enfoncent dans leur siège, mais Neil reste droit, ses bras levés ne tiennent rien. Quand le film s'achève ils restent un moment sans bouger.

« Je me sens vieille, dit Mrs. Campbell en rentrant. Je me souviens quand ces films sont sortis. Ton père et moi en avons vu un à notre premier rendez-vous. Je les aimais parce que je pouvais m'imaginer que ces femmes sous l'eau étaient en train de voler tant elles étaient gracieuses. On tirait vraiment parti du technicolor, en ce temps-là. La couleur c'était vraiment quelque chose. On ne se figure pas ce que ça pouvait être de voir un film en couleurs pour la première fois, après des années de noir et blanc. C'est comme essayer d'expliquer à un habitant de la côte Est l'émerveillement devant la neige. J'ai bien peur qu'il n'y ait plus grand-chose de nouveau. »

Neil aimerait bien lui parler de sa nostalgie à lui, mais comment pourrait-il exprimer que tout tourne autour d'elle ? Il se plaît à évoquer la vie qu'elle a eue avant sa naissance. « Raconte à Wayne combien tu ressemblais à Esther Williams », lui demande-t-il.

Elle rougit, « Oui, on m'a dit que je ressemblais à Esther Williams, mais en fait c'était plutôt Gene Tierney. Pas vraiment belle, mais on me remarquait. Ça me fait plaisir de penser que j'ai eu un certain "magnétisme".

— Vous l'avez toujours », répond Wayne, et aussitôt il s'aperçoit que sa parole porte à faux. Un silence et un rire nerveux témoignent qu'il n'a pas eu le temps de maîtriser le dialecte familial.

Quand ils arrivent à la maison, la nuit est, comme hier, emplie du bruissement des criquets. Mrs. Campbell attrape une lampe de poche et appelle ses chiens « Abbylucyferny, Abbylucyferny », et les chiens accourent tous, elle les pousse vers le derrière de la maison et les suit. Neil lui emboîte le pas. Wayne le suit, mais traîne sous le porche. Neil marche à sa suite, et elle traverse le jardin d'un pas lourd. Elle tient sa lampe-torche, des escargots sortent de dessous les buissons, de derrière les rochers, et viennent vers elle. Dès qu'elle les voit, elle les écrase sous sa semelle, ça fait un bruit mou et craquant comme un œuf qu'on casse.

« Par une nuit comme ça, dit-elle, je pense à des enfants en haillons, dans des pays tropicaux, en Amérique latine. J'ai des cauchemars, je vois des tanks dans notre rue.

— Jamais le temps n'est comme ça à New York, répond Neil, quand il fait chaud, c'est humide et poisseux. On n'a pas envie de sortir.

— Je ne pourrais vivre nulle part ailleurs qu'ici. Je crois que j'en mourrais. J'ai trop l'habitude de ce climat.

— Allons, tu ne le crois pas vraiment.

— Si, je le pense. Je me suis trop bien acclimatée. »

Les chiens aboient comme des fauves vers la clôture. « Un chat, je pense », dit-elle. Elle dirige le faisceau de la lampe vers un rocher et des escargots sortent en nombre, une foule, trop bêtes pour avoir appris à se méfier de la lumière.

« Je sais ce que tu faisais au cinéma, dit-elle.

— Quoi ?

— Je sais ce que tu faisais.

— Ce que je faisais ? J'ai mis mon bras sur tes épaules.

— Je suis désolée, Neil, je peux en supporter pas mal. Mais trop, c'est trop.

— Qu'est-ce que tu veux dire ? J'essayais seulement de manifester mon affection.

— Affection ? Oh ! je sais ce que c'est l'affection ! »

Il regarde vers le porche, il voit Wayne qui se dirige vers la porte en essayant de ne pas écouter.

« Qu'est-ce que tu veux dire ? » répète Neil.

Elle éteint la lampe et s'entoure elle-même dans ses bras. « Je me rappelle quand tu étais petit, je me rappelle, et il faut que je cesse de me rappeler. Je voulais que tu sois heureux. Et j'ai les idées larges, je comprends. Mais c'est plus que je ne peux en supporter. »

Il a le cœur au bord des lèvres. « Maman, tu sais, je crois que ma vie, ça n'est pas de ta faute. Pour l'amour de Dieu, ne me dis pas que ta vie à toi c'est ma faute.

— Ce n'est pas une question de faute. » Elle sort un Kleenex de sa poche et se mouche. « Je suis navrée, Neil. Je dois être une vieille femme, avec trop à penser et pas assez à faire », elle rit, sans conviction. « Ne t'inquiète pas. Ne dis rien. Abbylucyferny, Abbylucyferny, c'est l'heure d'aller se coucher. »

Il la regarde aller vers le porche, murée et royale. On entend le bruit feutré de ses pas, le cliquetis des colliers des chiens quand ils courent vers la maison.

Il avait douze ans quand elle l'a vu défiler pour la première fois. Il jouait du tuba et, pendant que l'orchestre de l'école parcourait lourdement les rues de la ville, qui était encore minuscule à l'époque, elle faisait la haie pour le saluer. Plus tard, elle l'avait emmené manger une glace. Il en avait renversé sur son uniforme rouge et elle lui avait donné une tape avec une serviette en papier. Elle avait été présente ce jour-là, comme, des années plus tard, à ce défilé plus marquant ; elle avait été présente à chaque jour.

Une semaine plus tard, quelque part au-dessus de l'Iowa, Neil se rappelle la scène, et d'autres circonstances où il la trouvait en larmes, assise dans le noir. Il fallait qu'elle prenne sur elle, sur son propre chagrin, pour apaiser l'anxiété qu'il avait. « C'est la vie, lui dit-elle plus tard, c'est ça la vie d'une mère. »

— Ce qui m'effraie le plus, dit Neil à Wayne, c'est de penser qu'on peut briser la vie de quelqu'un sans s'en rendre compte. Ou simplement la changer. Je déteste l'idée d'un tel pouvoir. Je ferais une mère épouvantable.

— Tu es cinglé, répond Wayne, tu as une mère formidable, et tu te plains. J'en connais que leur mère a reniés.

— La culpabilité va de pair avec le territoire.

— Quoi ? demande Wayne avec un sérieux absolu.

Neil ne répond pas. Il est allongé dans son siège, les yeux fermés, il rêve qu'il a grandi dans les montagnes du Colorado, dans une maison perdue dans les neiges, une neige blanche, à l'infini, sur les montagnes. Pas un endroit plat, pas un arbre ; seulement la montagne blanche. À chaque départ, il a pensé à elle, assise dans le noir et elle fumait. Aujourd'hui, il la voit, dehors, le soir, en train de repêcher les feuilles des arbres dans la piscine.

« Je voudrais avoir un chien », dit Neil.

Wayne rit : « En ville ? Il ne pourrait pas respirer ! »

Le ronronnement de l'avion agit comme une drogue, un narcotique. « Je veux rester longtemps avec toi, dit Neil.

— Je sais. » Tout doucement, Wayne prend sa main.

« Il va faire chaud là-bas aussi. Tu sais, je ne suis pas en train de penser à ma mère.

— Ne t'inquiète pas. »

Un instant Neil se demande ce que l'hôtesse va penser, ou la vieille dame qui va aux toilettes, puis il rit et se détend.

Plus tard l'avion tourne lentement au-dessus de New York City, à bord, deux hommes se tiennent par la main, les yeux clos, ils respirent d'un même souffle.

Nouvelle extraite de *Quelques pas de danse en famille*.
Traduit de l'anglais par Jean-Yves Pouilloux.

L'Entrée du Holland Tunnel

FREDERIC PROKOSCH

L'Amérique de Kafka

Chaque soir, j'allais rôder au plus profond de Central Park. Je frissonnais de crainte en pénétrant dans l'obscurité, qui paraissait aussi broussailleuse et reptilienne qu'une jungle d'Afrique.

J'avais enfin terminé mon roman américain. Je l'intitulai *Nuit des humbles*, d'après un tableau de Diego Rivera. J'avais tenté de retrouver certains de mes rêves au sujet de l'Amérique, certaines sombres visions récurrentes qui avaient les contours effilochés d'eaux-fortes où des zébrures de cauchemar frangeaient une joie enfantine. J'avais travaillé avec de graves doutes à cette idylle sinistre, et maintenant qu'elle était achevée j'en étais mécontent. J'avais observé que dans mes rêves, le sens du lieu portait un masque en sorte qu'un endroit familier paraissait étrange, méconnaissable, et pourtant empreint d'une identité plus puissante encore. J'avais tenté d'incarner ce sentiment dans *Nuit des humbles*; toutefois, maintenant que j'avais terminé, j'étais inquiet, déconcerté.

Assis sur un rocher dans l'obscurité à l'odeur aigre, je contemplais les tours qui s'élevaient dans la nuit. Ces tours dévoratrices de pensées étaient animées de milliers de significations. Leur étincellement constituait un défi à la férocité de l'infini en même temps qu'à la saleté du fini. Chaque soir, assis à Central Park, je contemplais ces tours étincelantes. Elles étaient les seules choses que j'aimais dans cette énorme nuit de la ville.

Fin janvier, Auden et Isherwood s'embarquèrent pour l'Amérique à bord du *Champlain*. L'arrivée à New York d'Auden m'excitait fort. Nous avions échangé de nombreuses lettres et j'avais imprimé certains de ses poèmes, mais je l'avais manqué à Londres et ne l'avais jamais vu. J'étais impatient de rencontrer enfin le poète.

Un matin, je lui téléphonai pour l'inviter à déjeuner avec moi au Yale Club. J'étais malade d'impatience en l'attendant au salon, où les sofas de cuir noir étaient affalés par bancs comme des morses échoués. Soudain, je le vis debout devant moi, timide et le souffle court ainsi qu'un écolier anxieux. Je lui dis : « Bonjour, Wystan ! », et il me répondit : « Bonjour, Fritz ! »

Après avoir pris un verre au bar, nous entrâmes au grill-room. Assis dans un angle, nous commençâmes de manger nos huîtres. C'étaient d'énormes huîtres américaines, dites *cotuits* ; en avalant sa *cotuit*, Auden la trouva répugnante. Aussi appelai-je le garçon ; il remporta les huîtres, et revint avec une assiettée de palourdes pour Auden. Les petites palourdes bien fermes plurent à Auden, dont l'indignation se calma, et qui se remit à bavarder avec son sang-froid habituel.

— Les Américains ? Grand Dieu ! je les trouve terriblement roublards. On m'avait dit qu'ils étaient naïfs. Je les trouve follement compliqués. Ces brillants jeunes Américains ont quelque chose d'inquiétant. Sous leur aspect si propre et si frais, je sens une corruption profonde. C'est peut-être pour ça qu'ils m'intriguent. Pour ce sentiment de décomposition profonde.

Il inclinait légèrement la tête, comme s'il écoutait une voix lointaine. Il avait la bouche entrouverte, les yeux baissés. Et voilà comment je me le rappelle encore, en jeune homme audacieux, interrogateur, les lèvres entrouvertes, les yeux baissés, à l'écoute d'une voix lointaine.

Mais c'était longtemps avant que le terrible pourrissement n'eût commencé. Il avait un air juvénile, alerte, gauche et pourtant sémillant. Auden eut toujours une certaine timidité, un certain aspect lointain, comme s'il désirait ardemment l'amitié mais reculait devant une intimité plus profonde ; l'énigme de son caractère résidait dans cet aspect lointain qui finit par le mener dans les marécages de la torture de soi-même.

Il portait un costume à rayures, une chemise fripée, une cravate à carreaux. Il me donnait l'impression d'avoir fait pour le Yale Club un effort de coquetterie. Son épaisse chevelure indisciplinée était divisée par une raie tracée très à droite. Il avait un grain de beauté sur la joue droite et penchait la tête à droite, en sorte que son corps aussi bien que son esprit semblaient tendre à l'asymétrie.

— ... Puis-je vous demander un service, Fritz ? dit Auden.

— Avec joie, répondis-je.

— Accepteriez-vous de me proposer pour la nationalité américaine ?

— Bien sûr. J'en serais charmé.

J'éprouvais un élan d'enthousiasme à la pensée de la naturalisation d'Auden ; je levai mon verre en m'écriant :

— ... Santé ! *Prosit ! Skol !*

Il avala une palourde, but une petite gorgée de Riesling, et dit :

— C'est fort impressionnant, tous ces exilés en Amérique. Il y a Casals, il y a Gropius, il y a Mies van der Rohe. Il y a Aldous Huxley, Gerald Heard, André Breton, Einstein et Stravinski. Thomas Mann écrit un roman dans les régions sauvages de Californie. Tout ça est bien excitant mais aussi un peu déprimant. L'Amérique me fascine, mais il y a quelque chose d'affreux dans une culture où les choses pourrissent aussi rapidement, aussi brutalement, aussi irréparablement. Les hommes, les femmes, les livres, les espérances, les édifices, les réputations, les histoires d'amour. La décomposition n'est pas un beau spectacle chez les jeunes, surtout en l'absence de facteur spirituel pour la racheter...

Il considérait le grill-room avec une expression d'austérité suffisante. Puis il leva son verre de vin, et but en baissant les paupières.

Je mentionnai Delmore Schwartz, qui remportait un grand succès avec un brillant volume intitulé *In Dreams Begin Responsibilities* (Les responsabilités commencent dans les rêves). Auden écoutait avec curiosité, et approuvait poliment de la tête. On eût dit que grâce à quelque instinct secret, pareil à des antennes, il évaluait toutes les forces et toutes les faiblesses de Delmore Schwartz.

Puis je mentionnai Dylan Thomas dans l'espoir de susciter une réaction ; mais Auden parut vexé, et se gratta nerveusement l'oreille. Les poèmes de Delmore Schwartz lui donnaient un air doux et objectif, alors que ceux de Dylan Thomas lui donnaient un air irritable et nauséeux.

Je venais de publier un recueil de poèmes intitulé *The Carnival* (Le Carnaval), où j'essayais d'exprimer l'aspect sombre de la décennie qui précéda la guerre. Je me sentais profondément redevable envers l'Auden de *The Witnesses* (Les Témoins), l'Auden intuitif et comminatoire, mais j'éprouvais de la suspicion pour l'Auden de *Spain* (Espagne), l'Auden dénonciateur et exhorteur.

En cet instant, alors qu'il levait les yeux, je sentis que l'ambivalence de mon admiration contrariait Auden, et que sa politesse était frangée de petits tentacules d'hostilité.

Soudain, je pris conscience que nous étions quatre à table : deux qui parlaient et deux qui écoutaient, cachés derrière ceux qui parlaient, chacun avec ses propres attitudes, doutes et suspicions cachés. Brusquement, tout en lançant à travers la table des coups d'œil embarrassés, nous sombrâmes dans un silence intimidé de méfiance réciproque.

Je le rompis :

— Dites-moi, Wystan. Pourquoi donc avez-vous décidé de fuir en Amérique ?

— *Fuir !* Qu'est-ce qui peut bien vous donner à croire qu'il s'agissait d'une fuite ? Ce n'était pas une fuite. Et qui plus est, ce n'était pas une *décision*. C'était un instinct, un désir. Je vous en prie, n'essayez pas d'intellectualiser. L'on a des impulsions, des instincts. Il n'y avait aucun désir de fuir. Et il n'y avait rien qui ressemblât de près ou de loin à une décision !

Je lui fis au revoir de la main au coin de la Vanderbilt Avenue ; il s'éloigna rapidement, son veston flottant au vent.

Un soir, je me rendis à un bain turc de la Quarante-deuxième rue. Andrew Chiappe et Maurice Bowra m'avaient parlé de cet endroit, et je m'attendais à un arrière-plan d'avant-garde intellectuelle. Malgré ma répulsion pour les cafards et les odeurs de sécrétions, l'atmosphère de silence et de ruse m'intrigua.

Assis au bain de vapeur, j'aperçus Wystan Auden. Tandis qu'il rôdait en quête de proie à travers la vapeur, on eût dit quelque bête marine nue ; sous l'ampoule électrique humide, sa peau semblait phosphorescente. Il m'aperçut, accroupi sur une dalle de marbre. Il ne paraissait pas me reconnaître. Il se rapprocha et me toucha furtivement.

— Wystan ! m'écriai-je.

Il recula.

— Ah ! je vois. C'est donc vous ?

— Oui, c'est moi. Vous ne me reconnaissiez pas ?

— Tous ces tourbillons de vapeur... On dirait presque un camouflage. On ne reconnaît pas les visages. Voilà le hic, à New York. C'est une ville de camouflage. Les rues de New York sont perpétuellement en état de camouflage. Il y a des moments, à New York, où j'ai l'impression d'être pris dans un cauchemar. Tout est déguisé, tout le monde porte un masque, et tout se réduit en fin de compte à ce cher vieux Kafka. La clé de l'art de notre époque, c'est Kafka. C'est Kafka qui a saisi la grandeur épique, l'accent de prophétie...

Il parlait avec une étrange et nerveuse rapidité, comme si son esprit aussi bien que son corps tâtonnait à travers la vapeur. Il avait l'air pitoyablement nu. Je n'avais jamais vu personne d'aussi nu. Son grand corps glabre, ses organes génitaux à l'air embarrassé, ses mains tendres et boulottes, ses ruisselantes fesses roses — oui, c'était bien vrai, il semblait pris au piège d'un vaste cauchemar nébuleux, avec tous ces spectres sans visage qui rôdaient en quête de proie autour de lui. Cela m'évoquait l'enfer selon Dante : cette petite ampoule embrumée, brillant sur les girations de la fellation et de la sodomie.

Il délirait comme en proie à une folie secrète :

— ... Chez Dostoïevski, au contraire, tout est centré sur l'obsession. Tout ce vice autour de nous, il y a un grain de folie, vous ne trouvez pas ? C'est tellement fou, tellement ridicule, dans son genre dostoïevskien... À maux extrêmes, remèdes extrêmes, disait Pascal. Très malin, bien sûr, mais qu'entendait-il par *remèdes extrêmes* ?

Comme pris d'un étourdissement, il s'agrippa à la plaque de

marbre, puis disparut dans la vapeur ainsi qu'un vaisseau dans le brouillard.

Par la fenêtre, je regardai le kaléidoscope des lumières au néon. C'était une orgie de saphirs, d'émeraudes et de rubis. Elles ne cessaient de se contorsionner dans la nuit comme une mer pleine de larves. Je songeais : si j'étais esquimau ou polynésien, comme elles me paraîtraient magiques ! Comme elles me sembleraient mystérieuses et splendides, si seulement je ne pouvais les déchiffrer !

Extrait de *Voix dans la nuit*.
Traduit de l'anglais par Léo Dilé.

FRANCIS SCOTT FITZGERALD

Trois sourires pour Sylvo

Nous en connaissons tous, des moments d'exaspération ! Des moments où il faut se pincer pour ne pas dire à l'inoffensive vieille dame, qui est votre voisine de palier, ce qu'on pense vraiment de sa figure — qu'elle devrait en faire profiter une infirmière de nuit pour hospice d'aveugles ; où il faut se tenir à quatre pour ne pas demander à celui qui vous fait attendre depuis dix bonnes minutes si ça ne l'a pas trop fatigué de lutter de vitesse avec le facteur ; où il faut se mordre la langue pour ne pas expliquer au serveur que, si on enlevait autant de *cents* à l'addition qu'il manque de degrés au potage pour être simplement tiède, le restaurant vous devrait près d'un demi-dollar ; de ces moments, enfin (et c'est là le signe infaillible de la véritable exaspération), où le moindre sourire vous rend aussi furieux que l'époux d'une vache voyant s'agiter devant lui les sous-vêtements d'un magnat du pétrole.

Ce sont, cependant, des moments passagers. Ils peuvent laisser quelques cicatrices sur votre chien, votre col de chemise ou votre téléphone. Mais votre âme rejoint doucement la place qui est sienne, entre l'ultime repli du cœur et l'extrême pointe de l'estomac, et la paix règne de nouveau.

En ce qui concerne pourtant Sylvester Stockton, le petit dieu malin qui commande la douche de l'exaspération avait dû l'arroser, dans sa prime jeunesse, d'un jet si brusque et si brûlant qu'il s'était trouvé incapable d'en fermer lui-même le robinet — si bien qu'il se sentait plus étrillé par les petits problèmes de la vie quotidienne, plus écorché vif, à trente ans, que le plus vieux barbon d'une quelconque comédie victorienne interprétée par une troupe d'amateurs.

Regard soupçonneux derrière ses lunettes, un rien de raideur dans le cou — j'arrête là ma description, car Sylvester n'est pas le héros de l'histoire. Il n'en est que la trame, le lien qui va me permettre d'en nouer trois en une seule, ses réflexions tenant lieu de prologue et d'épilogue.

Un soleil paresseux de fin d'après-midi flânait aimablement dans la Cinquième Avenue lorsque Sylvester, émergeant de l'affreuse bibliothèque où il venait de consulter quelque insipide ouvrage, prévint son insupportable chauffeur (j'ai chaussé, bien sûr, ses propres lunettes pour le regarder faire) qu'il n'avait plus besoin de ses médiocres et consternants services. Faisant alors jouer sa canne (qu'il jugeait trop courte) entre les doigts de sa main gauche (qu'il jugeait tellement déshonorante qu'il aurait dû la faire couper depuis longtemps), il s'engagea dans l'avenue.

Lorsqu'il marchait ainsi, en fin d'après-midi, Sylvester avait pour habitude de jeter de rapides et inquiets coups d'œil, à droite, à gauche et derrière lui, pour vérifier qu'il n'était pas furtivement suivi. C'était comme un tic, chez lui. Impossible donc de prétendre qu'il n'avait pas vu Betty Tearle, assise dans sa voiture, devant Tiffany's.

À vingt ans, il avait été très amoureux de Betty Tearle, mais il l'avait poussée, peu à peu, vers l'extrême bord de la dépression. En parfait atrabilaire, il avait disséqué chaque repas, chaque promenade en voiture, chaque comédie musicale, où ils s'étaient trouvés ensemble, et, dans les très rares occasions où elle s'était montrée gentille, sachant que du point de vue des mères il représentait un parti hautement désirable, il lui avait prêté de si machiavéliques arrière-pensées que sa mélancolie en était devenue insondable. Betty s'était donc résignée, un jour, à lui dire que, s'il s'obstinait à garer sur sa terrasse son éternel pessimisme, elle risquait de devenir folle.

Elle se montrait, depuis, constamment souriante — agressivement, inutilement, adorablement souriante.

— Hello ! Sylvo.

— Oh ! Betty... Comment va ?

Il aurait préféré qu'elle ne l'appelle pas Sylvo — ça ressemblait à quoi, bon Dieu ! un vrai nom de singe...

— Et vous, comment va ? demanda-t-elle gaiement. Pas si bien que ça, j'imagine.

— Mais si, pourquoi ? Je fais aller, répondit-il avec affectation.

— En observant la foule heureuse ?

— Hélas ! soupira-t-il en regardant autour de lui. Pourquoi sont-ils si joyeux, Betty ? À quoi sourient-ils ? Qu'est-ce qui peut les pousser à sourire ainsi ?

Betty lui lança un malicieux petit clin d'œil.

— Si les femmes sourient, Sylvo, c'est peut-être qu'elles ont de jolies dents.

— Vous, Betty, si vous souriez, c'est parce que vous êtes fière de votre beau mariage, poursuivit Sylvester avec cynisme, fière de vos deux enfants. Et, comme vous croyez être heureuse, vous croyez que les autres le sont aussi.

Betty baissa la tête.

— Dans le mille, Sylvo. Au revoir.

Et elle fit signe à son chauffeur.

Sylvester la vit s'éloigner avec un sentiment de jalousie, qui tourna brusquement à l'exaspération, parce qu'elle avait cru bon de se retourner et de lui sourire une dernière fois. Puis la voiture disparut. Il poussa un profond soupir, fit de nouveau jouer sa canne entre ses doigts, et continua sa promenade.

Au coin de rue suivant, il s'arrêta chez un marchand de cigares et se heurta à Waldron Crosby. Quelques années plus tôt, lorsque Sylvester passait aux yeux des « débutantes » pour une affaire en or, il passait également aux yeux des hommes d'affaires pour un gibier de choix. Crosby, qui était alors un jeune agent de change, lui avait prodigué de judicieux conseils et lui avait fait gagner un joli paquet de dollars. Sylvester aimait bien Crosby — dans la mesure où il était capable d'aimer quelqu'un. Tout le monde, d'ailleurs, aimait bien Crosby.

— Hello ! Mister « nerfs-en-pelote », s'écria Crosby, qui semblait d'excellente humeur. Approche-toi, et offre-toi un bon gros Corona anti-déprime !

Sylvester examinait les boîtes avec angoisse. Il savait, quoi qu'il achète, qu'il ne serait pas satisfait.

— Toujours à Larchmont ? demanda-t-il à Crosby.

— Toujours.

— Ta femme ?

— En pleine forme.

— Vraiment bizarres, les agents de change, dit Sylvester avec méfiance. Chaque fois qu'on en rencontre un, il arbore un immense sourire, comme s'il dissimulait un atout dans sa manche. Ça rend donc hilare, ce métier-là ?

Crosby parut réfléchir.

— Il y a des hauts et des bas, bien sûr, comme pour la lune ou le prix des boissons non alcoolisées, mais il y a de bons moments.

— Écoute, Crosby, dit Sylvester, d'une voix presque suppliante. Je te considère comme un ami. Alors, fais-moi un grand plaisir. Laisse-moi te dire au revoir, sans répondre par un sourire. J'ai toujours l'impression que c'est... que tu veux te moquer de moi.

Un sourire éclatant inonda le visage de Crosby.

— Quel bonnet de nuit, celui-là !

Sylvester fit entendre un grognement furieux et tourna les talons.

Il reprit le cours de sa promenade. Sentant venue l'heure de disparaître, le soleil rappelait à lui les quelques rayons qu'il avait laissés s'égarer dans les rues de l'ouest. Envahie par un brusque flot de fourmis, échappées des grands magasins, la Cinquième Avenue était devenue noire. La circulation n'était plus qu'un gigantesque embouteillage. Les autobus, qui roulaient par quatre de front, dessinaient au-dessus de la foule mouvante une sorte de pont suspendu. Mais ces façons qu'avait la ville de se transformer d'heure en heure n'étaient pour Sylvester que routine écœurante, et il continuait son chemin en lançant derrière ses lunettes de petits coups d'œil à droite et à gauche.

Il regagna son hôtel. L'ascenseur le hissa jusqu'à l'appartement de quatre pièces qu'il occupait au douzième étage.

— Si je dîne en bas, se dit-il, l'orchestre jouera inévitablement *Les sourires que tu m'as offerts*. Si je dîne au Club, je tomberai inévitablement sur tous les gens souriants que je connais. Si je dîne ailleurs, il n'y aura pas de musique, et la nourriture sera exécrable.

Il décida donc de dîner chez lui.

Une heure plus tard, après avoir minutieusement critiqué le potage, la salade et le pâté en croûte, il lança cinquante *cents* au garçon d'étage, et leva la main comme une prière.

— Faites-moi plaisir, voulez-vous. Évitez de sourire en me disant merci.

Trop tard. Un radieux sourire inondait le visage du garçon d'étage.

— Écoutez, reprit Sylvester avec consternation, pouvez-vous me citer une raison, une seule raison au monde, qui vous donne envie de sourire ?

Le garçon d'étage parut s'abîmer dans ses réflexions. Comme il ne lisait jamais de revues, il ignorait ce qui appartenait en propre aux garçons d'étage, et il sentait qu'on attendait précisément de lui quelque chose de cet ordre-là. Il finit par répondre, les yeux au plafond, donnant à son visage anguleux et blafard toute la naïveté dont il était capable :

— C'est un simple réflexe, sir, quand je vois pointer un pourboire.

Sylvester lui fit signe de disparaître.

— Si les garçons d'étage sont heureux, se dit-il, c'est qu'ils n'ont rien connu de mieux. Ils n'ont pas assez d'imagination pour souhaiter quoi que ce soit d'autre.

À neuf heures, un ultime sursaut d'ennui l'emporta vers son lit, qui lui, du moins, restait imperturbable.

*

Waldron Crosby quitta le marchand de cigares derrière Sylvester, tourna dans une rue voisine, et poussa la porte d'un bureau d'agent de change. Un petit homme rondouillard, aux mains continuellement agitées, se leva pour le saluer.

— Hello ! Waldron.

— Hello ! Potter. Je viens simplement pour connaître le pire.

L'homme rondouillard fronça les sourcils.

— On vient de l'apprendre à l'instant.

— C'est quoi ? Une nouvelle baisse ?

— Soixante-dix-huit à la clôture. Désolé.

— Bigre !

— Gravement touché ?

— Lessivé.

Le petit homme hocha la tête, comme pour dire que ce problème le dépassait, et s'éloigna.

Crosby se laissa tomber sur une chaise. Il resta longtemps immobile. Puis il se leva, entra dans le bureau de Potter, décrocha le téléphone.

— Le 838 à Larchmont, je vous prie.

Il eut la communication très vite.

— Allô ? Je voudrais parler à Mrs. Crosby.

Une voix d'homme répondit.

— C'est vous, Crosby ? Ici Shipman.

— Le Dr Shipman ?

Crosby parut très inquiet, brusquement.

— J'ai cherché à vous joindre tout l'après-midi, reprit le docteur. Les choses ont évolué. On attend l'enfant pour cette nuit.

— Cette nuit ?

— Tout va très bien, rassurez-vous. Mais vous feriez mieux de rentrer le plus vite possible.

— J'arrive.

Il raccrocha, gagna la porte, mais, arrêté par une idée soudaine, fit demi-tour, et demanda cette fois un numéro à Manhattan.

— Donny ? Ici Crosby.

— Salut, vieux. Tu m'attrapes de justesse. J'étais sur le point...

— Donny, j'ai besoin d'un job, très vite.

— Pour qui ?

— Pour moi.

— Mais, enfin, qu'est-ce...

— T'expliquerai plus tard. Tu as quelque chose ?

— Rien. Waldron. Absolument rien. Juste une place de secrétaire. Dans quelque temps, peut-être.

— Ça gagne quoi, un secrétaire ?

— Quarante... disons, quarante-cinq dollars par semaine.

— O.K. ! Je commence demain.

— D'accord, Crosby, mais enfin...

— Désolé. Faut que je file.

Il quitta précipitamment le bureau d'agent de change, avec un sourire pour Potter, et un petit geste d'adieu. Sur le trottoir, il sortit de sa poche une poignée de petite monnaie, l'évalua d'un œil sévère, arrêta un taxi.

— Grand Central — je suis très pressé.

*

À six heures, Betty Tearle signa la lettre, la mit sous enveloppe, écrivit sur l'enveloppe le nom de son mari. Puis elle se rendit dans sa chambre, hésita un instant, mit sur le lit un coussin noir, y déposa l'enveloppe blanche. Il serait obligé de la voir en entrant. Après un dernier coup d'œil circulaire, elle traversa le hall, monta au premier étage, se rendit dans la chambre d'enfants.

— Clare, appela-t-elle à mi-voix.

— Oh ! maman...

La petite fille abandonna sa maison de poupée et courut vers sa mère.

— Clare chérie, où est Billy ?

Billy sortit précipitamment de sous le lit.

— Tu m'as apporté un cadeau ? demanda-t-il poliment.

Le rire de Betty s'acheva très vite en un petit sanglot. Elle serra ses deux enfants contre elle, les embrassa avec emportement. Elle s'aperçut qu'elle pleurait doucement, et la chaleur des deux petits visages lui paraissait bien fraîche comparée aux battements fiévreux de son sang.

— Billy, mon chéri... tu veilleras sur Clare... toujours...

Billy paraissait mal à l'aise, plutôt impressionné.

— Tu pleures, dit-il gravement.

C'était comme un reproche.

— Oui, je sais... je sais que...

Clare essaya quelques reniflements, hésita, s'accrocha soudain au cou de sa mère et fondit en larmes.

— Je suis pas bien, maman... je suis pas bien...

Betty réussit à la consoler.

— C'est fini, chérie... On ne pleure plus... Ni toi, ni moi.

En se relevant pour quitter la chambre, elle posa sur Billy un regard de détresse muette, un terrible appel au secours, qu'elle savait inutile, car il était trop jeune encore pour comprendre.

Une demi-heure plus tard, en portant son sac de voyage jusqu'au taxi qui attendait devant la porte, elle cacha son visage dans ses mains, et c'était une façon d'avouer que rien, désormais, ne pouvait plus la protéger du monde.

— J'ai choisi, se dit-elle sourdement.

Quand le taxi tourna le coin de la rue, elle se mit à pleurer, et elle luttait contre l'envie de renoncer à tout et de faire demi-tour.

— Qu'ai-je fait ? murmura-t-elle. Qu'ai-je fait, mon Dieu ? Que suis-je en train de faire ?

*

En quittant l'appartement de Sylvester, Jerry, le garçon d'étage au visage anguleux et blafard, alla faire son rapport au maître d'hôtel. Il avait fini son service.

Il prit le métro, en direction du sud, refit surface à Williams Street, longea quelques immeubles et entra dans une académie de billard.

Il en sortit, une heure plus tard, une cigarette au coin des lèvres, resta immobile un instant, comme s'il hésitait sur une décision à prendre, et partit vers l'est.

Arrivé à l'angle d'une certaine rue, il se mit brusquement à marcher très vite, puis à ralentir tout aussi brusquement, comme si quelque chose en lui le poussait à aller de l'avant, tandis qu'une irrésistible aimantation le tirait en arrière — tellement irrésistible qu'il fit volte-face et poussa la porte d'un troquet minable, mi-cabaret, mi-restaurant chinois, où se retrouvait chaque soir une clientèle assez disparate.

Jerry choisit une table dans le coin le plus reculé. Il s'assit, avec un dédain évident pour les autres clients, qui était plus un signe de familiarité que de supériorité, et commanda un verre de bordeaux.

La soirée commençait. Une énorme dame, assise au piano, essayait de rendre un peu de piquant à un vieux fox-trot éculé, aidée dans cette tentative par un homme étriqué et lugubre, qui tirait de son violon quelques sons tout aussi étriqués et lugubres que lui. Mais la clientèle n'avait d'yeux que pour une danseuse, au collant défraîchi, aux pommettes trop rouges, aux cheveux trop oxygénés, qui, en attendant son tour de monter sur l'estrade, plaisantait avec un monsieur empressé et ventripotent, assis à une table voisine, qui essayait de lui prendre la main.

Jerry les surveillait dans l'ombre. Il eut soudain l'impression que le plafond s'ouvrait en deux, que les murs se changeaient en immeubles, que l'estrade était devenue l'impériale d'un autobus, et qu'il basculait vers la douceur ailée d'une nuit de printemps, trois ans plus tôt. Le monsieur empressé et ventripotent s'était évanoui, la tunique de la danseuse venait de s'allonger, elle n'avait plus de rouge aux joues ; il était assis près d'elle, pour un voyage émerveillé, le long de la Cinquième Avenue, et les lumières des grands immeubles leur faisaient de tendres clins d'œil, et toutes les voix se fondaient autour d'eux, en une sorte de doux murmure hypnotique.

— Jerry, disait la jeune fille, assise sur l'impériale de l'autobus, quand tu auras soixante-quinze ans, je veux bien tenter ma chance avec toi, je te l'ai déjà dit, mais je ne peux pas attendre éternellement.

Jerry avait laissé défiler quelques rues avant de répondre.

— Je ne sais pas ce qui se passe. Ils refusent de m'augmenter. Si je trouvais une autre place...

— Dépêche-toi, disait la jeune fille. Moi, j'en suis malade de vivre ainsi. Si je ne peux pas me marier, je trouverai toujours à travailler dans un cabaret — je suis très capable de monter sur scène, tu sais.

— Pas ça, disait Jerry d'une voix impatiente. Tu n'as pas besoin de faire ça. Attends un mois ou deux, encore un mois ou deux.

— Je ne peux pas attendre éternellement, répétait la jeune fille. Vivre ainsi, toujours pauvre et seule, j'en suis vraiment malade.

Jerry avait serré le poing.

— Accepte d'attendre. Ce ne sera pas long. Je finirai bien par trouver quelque chose.

Mais le plafond se refermait, l'autobus disparaissait, le doux murmure des rues d'avril se perdait dans les miaulements lugubres du violon — car trois ans s'étaient écoulés, et maintenant il était assis là.

La danseuse regarda l'estrade, échangea un sourire lointain et impersonnel avec le violoniste. Tapi dans l'ombre, Jerry la dévorait des yeux avec une passion brûlante.

— Tes mains, s'écria-t-il, dans un silence amer. Elles appartiennent à n'importe qui, aujourd'hui. Je n'ai pas su t'empêcher de faire ça. Je n'étais pas suffisamment un homme, Dieu de Dieu ! pas suffisamment un homme pour ça...

Et la fille, qui attendait toujours le moment de danser, jouait toujours avec les doigts avides du monsieur empressé et ventripotent.

*

Sylvester Stockton se tournait et se retournait dans son lit. La chambre était vaste pourtant, mais il avait l'impression d'étouffer, et le vent léger, qui portait avec lui comme un reflet de lune, lui semblait chargé de tous les problèmes qu'il allait devoir affronter au réveil.

— Ils ne comprennent rien, se disait-il. Ils sont incapables de voir, comme moi, que tout, dans la vie, absolument tout, cache un arrière-plan de souffrance. Ce sont des optimistes creux. Ils sourient, parce qu'ils s'imaginent qu'ils seront heureux jusqu'au bout... oh ! et puis quoi...

Il rêvassait, presque endormi, déjà.

— Demain, j'irai à la campagne, à Rye. J'y affronterai plus de sourires encore qu'ici, plus de chaleur qu'ici. C'est ça, la vie, simplement ça — sourires, chaleur, sourires, chaleur...

Nouvelle extraite de *Love Boat*.
Traduit de l'anglais par Jacques Tournier.

NOTICES SUR LES AUTEURS

Sir Harold Acton (1904-1990), d'ascendance mi-anglaise, mi-américaine, est un gentilhomme toscan de Florence, ville où il aura vécu jusqu'à sa mort, dans une maison splendide, « La Pietra », promenant une vision du monde « plus sensuelle que philosophique ». Poète à ses heures, il publiera surtout deux ouvrages d'histoire, *Les Derniers Médicis* et *Les Bourbons de Naples,* un livre inspiré par son séjour de huit années en Chine, *Pivoines et poneys,* et deux gros volumes de souvenirs, *Mémoires d'un esthète,* dans lesquels il converse allègrement avec lui-même à propos de ses voyages, des arts et de ses amis qu'il collectionnait avec bonheur.

E. Altiar est une essayiste française qui a beaucoup voyagé mais nous possédons trop peu d'éléments biographiques nous permettant de reconstituer son parcours littéraire. Nous savons qu'elle a publié trois livres : *Une femme diplomate au Mexique* (1918), *Journal d'une Française en Amérique* (1917) et *La Question sociale et le Canada* (1925).

Saul Bellow (né en 1915), romancier américain natif du Québec, d'origine juive et russe, a suivi ses études dans la banlieue de Chicago puis à l'université de Chicago. Ce n'est qu'en 1945 qu'il s'installe à New York où il écrit *La Victime* (1947). Il enseignera et fera des conférences dans le Minnesota, à Paris et à New York. Il se fait connaître pour avoir dépeint sans concession les rivalités qui opposèrent les différents immigrants dans les métropoles américaines. Il reçut le Prix national du livre pour *Les Aventures d'Augie March* (1954) et son célèbre roman *Herzog* obtînt en 1965 le Prix international de Littérature. En 1976, son œuvre est couronnée par le prix Nobel de Littérature.

Truman Capote (1924-1984), romancier né à La Nouvelle-Orléans, autodidacte, commence à publier des nouvelles dès l'âge de 17 ans. Avec son livre *Les Domaines hantés* (1948), il fait une entrée fracassante dans le milieu littéraire new-yorkais. Il passe alors pour un enfant prodige malicieux et provocant. Son parcours littéraire s'accélère : *Un arbre dans la nuit,* nouvelles (1949), *La Harpe d'herbes* (1951), *Petit Déjeuner chez Tiffany* (1956), longue nouvelle qui sera portée triomphalement à l'écran par Blake Edwards. On a parlé de lui alors comme le représentant d'une école néo-romantique. En 1986, est paru un gros roman inachevé à l'ambition démesurément proustienne, *Prières exaucées.*

Louis-Ferdinand Céline (1894-1961) a conquis la célébrité avec son premier roman, *Voyage au bout de la nuit* (1932), publié intégralement par Robert Denoël. Bardamu, médecin comme lui, part en mission pour l'Afrique et l'Amérique du Nord, dopé par un solide caractère qui le conduit à chaque nouvelle étape de sa vie à se révolter contre la société. Il publiera *Mort à crédit* (1936), la suite du *Voyage,* et notamment *D'un château l'autre* (1957).

Blaise Cendrars (1887-1961), pseudonyme de Frédéric-Louis Sauser, né de père suisse et de mère écossaise, naturalisé français en 1916, est à la fois aventurier et voyageur. Il perd une main à la guerre de 1914 et signe désormais avec « sa main amie ». Poète, il publie *La Légende de l'or gris et du silence* (1909), *Les Pâques* (1912) qu'il appellera *Les Pâques à New York* (1926), *La Prose du Transsibérien et de la Petite Jeanne de France* (1913). Reporter lyrique, il marque son temps avec une œuvre « futuriste » en publiant *L'Or* (1925), *Moravagine* (1926), *Rhum* (1930), *Bourlinguer* (1948), et n'hésite pas à écrire son autobiographie *(La Main coupée,* 1946). Il se fixe à Paris en 1950 et sort son dernier livre en 1959, *Films sans images.*

Maurice Chevalier (1888-1972), fut sans doute le chanteur français le plus célèbre à l'étranger de la première moitié du XXᵉ siècle. Ayant été, dès sa jeunesse, très influencé par les artistes américains, il fut engagé comme comédien à Hollywood en 1928. Il tourna alors une dizaine de films dont *La Veuve joyeuse* (1934), d'Ernst Lubitsch. Il a raconté sa carrière au music-hall, ses tournées mondiales et son amitié avec Mistinguett dans les dix volumes de *Ma route et mes chansons.*

Jean Cocteau (1889-1963) a fait ses études à Paris après la mort de son père quand il avait dix ans. Il publie ses premiers vers encore adolescent, rencontre Anna de Noailles, Lucien Daudet, Edmond Rostand et Marcel Proust qui le lisent *(Le Prince frivole,* 1910, *La Danse de Sophocle,* 1912). Sa première grande œuvre poétique est *Le Potomak* (1919), avant *Thomas l'Imposteur* (1923). Il se lie au Groupe des Six et fonde avec Cendrars les Éditions de la Sirène. Il écrit pour le théâtre *(Le Grand Écart,* 1923) l'année de la mort de Radiguet. Dans les années 30, il tourne *Le Sang d'un poète* et termine *La Voix humaine.* Dessinateur, peintre, illustrateur de ses récits et de ses pièces, Cocteau écrit aussi pour le cinéma : *L'Éternel retour* (1943), *La Belle et la Bête* (1945), *Orphée* (1950), ne cessant de tenir son journal intime que l'on publiera après sa mort, *Le Passé défini.* La réinvention des mythes, la féerie, la chevalerie, tout ce qui touche au mauvais genre, Cocteau n'aura de cesse de l'explorer, donnant même une version de sa propre éthique *(La Difficulté d'être,* 1947).

Philippe Curval (né en 1929), exerça plusieurs métiers avant de devenir écrivain et contribuer à créer autour de la science-fiction un mouvement littéraire qui a porté ses fruits jusqu'à maintenant. Il a collaboré au magazine *Fiction* à partir de 1955. Traduit dans le monde entier, il a publié *La Forteresse de coton* (1967), *Les Sables de Falun* (1970), *Attention les yeux* (1972), romans où l'imaginaire se mêle étroitement au réel pour faire éclater les apparences, ou encore *Ah ! que c'est beau New York* (1983), enquête désespérée menée à travers les États-Unis.

Charles Dantzig (né en 1962) célèbre à sa façon les travers et les curiosités de notre époque, dérisoire et hallucinante, en publiant *Le style Cinquième, Confitures de crimes, Il n'y a pas d'Indochine.* On lui doit un éloge d'un écrivain perdu de vue, *Remy de Gourmont, Cher Vieux Daim !,* deux recueils de poésie, *Le chauffeur est toujours seul* et *Que le siècle commence,* ainsi que des traductions et des préfaces de livres de Wilde et de Fitzgerald. Il a publié *Les Écrivains français racontés par les* *écrivains qui les ont connus,* anthologie passionnante de « choses vues », de Joachim du Bellay à Jean Cocteau, *Le Grand Livre de Proust* et *Le Grand Livre de Dumas,* qu'il a dirigés. Chroniqueur, il signe régulièrement dans la *Nouvelle Revue française.*

Francis Scott Fitzgerald (1896-1940), d'ascendance irlandaise, très jeune passionné de littérature, a situé d'emblée ses premiers romans, *De ce côté-ci du paradis* (1920), *La Belle et Damnée* (1921) et *Gatsby le Magnifique* (1925) dans l'Amérique de la Prohibition, de l'arrivisme et de « l'âge du jazz ». Fitzgerald entretient une sorte de distance avec la réalité et le monde, cultivant ainsi un désespoir lucide sur les êtres, sous-tendu par une expression poétique. *Tendre est la nuit* (1934), l'histoire du déclin d'un couple, est un écho à celle de Fitzgerald dont la femme sombra dans la folie. Le chantre de « la génération perdue » sombre à son tour, et il mourra alcoolique. Il aura évoqué son New York dans un essai, *Ma Ville Perdue,* évoquant « la légèreté spirituelle de Park Avenue », faisant dire à Olivier Frébourg que dans l'œuvre de Fitzgerald, « New York est un lieu de débauche, une mante religieuse ».

Charles Huard (1874-1965), né dans une famille d'industriels normands, dessine dès son enfance avant de suivre les cours de l'Académie Julian et de l'École des Arts décoratifs. Dès 1895 il publie dans *La Libre parole, L'Assiette au beurre* ou *Le Rire.* Il voyage en Amérique du Nord et en Europe et publie alors *New York comme je l'ai vu* (1906), *Berlin comme je l'ai vu* (1907), *Londres comme je l'ai vu* (1908). Il illustre *Maupassant,* de Jules Renard, *Figures de Vendée,* de Georges Clemenceau, *Matins de Marseille,* de Jean Lorrain, *Physiologie du goût,* de Brillat-Savarin, et les *Œuvres* de Balzac (près de 2000 dessins gravés sur bois).

Jules Huret (1864-1915) est le journaliste littéraire qui inventa les premiers interviews avec *L'Évolution littéraire, Enquête sur le déclin du naturalisme et l'avenir du symbolisme naissant,* ayant rencontré Paul Verlaine ou Sarah Bernhardt. Après un voyage mémorable en Amérique, ce collaborateur de *L'Écho de Paris* publiera *De New York à La Nouvelle-Orléans* (1906).

Jacques Laval (né en 1911), dominicain originaire de Reims, résidant à Paris, a commencé à publier des livres chez Gallimard sous le pseudonyme de Jean Lorbais, avant d'écrire des récits ou des livres de témoignage sous son nom, témoignant de ses amitiés avec François Mauriac, le prince Youssoupov ou Denise Bourdet *(Un homme partagé)* et des êtres démunis rencontrés dans le monde entier *(Les Degrés du cœur, Mémoires parallèles)*.

David Leavitt (né en 1961), natif de Californie, a fait des études littéraires à l'université de Yale. Il a publié des nouvelles dans le New Yorker et dans Harper's qu'il a réunies dans un livre, *Quelques pas de danse en famille* (1983), pour lequel il a obtenu le prix O'Henry, et qui fut traduit en Allemagne, en Italie et en France. Avec son premier roman, et un autre recueil de nouvelles, *Le langage perdu des grues,* David Leavitt s'affiche comme l'écrivain d'un certain post-modernisme homosexuel, cultivant un sens très juste du dialogue.

Jay McInerney se fit connaître avec son premier roman, *Bright Lights, Big City.* Disciple de Raymond Carver, il est en quelque sorte considéré comme le chef de file d'une génération d'écrivains réalistes dont Bret Easton Ellis n'est pas un de ses moindres représentants. Après *Journal d'un oiseau de nuit, Ransom* et *Toute ma vie,* il a publié *Trente ans et des poussières (Brightness Falls,* 1992) roman situé dans les années 80 au cœur de Manhattan.

Henry Miller (1891-1980) passe son enfance à Brooklyn se mêlant au sirop de la rue. Il s'installe en 1930 à Paris où il fait la connaissance de Blaise Cendrars, de Raymond Queneau et surtout d'Anaïs Nin, qui jouera un rôle capital dans sa vie. Parisien quasi baudelairien, il commence à publier des livres autobiographiques : en 1934, *Tropique du Cancer* ; en 1939, *Tropique du Capricorne,* qui font scandale. Miller est interdit de publication aux États-Unis jusqu'en 1960. Puis viennent *Sexus, Plexus, Nexus,* une trilogie qui fera date comme *Le Cauchemar climatisé (The Air-conditoned Nightmare,* 1945), dans lequel il tente d'expliquer la différence entre le Mal (les États-Unis) et le Bien, (le monde latin), ainsi que sa correspondance avec Lawrence Durrell qui paraît en 1963.

Paul Morand (1888-1976), fils de l'auteur dramatique et peintre Eugène Morand. Après des études à Paris (Jean Giraudoux fut son précepteur) et en Angleterre (il suit des cours d'anglais à Oxford), a mené une carrière diplomatique (son premier poste est à Londres) tout en publiant de la poésie (*Lampes à arc,* 1914 ; *Feuilles de température,* 1920), des romans (*Lewis et Irène,* 1924 ; *L'Homme pressé,* 1941) des nouvelles (*Tendres Stocks,* 1921) et quelques essais qui trahissent un cosmopolitisme joyeux dont *New York* (1930) et *Venise* (1971) en sont les plus beaux reflets. Il a épousé Hélène Soutzo et vivra avec elle dans un somptueux appartement de l'avenue Charles-Floquet à Paris, cadeau du père d'Hélène. Ce qui ne l'empêchera pas de courir le monde. Il fut élu à l'Académie française en 1968. Le public le redécouvre après un trop long purgatoire. Jean-Louis Bory ira jusqu'à écrire que « Morand est désenchanté sans être désenchanteur ».

Elliott Murphy (né en 1949), est sans doute le plus fitzgeraldien de tous les chanteurs de rock et son premier album, *Aquashow* (1973) séduisit à la fois Lou Reed et David Bowie. On lui doit aussi deux albums remarqués : *Milwaukee* (1986) et *Come* (1988). S'il est né à Long Island, il a toujours été attiré par New York, faisant dire à Michel Bulteau qui le publia dans *La Revue de Paris* : « Il reste le poète des lumières de la nuit et des limousines qui s'arrêtent devant les hôtels de luxe. » Le rock l'a conduit à publier un roman : *Cold and Electric.*

Dorothy Parker (1893-1967) est un peintre américain admirable des « petites ironies de la vie », sachant distiller à merveille son talent dans des récits, des recueils de poésies ou de nouvelles, notamment dans *Les Grandes Blondes* (1929), *Lamento pour les vivants* (1930), *La vie à deux* et *Comme une valse.* Outre ses collaborations à *Vogue, Vanity Fair, The New Yorker,* elle se distingua en écrivant des scénarios pour le cinéma comme *Une étoile est née* (1937), *La Vipère* (1941) et *L'Éventail de lady Windermere* (1949), d'Otto Preminger.

Frederic Prokosch (1906-1989), est né aux États-Unis, dans le Wisconsin, de parents autrichiens. Ce champion de tennis et de squash fit une entrée fracassante en littérature en publiant, à 27 ans, *Les Asiatiques* qui lui valut l'admiration de Thomas Mann et d'André Gide.

On dit même qu'il a été à l'origine du « roman géographique ». Ce « bostonien » façon Henry James, partageant avec Nabokov un même goût immodéré pour la chasse aux papillons, a publié des romans picaresques qui se passent en Afrique *(La Tempête et l'Écho*, 1948), en Europe *(Les Ciels d'Europe*, 1941, *Le Manuscrit de Missolonghi)* ou en Amérique *(La Nuit des pauvres*, 1939).*Voix dans la nuit* (1983) est un recueil de souvenirs restituant des conversations qu'il eut avec Gertrude Stein, James Joyce, Ezra Pound ou Malraux, dévoilant avec subtilité ses goûts, ses jugements, son homosexualité..., tout en renouvelant entièrement le genre autobiographique.

Evan H. Rhodes est l'auteur de plusieurs séries télévisées aux États-Unis. Passionné par les problèmes de survie, il a hanté Central Park pendant six mois pour écrire son roman, *Le Prince de Central Park* (1975), faisant de son jeune héros, Jay-jay, un nouveau Robinson dans le poumon de New York. Son roman fut un succès dès sa sortie.

Claude Roy (né en 1915) est poète, critique littéraire, romancier *(La nuit est le manteau des pauvres*, 1948, *Le Malheur d'aimer*, 1958) et essayiste. On lui doit surtout une réflexion sur la littérature *(Défense de la littérature*, 1968) et quelques chroniques ou récits de voyage comme *Clefs pour l'Amérique* (1947), *Clefs pour la Chine* (1953). Collaborant depuis de nombreuses années au *Nouvel Observateur*, il a aussi publié des autobiographies ou des journaux comme *Le Rivage des jours 1990-1991*.

Damon Runyon (1880-1946), originaire de Manhattan (Kansas), fut chroniqueur sportif, reporter et producteur de films avant de publier des nouvelles comme *Le Complexe de Broadway* (1955), et *Nocturnes dans Broadway et autres nouvelles* (1986). On doit aussi à cet auteur prolixe des recueils de poésie et des pièces de théâtre. Selon ses vœux, ses cendres furent lancées d'un avion au-dessus de Broadway.

Jane Smiley est née à Los Angeles, a grandi à Saint Louis et a suivi des cours à l'université de l'Iowa. Elle est l'auteur de sept romans dont *Portraits d'après nature* (1989), *L'Exploitation* (1991), qui obtint le prix Pulitzer, ou encore *Un appartement à New York*. Elle réside aujourd'hui à Ames, dans l'Iowa où elle enseigne à l'université.

Mark Twain (1835-1910), né en Floride, est le maître du roman d'aventures américain, se croyant « un mystérieux et peut-être surnaturel visiteur venu d'autres lieux ». De son enfance au bord du Mississippi, il tirera le roman qui le fit connaître : *Les Aventures de Tom Sawyer* (1876). Il sera suivi par *Les Aventures d'Huckleberry Finn* (1885), roman phare pour Hemingway, pavé de bonnes intentions puisque l'abolition de l'esclavage en est le thème central. Typographe, journaliste, chercheur d'or, Mark Twain fut aussi un grand voyageur, découvrant la Terre Sainte ou l'Italie. Sa vie privée fut une cohorte de malheurs (mort de sa femme, mort d'une fille et folie d'une autre) et il mourut, selon ses prévisions, le jour où la comète de Halley réapparut, comme à sa naissance.

Donald Westlake (né en 1933), natif de Brooklyn, devient rédacteur au sein d'une agence littéraire. En 1958, il décide de devenir écrivain. Deux ans après, il publie *Le Zèbre*. Désormais, il ne se consacre plus qu'à la littérature, n'hésitant pas à employer des pseudonymes pour mieux brouiller les pistes : Tucker Coe, Richard Stark, entre autres. En 1970, il publie *Adios Schéhérazade*, « roman comique » qui lui vaut une réputation internationale.

Nous remercions les éditeurs et ayants droit qui nous ont autorisés
à reproduire les textes des auteurs suivants :

HAROLD ACTON, *Mémoires d'un esthète,* traduit de l'anglais par Jacques Georgell.
© Julliard.

E. ALTIAR, *Journal d'une Française en Amérique.* Les héritiers de l'auteur n'ayant
pu être retrouvés, les droits leur sont réservés chez l'éditeur.

SAUL BELLOW, *Tout compte fait,* traduit de l'anglais par Philippe Delamare.
© Plon.

CLAUDE BLANCHARD, *L'Amérique et les Américains.* Les héritiers de l'auteur
n'ayant pu être retrouvés, les droits leur sont réservés chez l'éditeur.

TRUMAN CAPOTE, *Les Chiens aboient,* traduit de l'anglais par Jean Malignon.
© Gallimard.

LOUIS-FERDINAND CÉLINE, *Voyage au bout de la nuit.* © Gallimard.

BLAISE CENDRARS, *Du monde entier au cœur du monde.* © Denoël.

MAURICE CHEVALIER, *Ma route et mes chansons. Londres-Hollywood-Paris.* © Julliard.

JEAN COCTEAU, *Tour du Monde en 80 jours.* © Gallimard.

PHILIPPE CURVAL, *Ah ! que c'est beau New York.* © Denoël.

CHARLES DANTZIG, *Une gaieté mortelle.* © Cross Stories Review.

FRANCIS SCOTT FITZGERALD, *Love Boat,* traduit de l'anglais par Jacques Tournier.
© Belfond.

JACQUES LAVAL, *Un homme partagé.* © Julliard.

DAVID LEAVITT, *Quelques pas de danse en famille,* traduit de l'anglais par Jean-
Yves Pouilloux. © Denoël.

JAY MCINERNEY, *Journal d'un oiseau de nuit,* traduit de l'anglais par Sylvie Durastanti. © Éditions Mazarine.

HENRY MILLER, *Aller-retour New York,* traduit de l'anglais par Dominique Aury.
© Buchet-Chastel.

PAUL MORAND, *New York.* © Flammarion.

ELLIOTT MURPHY, *New York on the rocks,* traduit de l'anglais par Wilko B.,
© Éditions du Rocher.

DOROTHY PARKER, *Comme une valse,* traduit de l'anglais par Michèle Valencia.
© Julliard.

FREDERIC PROKOSCH, *Voix dans la nuit,* traduit de l'anglais par Léo Dilé.
© Librairie Arthème Fayard.

EVAN H. RHODES, *Le Prince de Central Park,* traduit de l'anglais par Liliane
Sztajn. © Jean-Claude Lattès.

CLAUDE ROY, *Le Rivage des jours 1990-1991.* © Gallimard.

DAMON RUNYON, *Nocturnes dans Broadway,* traduit de l'anglais par R.-N. Raimbault et Ch.-P. Vorce. © Calmann-Lévy/Gallimard.

CRÉDITS DES ILLUSTRATIONS

TABLE DES MATIÈRES

Ce volume, publié aux éditions Sortilèges, a été achevé d'imprimer en novembre 1997 par l'imprimerie F. Paillart à Abbeville. N° d'éditeur : 3494. N° d'imprimeur : 10281. Dépôt légal : novembre 1997.